青少年

社会工作理论与实务

刘宜君　刘安娟 ◎编著

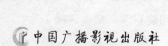
中国广播影视出版社

图书在版编目（ＣＩＰ）数据

青少年社会工作理论与实务 / 刘宜君 , 刘安娟编著 .
北京 : 中国广播影视出版社 , 2024. 8. -- ISBN 978-7
-5043-9260-2

Ⅰ . D432.6

中国国家版本馆 CIP 数据核字第 20245FV011 号

青少年社会工作理论与实务
刘宜君　刘安娟　编著

责任编辑　王　波
责任校对　张　哲
装帧设计　中北传媒

出版发行　中国广播影视出版社
电　　话　010-86093580　010-86093583
社　　址　北京市西城区真武庙二条 9 号
邮政编码　100045
网　　址　www.crtp.com.cn
电子邮箱　crtp8@sina.com

经　　销　全国各地新华书店
印　　刷　三河市龙大印装有限公司

开　　本　710 毫米 × 1000 毫米　　1/16
字　　数　290（千）字
印　　张　22
版　　次　2025 年 1 月第 1 版　　2025 年 1 月第 1 次印刷

书　　号　ISBN 978-7-5043-9260-2
定　　价　99.00 元

前　言

　　青少年是祖国的希望、民族的未来。现阶段，经济、社会、文化的现代化变革，无疑极大地改善了青少年的生活和学习环境，但是青少年在成长过程中也面临新的问题和挑战，亟须专业化、个性化的社会工作服务的介入，赋能青少年身心的健康发展，充分发挥青少年在经济社会建设中的优势与力量。《关于加强青少年事务社会工作专业人才队伍建设的意见》（2014年）、《青少年社会工作服务指南》（2019年）、《关于开展青年发展型城市建设试点的意见》（2022年）等系列相关政策文件的颁布实施不仅为发展青少年社会工作，促进青少年健康成长提供了政策依据，同时也有效指引了青少年社会工作的发展趋势与服务创新的方向。因此，本书运用青少年社会工作理论观点，结合青少年社会工作实例尤其是福建省近年来在青少年社会工作领域取得的经验成果，对当前青少年社会工作领域的理论难点与实践痛点进行梳理与探讨，阐明现阶段青少年社会工作介入的模式和方法，从而为青少年社会工作中国本土化理论与实务的探索提供有益的借鉴与参考。

　　本书在主编拟订编写大纲、全体参编人员集体讨论的基础上分工合作完成。全书共十二章，前六章为青少年社会工作理论篇，重点介绍了青少年社会工作概述、青少年社会工作相关理论、青少年福利政策、青少年个案社会工作、青少年小组社会工作和青少年常见社区社会工作等基础理论，分别由吴喜双、张芳华、崔艳芳、陈兆漫、李付伟、刘宜君老师完成。第七章至第十二章为青少年社会工作实务篇，主要围绕青少年常见心理健康问题、流动青少年城市融入问题、留守青少年家庭教育问题、青春期性教育及相关问题、身心障碍青少年身心成长问题、青少年偏差及犯罪行为问题等介绍了社会工作服务介入过程与经验总结，分别由王荣欣、刘江翔、刘安娟、石业源、武季亚、蔡标兵老师完成。本书的特点是在综合吸收了青少年社会工作最新理论成果与政策精神的基础上，充分依托福建省青少年社会工作领域的服务经验与实践案例，阐述了新时代青少年社会工作的重要意义。根据青少年健康发展面临的新问题与新情况，从理论与实务、问题与干预、预防与发展、政策与倡导等多维角度探讨青少年社会工作的新模式与新方法。

本书是闽江学院课程教材建设规划项目的最终成果，可作为高等学校社会工作专业教材。本书是校地、校社合作的结晶，可作为青少年社会工作的研究与实务领域的参考书籍。本书在编写过程中得到了福建省社会工作联合会、福州市民政局、福州市社会工作联合会、福州市青少年事务社会工作者协会、福州市台江区鲲鹏青少年事务服务中心等单位的大力支持。众单位提供了大量优秀的实务案例，为本书的顺利完成贡献了重要力量。本书得以出版，要感谢写作团队的辛勤付出，但囿于水平能力，书稿不免存在疏漏及不足之处，敬请各位同人和读者批评指正！

目 录

下 篇 青少年社会工作实务选篇

上 篇

青少年社会工作理论篇

第一章　青少年社会工作概述

青年兴则国家兴，青年强则国家强。党的二十大报告指出："全党要把青年工作作为战略性工作来抓，用党的科学理论武装青年，用党的初心使命感召青年，做青年朋友的知心人、青年工作的热心人、青年群众的引路人。"[①]青少年是推动社会发展进步的中坚力量，他们是民族的希望和国家的未来。同时，社会的发展变迁对青少年也会产生巨大影响。对青少年自身来说，青少年时期是人生发展的关键时期；对国家和社会来说，青少年意味着希望和未来，青少年的发展状况关系到国家未来的发展。[②]伴随着社会纷繁复杂的变迁，成长中的青少年由于生理和心理的急剧变化，往往不容易对自己做出准确定位。青少年社会工作是将青少年作为服务对象，根据青少年的身心发展特点，从青少年的需求出发，借助相关的专业的价值理念，运用具有针对性的方法技巧的一种社会工作。[③]社会工作者（以下简称社工）通过制定出切实可行的服务策略，促进青少年健康自由地成长和发展，帮助青少年达成一种良好的社会适应状态。

[①]　习近平:《高举中国特色社会主义伟大旗帜　为全面建设社会主义现代化国家而团结奋斗——在中国共产党第二十次全国代表大会上的报告》，https://www.gov.cn/xinwen/2022-10/25/content_5721685.htm，访问日期：2024年1月25日。

[②]　陆士桢、王玥:《青少年社会工作（第2版）》，社会科学文献出版社，2010，第1页。

[③]　魏爽:《青少年社会工作》，清华大学出版社，2021，第2页。

第一节　青少年的界定

"青少年"已经成为当前学术界的重点研究对象。受不同国家的文化、经济和社会发展状况以及社会发展变迁的影响，关于青少年的年龄界定，学术界至今尚未得出结论。

一、青少年的年龄界定

青少年的年龄界定范围，是研究青少年理论和开展青少年社会工作的基础和前提。[①] 青少年处于儿童向成人过渡的阶段，青少年个体发展之间存在差异，这使得他们的成长过程变得尤为复杂和难以精确把握。因此，无论是国内还是国际，对青少年的年龄界定一直以来没有统一的标准。本书将从国内外现有的关于"少年""青年""未成年"的年龄界定层面，确定本书中青少年的年龄范围。

（一）国内的界定

我国现行青少年法律法规虽然对未成年人有明确的定义，但对青少年的定义却不统一、不明确。我国《中华人民共和国宪法》《中华人民共和国未成年人保护法》和《中华人民共和国预防未成年人犯罪法》规定，不满 18 周岁的公民为未成年人。[②]《中华人民共和国民法典》（以下简称《民法典》）第

---

① 莫晓春:《关于"青少年"年龄界定问题的思考》,《广西青年干部学院学报》2009 年第 2 期。
② 陆士桢、王玥:《青少年社会工作（第 2 版）》,社会科学文献出版社,2010,第 2 页。

一千零四十七条规定结婚年龄，男不得早于 22 周岁，女不得早于 20 周岁。[①]
按照《民法典》的规定来区分青少年和成年人的标准，那么则可以认为结婚
登记年龄以下为青少年，结婚登记年龄以上为成年人。[②]《中华人民共和国刑
法》（以下简称《刑法》）第二章第十七条规定，已满 16 周岁的人犯罪，应当
负刑事责任。已满 12 周岁不满 14 周岁的人，情节恶劣的，经最高人民检察
院核准追诉的应当负刑事责任。对于追究刑事责任的不满 18 周岁的人，应当
从轻或者减轻处罚。[③] 依《刑法》规定，青少年是 16 岁以下的未成年人。在具
体刑事案件中，人民法院针对青少年犯罪情况量刑时，把"青少年"年龄限
定在 25 岁以下。[④]

　　青少年是从儿童角色向成人角色转变的过渡阶段，目前学术界对"青年"
和"青少年"的概念没有统一的规定，因此对其年龄的划分标准并不统一。
多数医学文献根据世界卫生组织（World Health Organization，WHO）在 2006
年发布的《关于青少年健康管理手册》（*Orientation Programme on Adolescent
Health for Health Care Providers*）中针对"青年"和"青少年"的概念界定，
将青少年的年龄范围定义为 10 ~ 19 岁，将 15 ~ 24 岁界定为青年。[⑤] 心理
学界根据人的身体情况变化以及心理素质的发展特点，一般把青年期界定为
13 ~ 25 岁。[⑥] 人口学界进行人口统计时，一般分为少年儿童（0 ~ 14 岁）、
成年（15 ~ 64 岁）、老年人（65 岁以上），但是根据青春期生理发育的正态

[①]　中国政府网：《中华人民共和国民法典》，https://www.gov.cn/xinwen/2020-06/01/content_5516649.
htm，访问日期：2023 年 12 月 20 日。

[②]　魏爽：《青少年社会工作》，清华大学出版社，2021，第 2 页。

[③]　国家法律法规数据库：《中华人民共和国刑法》，https://flk.npc.gov.cn/detail2.html?ZmY4MDgxODE
3OTZhNjM2YTAxNzk4MjJhMTk2NDBjOTI，访问日期：2023 年 12 月 20 日。

[④]　魏爽：《青少年社会工作》，清华大学出版社，2021，第 3 页。

[⑤]　World Health Organisation，*Orientation programme on adolescent health for health care providers*，
（Geneva，2006）.

[⑥]　陆士桢、王玥：《青少年社会工作（第 2 版）》，社会科学文献出版社，2010，第 2 页。

曲线分布情况，把青年阶段界定为 15～25 岁。法学将是否具备完全承担法律所规定的权利和义务的能力作为划分标准，把 18 周岁作为划分未成年人和成年人的年龄分界。[①] 社会学界认为青年期是进入社会化的必经阶段，当人们"获得职业、经济自理、建立家庭"时，便与青年告别，因此将青年期的上限年龄增加到 30 周岁。[②] 共青团中央关于印发《中国共产主义青年团发展团员工作细则》的通知中第二章第六条规定年龄在 14 周岁以上，28 周岁以下的中国青年，可以申请加入中国共产主义青年团。[③]2019 年 6 月 28 日，我国发布《青少年社会工作服务指南》，该标准 3.1 中将青少年（adolescences）定义为年龄范围为 6～35 周岁的人。[④]

（二）国际的界定

世界各国由于人种、遗传、环境、文化以及国情等各方面的因素差异，对青少年年龄的规定也各有不同。比如欧洲的一些国家规定：18 周岁以下的未成年人不允许饮酒，没有签订合同的权利；只有年满 18 周岁的公民才能申请汽车驾驶执照，才能获得一切法律所规定的权利；等等。年满 18 周岁，意味着个人需对自己的一切行为负责。

（三）本书的界定

本书在综合考虑世界各国情况及各方面因素的基础上，对青少年的年龄进行了界定：14～25 周岁的男女为青少年。此阶段的青少年是我国青少年社

① 陆士桢、王玥：《青少年社会工作（第 2 版）》，社会科学文献出版社，2010，第 2 页。
② 于晶利、刘世颖：《青少年社会工作理论与实践（第二版）》，格致出版社、上海人民出版社，2019，第 2 页。
③ 共青团中央：《共青团中央关于印发〈中国共产主义青年团发展团员工作细则〉的通知》，https://www.gqt.org.cn/xxgk/tngz_gfxwj/other_tngz/202308/t20230818_792869.htm，访问日期：2023 年 12 月 20 日。
④ 许彩丽：《青少年社会工作》，中国人民大学出版社，2022，第 4 页。

会工作的主要对象。界定青少年的年龄上下限需要考虑多种因素，包括生理因素、心理因素、法律因素、社会认知因素等。以下是本书确定青少年年龄上下限的依据。

首先，青少年的年龄上限的确定。国际学术界通常用三个标准来判断青少年的社会成熟：经济独立并具有一定的谋生能力；心理上确立成人感；脱离对父母的依赖。《民法典》规定男性结婚年龄不得早于 22 周岁，女性不得早于 20 周岁 [①]。因此，根据现有我国国情，本书将青少年的年龄上限界定为 25 周岁。

其次，青少年的年龄下限的确定。我国主要依据生理发育成熟（男孩首次遗精、女孩月经初潮）时间确定青少年的年龄下限。从我国青少年生理发育情况来看，青少年青春期年龄在 13 ～ 15 周岁，近年来，国际上普遍出现青春期早发育的现象并且呈上升趋势；从青少年犯罪研究角度看，已满 14 周岁不满 16 周岁犯罪情节恶劣者负相对刑事责任，14 周岁是青少年的年龄下限，但近年来不满 14 周岁的青少年违法犯罪的案例增速迅猛，青少年犯罪逐渐出现低龄化趋势，因此针对青少年犯罪的研究，将研究的年龄范围逐渐下调；从人口统计角度看，14 岁以下是少儿，即少年儿童，而少年为 10 ～ 15 岁的未成年人，其中包括了青少年；共青团员可申请入团的年龄下限是 14 岁。[②]因此，本书把青少年的年龄下限界定为 14 周岁。

二、青少年的定义界定

青少年是从儿童阶段转向成人阶段的时期，在角色转变的过程中，青少年不仅在身体发育上产生变化，如身高和体重迅速增长，以及第二性征和其

---

① 　中国政府网：《中华人民共和国民法典》，https://www.gov.cn/xinwen/2020-06/01/content_5516649. htm，访问日期：2023 年 12 月 20 日。

② 　陆士桢、王玥：《青少年社会工作（第 2 版）》，社会科学文献出版社，2010，第 4 页。

他性发育的出现等。而且心理素质会随着认知发生改变,包括逐渐形成自我认知和能够独立判断社会性价值等。因此在生理学、心理学、教育学、社会学和社会工作学中,不同学科的学者以不同的视角对青少年进行研究和定义。

(一)生理学上的青少年

生理学家通常依据人体的发育程度来判断一个人是否处于青少年阶段,这包括大脑和神经系统的发达程度、身高体重的变化、心血管系统的完善程度以及由内分泌系统发育所导致的性成熟等生理特征。青少年期最大的特点是性成熟。青少年期以第二性征开始发育为起点,以性发育完全成熟为终点。柏曼(Berman)根据内分泌功能优势的变化把人的发展分为胸腺期(幼年)、松果腺期(童年)和性腺期(青年);在拉丁文中也对青少年进行划分,第一个时期为青年期(Adolescere)、第二个时期为春情期(Pubertas),其本义为"生长达于成熟""成熟年龄""具有生殖能力"。黄志坚根据研究指出,生理学把青春期又称为青春发育期,是指人的生殖器官开始发育和性技能成熟的阶段,也就是人生由童稚之年到发育成熟的过渡年龄。[①] 从生理发育的角度来看,青少年时期往往被看作是生殖力成熟的阶段,因此,"青春期""春情期"也是用来形容青少年期的概念。近年来,青少年的发育时间呈现出一种提前的趋势。

(二)心理学上的青少年

心理学家认为,界定青少年应以人的智力发展水平为依据,根据人的个性形成、情感特征、自我特征等心理机制的质变开始进行划分。心理学认为"青年是完成成熟的阶段和形成个性的阶段",所以青少年期结束之后,个体不仅会形成相对独立的自我意识,而且还会塑造出相对完整和独特的个性。

---

① 陆士桢、王玥:《青少年社会工作(第2版)》,社会科学文献出版社,2010,第4页。

整个青少年期正是自我意识和独立个性形成和发展的时期。在心理学研究领域，划分的标准不同导致关于青少年的概念问题很难有定论。而且因为人的心理成熟是一个非常抽象的概念，无法用具体的量化标准对此进行量化，从而导致心理学中对"青少年"这一概念模糊不清，没有严格的界限。[1] 德国心理学家斯普兰格（Spranger）把青少年的根本特征归纳为三点："自我"发现；有意识地确定个人生活目标；社会生活范围扩大。因此他把青年期分为两个阶段：14～17岁，个体发展的危险期；17～21岁，个体发展的归属期。[2] 这被认为是容易产生孤独感和渴望与人亲近的时期。

（三）教育学上的青少年

教育学认为，青少年时期最大的特点是处于学习和接受教育的阶段。青春期是通过社会各种教育渠道，促使儿童熟悉、接受、内化这个社会的各种规范，实现人格成熟，最终成为社会需要的个体的过程。教育家夸美纽斯（Johann Amos Comenius）在研究中指出，个体受教育时期分为四个阶段：幼儿期（0～6岁）；少年期（6～12岁）；青年期（12～18岁）；成年期（18～24岁）。[3]

（四）社会学上的青少年

从社会学的角度来看，青少年时期是人完成社会化的必经阶段。社会要正常运行需要一定的文化、价值、规范、风俗的引领，并且这些价值规范应为社会上大部分人所接受并逐渐内化，这就是个体社会化的过程，在这个过程中每个个体都参与到每个环节中，都在潜移默化地进行着。[4] 当个体进入青

---

[1] 陆士桢、王玥:《青少年社会工作（第2版）》，社会科学文献出版社，2010，第5页。
[2] 魏爽:《青少年社会工作》，清华大学出版社，2021，第5页。
[3] 陆士桢、王玥:《青少年社会工作（第2版）》，社会科学文献出版社，2010，第5页。
[4] 陆士桢、王玥:《青少年社会工作（第2版）》，社会科学文献出版社，2010，第5页。

春期后，生理逐渐成熟，参与社会的范围不断扩大，社会化进程进一步加速。青春期的许多问题正是源于社会化过程的变化和发展。

（五）社会工作学科中的青少年

社工认为，青少年是指儿童向成人过渡的时期。这个时期的青少年，身心逐渐成熟，人格逐渐独立，社交面进一步扩大，自主意识不断增强。同时，他们试图在社会群体中明确自身定位，逐步成为一个真正的社会人。处在这个阶段的青少年是一个未成熟但正走向成熟的人。

三、青少年的特征

青少年时期是人生活力最旺盛的阶段，同时也将面临人生的重要的转折和选择，是个人发展的关键时期。在此阶段，青少年的生理、心理以及身体机能存在显著变化。因此，下文将从青少年的生理变化、机能发展和心理认知三个方面分析青少年的特征。

（一）生理快速发育

青少年时期是一个从不成熟逐渐走向成熟的过渡阶段。在这个阶段，青少年在生理层面会发生明显的变化。青少年时期出现的生理变化，是个人成长过程中出现的第二次明显的生理变化，也被称作是第二次生长高峰（第一次生长高峰期出现在婴儿期，即出生后的第一年）。这种生理上的急剧变化，在身高和体重的增长方面尤为明显。

身高的增长主要伴随着骨骼的增长。性别不同，身高的变化阶段也有所不同。青少年时期的女孩一般比男孩早两年进入生长加速期，并且在 12 岁时，女孩达到身高的峰值，在此阶段女孩的平均身高高于同龄男孩。男孩一般在 14 岁左右达到身高峰值。

骨骼与体重的增长成正比例关系，因此，青少年肌肉组织的发育可促进青少年体重的增加。对于女孩来说，她们的身高和体重增加具有一致性，是同时进行的，一般在 9 岁左右二者会迅速增加。而男孩的体重相较于身高增长具有一定的滞后性，体重在身高增长之后的两年会产生陡增情况，并且由于青少年正处于生长发育高峰期，大量的皮下脂肪容易形成集聚，男孩的体重可能会逐渐超过同龄女孩。

另外，青少年生理变化的重要标志是第二性征的出现。第二性征是性发育的外在体现，在此阶段，青少年从童年的中性状态逐渐开始出现两性有别的意识。男生主要体现为出现喉结、嗓音低沉、肌肉发达等。女生主要体现为嗓音细润、体态丰满、骨盆宽大等。进入青少年时期，面部以及五官会发生变化且逐渐接近成人的特征。

（二）身体机能增强

身体机能是指人的整体及其组成的器官，系统内部展现的生命活动。身体机能的发展，可以促进力量的增强，改善心血管机能。在青少年时期，身体结构内部功能快速增强，并逐步接近成人水平。例如：青少年的心脏重量接近成人，心脏的收缩机能不断增强；胸部和胸腔扩大，肺部发育明显加速，正常的肺活量在 2500 ～ 4000mL，由于个体身体素质不同以及性别的差异，肺活量也存在差异；随着青少年体重的增加和身高的增长，肌肉力量和骨骼力量不断增强；大脑发育不断成熟，在青少年的早期，大脑灰质达到顶峰，此时的前额叶皮层处于最活跃的状态，之后随着大脑灰质减少，青少年学会根据物种及环境的不同而高效调节大脑组织，促使其更好地理解抽象的概念，从而形成自己的认知体系。

（三）心理认知成熟

在青少年的生理水平得到显著提高的同时，青少年的智力、情感、意志、言语、心理等方面都得到了快速发展。青少年心理特征的发展表现为认知能力得到进一步发展，包括感觉、知觉、记忆力、思维等都有了质的提升和新的发展。尤其是记忆力，青少年时期是人生中记忆力的黄金时期。此阶段，青少年的抽象思维能力也得到了进一步的发展，并且能够独立理解和处理抽象的概念和思想，以及能够从多个角度全面思考问题。在青少年时期，随着智力的发育，青少年的自我意识逐渐成熟。主要体现为在青少年的自我意识中对自己和他人有了独立的看法和评价，并且以自己的标准和方式进行衡量和评价，这使得青少年的自我意识带有鲜明的个性。

第二节　青少年社会工作

青少年社会工作被视为社会工作的重要组成部分，专注于为青少年群体提供各项服务，包括学业辅导、生活指导、职业培训与介绍、心理咨询、婚前教育与婚姻介绍、休闲服务以及矫治服务。鉴于青少年群体的特殊性，青少年社会工作的侧重点与其他群体的社会工作存在差异。

一、青少年社会工作的内涵

青少年社会工作在于为整个青少年群体提供科学、专业的服务，以解决他们的问题，促进其全面发展，进而促进社会和谐发展。首先，青少年社会工作的目标受众是青少年，有时可能是社会中部分青少年，例如，那些面临特殊困难、具有特殊要求的青少年，或者那些在成长过程中遇到发展障碍或偏差的青少年。其次，与其他面向青少年的服务不同，青少年社会工作的一个重要特征是它可以从社会工作的专业角度出发，运用专业的社会工作理论、方法和技巧来为青少年提供服务。最后，青少年社会工作的目标十分明确，即发现青少年的潜力，促使他们成长，并增强他们的社会适应能力。

二、青少年社会工作的外延

青少年社会工作可以分为广义和狭义两种。就广义而言，青少年社会工作的目标是为社会上所有的青少年服务。其目标在于发掘和培养每个青少年的潜力，确保社会工作服务能够普及社会上的每一位青少年，以实现全面和普遍的指导理念。广义的青少年社会工作关注"预防"和"发展"，是国家和地方政府为促进青少年身心健康、提高社会适应能力、促进全面发展而采取的一系列措施。因此，广义的青少年社会工作范围非常广泛，包括文教、卫生、医疗、保健、体育、娱乐、社区、家庭服务、职业辅导介绍、婚姻服务、青少年权益保护等各方面，旨在促进青少年的全面发展。

就狭义而言，青少年社会工作的对象是在发展方向上有偏差或发展道路上有障碍的青少年。通过运用社会工作的专业服务手段和方法，帮助青少年纠正发展方向上的偏差，引导他们走上正确的道路，从而促进他们的全面和健康成长。狭义的青少年社会工作主要强调"教育"和"治理"，其主要目标是帮助"问题"青少年。在这个意义上，狭义的青少年社会工作更加着重于"治疗"和"补救"，而广义的青少年社会工作更加强调"预防"和"发展"。[①]

当涉及广义和狭义的青少年社会工作时，并不是简单地将它们区分开来。值得注意的是，随着社会的进步与发展，社会对青少年的需求、权利，以及福利的关注度不断提高。狭义的青少年社会工作正逐渐朝着广义的青少年社会工作方向发展。它已经与国家的福利制度、社会政策以及法律法规密切相关，且不可分割。现代社会的青少年社会工作普遍可以被看作是广义上的青

---

① 陆士桢、王玥：《青少年社会工作（第2版）》，社会科学文献出版社，2010，第21页。

少年社会工作，即一种积极主动的青少年社会工作。

三、青少年社会工作的层次结构

作为社会系统中福利子系统的一部分，现代青少年社会工作具有独特的层次结构。青少年社会工作的结构可以大致分为三个层面：宏观、微观和中观。

（一）宏观青少年社会工作

宏观层面的青少年社会工作是由国家行政体系或社会民间机构负责制定和修改关于促进青少年整体福利和个人潜力发展的政策法规。其目标是将这些政策法规转化为针对青少年的综合服务设计方案，以实现社会整体目标。宏观青少年社会工作通过动员各种社会资源，为青少年福利服务机构提供政策和资源支持，同时，通过收集社会信息和评估福利服务效果，向政策制定者提供反馈。与此同时，宏观青少年社会工作还牵涉社会政策制定、政治抉择和资源分配等领域，与社会行政和相关政治活动密切相关。需要注意的是，宏观层面的青少年社会工作一般不直接提供面向广大青少年的福利服务。

宏观层面的青少年社会工作在现代国家中扮演着越来越重要的角色，其可以动员各种社会资源来支持青少年福利服务。如高级行政员工不仅可以利用这些资源影响社会政策的制定，还致力于构建一个全面的社会支持网络，以调动更多的资源，同时监督政策实施的效果，并为政策制定者提供反馈。

（二）微观青少年社会工作

微观青少年社会工作是针对年轻人提供各种福利服务的直接方式。在微观层面上，青少年社会工作注重实践基础，立足于社会工作的价值观和理念，强调运用专业的社会工作方法、技巧和理念，为广大年轻人群体或个人提供预防、发展或纠正性质的服务，以促进他们全面发展。就方法而言，微观青少年社会工作包括个案青少年工作、团体青少年工作、社区青少年工作和整合的青少年社会工作；就内容而言，微观青少年社会工作包括青少年学业辅导、生活辅导、心理辅导、职业辅导、婚姻家庭教育、休闲服务，以及矫治工作；就工作性质而言，微观青少年社会工作包括发展性的青少年社会工作、预防性的青少年社会工作、治疗性的青少年社会工作，以及矫正性的青少年社会工作。微观青少年社会工作直接与服务对象接触，因此在实际操作中需要学习和掌握许多理论、方法和技巧，并及时向更高层次的系统反馈在实施服务过程中遇到的难题。

（三）中观青少年社会工作

中观青少年社会工作是连接宏观青少年社会工作和微观青少年社会工作的桥梁。尽管明确划定这三个层面的界限是困难的，但我们可以大致界定中观青少年社会工作的范围。该层面主要涉及青少年福利政策的制定和福利服务的提供，作为宏观和微观层面之间的中间环节。总之，宏观、微观和中观青少年社会工作三个层面相互关联、相互影响，构成了青少年社会工作整体体系。

四、青少年社会工作的要素

与其他社会工作一样，青少年社会工作的内涵可以从不同角度、不同层面、不同视野进行解析。由此，我们对青少年社会工作的理解包括以下要素。

（一）青少年社会工作的对象

青少年社会工作服务对象的范围在不断演变发展，由早期关注于"问题"青少年转变为为社会全体青少年提供福利服务。根据我国 2018 年 12 月 28 日发布的《青少年社会工作服务指南》3.1 中的规定，工作对象的年龄范围是 6 ~ 35 周岁。服务对象的扩展是衡量社会文明和进步的一个标尺。显然，在当代社会中，青少年社会工作的对象指向社会全体青少年。

首先，每个青少年与成年人享有平等的权利，青少年之间也应该相互平等对待，每个人都具有无限潜力，但也有自己的局限性。人性的脆弱性存在于每个人身上，因此，每个人都有接受帮助的权利，青少年当然也不例外。此外，需要注意的是，青少年群体作为一个整体，既具有许多其他群体所不具备的优势，也同时存在一些其他群体可能没有的弱点。因此，社会应当给予青少年特殊的帮助，接受这种帮助是每一个青少年理所当然享有的权利。

其次，青少年社会工作旨在为所有青少年以及具有特殊需求的青少年提供福利服务。青少年社会工作的基本信念是每个青少年都是独特的，都具有独特的价值，应该受到尊重，并且他们的特殊需求应得到满足。青少年社会工作极为关注这些特殊需求，并将其作为工作的重点，为那些处于特殊境地的青少年提供特殊的帮助。

再次，青少年社会工作的对象是所有青少年，更具体地说，是面向青少年在不同成长阶段的需求。青少年实际上指的是处于从儿童到成人之间转变的阶段，范围相当广泛。不同成长阶段的青少年可能面临的问题也千差万别。例如，一个 14 岁的中学生和一个 20 岁的大学生，虽然都属于青少年群体，但由于他们处于不同的生命阶段，他们面临的问题不尽相同。青少年社会工作的目标是尽可能为所有成长阶段的青少年提供全面的支持和帮助。不同成长阶段的青少年所面临的问题必然有所不同，因此青少年社会工作需要应对不同成长阶段青少年可能遇到的各种问题。这对青少年事务社工来说无疑是一个巨大的挑战，因为他们无法预测青少年将面临何种困难和难题。因此，青少年事务社工无法为其服务对象提供现成的问题解决方案，但在青少年面对问题、解决问题时给予指导，提供处理问题的角度、方法和态度。[①]

最后，青少年发展受到许多因素的影响，分为内在因素和外在因素。内在因素是指我们需要挖掘青少年心中潜藏的无限潜力，帮助他们发掘自身潜能并激发内在能量。同时，我们要引导青少年学会充分利用各种资源来建立全面的社会支持网络，这些资源包括家庭、友人、同学、教师、学校、专业机构、媒体以及社会工作者等。在面临困境时，他们可以借助这些资源寻求帮助。而外在因素需要我们努力创造一个更加有利于青少年成长和发展的社会环境。这包括完善社会福利政策、健全法律法规、传承文化传统以及扩大文明氛围等措施。所有这些因素都对青少年成长起到重要的影响作用。[②]

（二）青少年社会工作的目标

与其他受助群体不同，青少年社会工作的目标明确且有针对性。发展性是青少年固有的特征，而青少年社会工作的明确目标是激发他们自身的潜力，促进他们全面健康地成长。发展具有积极正向的变化意义，包括身体、心理和社会适应等多个方面。对青少年而言，他们的发展速度惊人，并且具备巨大的潜力。因此，在青少年社会工作中，需要充分挖掘和激发他们的潜能，并通过专业服务促进他们全面健康地发展，使他们更好地为社会做贡献。[③]

众所周知，青少年社会工作常常面临服务对象的挑战，这些对象可能是在社会上未得到充分认可、缺乏价值感、个人人格体系可能较为混乱的青少年，如城市边缘青少年、少女妈妈、滥用麻醉品的青少年等。面对这样的服务对象，青少年社会工作存在着一些挑战：如何实现青少年社会工作的目标？如何帮助他们发现自身的潜力，并持续成长？这确实是一个具有挑战性的难

---

① 陆士桢、王玥:《青少年社会工作（第2版）》，社会科学文献出版社，2010，第25—26页。

② 陆士桢、王玥:《青少年社会工作（第2版）》，社会科学文献出版社，2010，第26页。

③ 陆士桢、王玥:《青少年社会工作（第2版）》，社会科学文献出版社，2010，第27页。

题。在传统的社会观念中，对于有行为偏差的青少年，社会的包容程度较低，他们的接纳程度也相对较低，因此帮助他们恢复社会功能、促进他们发展成为一项艰巨的任务。正因如此，青少年社会工作强调发展性目标更加重要。面对每一个需要帮助的青少年，青少年社会工作将目光聚焦在他们的潜力上，一切努力的出发点都是寻找他们内在的动力。[①]

（三）青少年社会工作运用的专业手段

在青少年身心发展的关键时期，他们面临着错综复杂的问题，甚至有可能是前所未有的。为了应对这些问题，青少年事务社工需要全面了解专业社会工作的视角、理论、方法和技巧，包括个案、小组、社区、社会行政等方面的技巧。通过应用社会工作的专业理论、方法和技巧，他们能够为青少年提供福利服务。此外，青少年群体具有与其他群体不同的显著特征，了解这些特征和客观规律是开展青少年社会工作的基础。因此，从业人员需要深入理解和掌握与青少年群体相关的特征、成长规律以及各种理论和知识，包括青少年生理变化、心理发展、人际交往等方面的知识，以及心理学、社会学、生理卫生学、教育学、青年学等学科的知识。青少年事务社工不仅要掌握青少年的成长发展规律，熟悉专业社会工作的视角、理论、方法和技巧，还要结合青少年的特征和发展规律，从他们的内在需求出发，充分发掘他们的潜力，帮助他们利用各种资源，实现全面、健康的发展。

现代青少年事务社工与传统的青少年事务社工有所不同。现代青少年事务社工以社会工作的专业理念为指导，并将青少年视为平等的主体。当青少年面临困境并向社工求助时，社工试图给予他们建议，并帮助他们通过自我反省实现全面发展。因此，青少年社会工作需要经过系统培训的专业人员，他们不仅需要了解青少年的成长规律，还需要具备社会工作的专业素养。

---

① 陆士桢、王玥：《青少年社会工作（第2版）》，社会科学文献出版社，2010，第28页。

青少年社会工作是一项宏观而综合的工作。它包含补救性、预防性和发展性的内容，因此需要特殊的专业技巧。不同层次、性质和范围的青少年社会工作可能需要不同的专业特质和技巧。要做好宏观青少年社会工作，需要熟悉和掌握青少年的福利政策、法律法规，以及相关政策的制定和修改。而在微观青少年社会工作中，更需要社会工作实务的经验和技巧，以帮助青少年解决各种问题。专业手段在整个青少年社会工作系统中起着重要的作用。

总的来说，青少年社会工作的服务对象是广大青少年。社工运用社会工作专业的理念、理论、方法和技巧，结合青少年的成长和发展规律，最大限度地发掘他们的潜力，促进全面健康发展，使他们更好地适应社会生活。

第三节　青少年的社会支持网络

社会支持网络是个体通过与社会交往关系建立关联，从而获得正式或者非正式的社会支持力量与社会资源的网络系统。青少年群体因为处于学习阶段，因此他们的社会支持网络大多来自家庭、学校、社区和社会。

一、家庭

家庭是由婚姻、血缘、收养关系所组成的社会组织的基本单位，它是人类最基本的社会设置之一，是人类最基本的、最重要的一种制度和群体形式。[1]家庭是个人成长的发源地，家长是青少年成长的第一任老师。在家庭中，父母或其他成年人对青少年的言传身教，对青少年的价值观、世界观、方法论的形成产生终身性的影响。家庭教育是学校教育以及社会教育的基础。中国教育发展历史过程中，有很多关于家庭教育方面的优秀著作，如《颜氏家

---

[1]　许彩丽:《青少年社会工作》, 中国人民大学出版社，2022, 第 9 页。

训》《曾国藩家书》《胡适家书》《梁启超家书》等。

家庭是人一生中最早参与的，也是参与时间最长的一个群体。在众多的社会环境因素当中，家庭环境对人的心理发展影响最直接、最深远、最深刻、最持久。父母或者其他监护人的价值观念、道德标准、行为准则会潜移默化地影响青少年的认知。《中华人民共和国未成年人保护法》第二章第十五条规定未成年人的父母或者其他监护人应当学习和接受家庭教育知识和指导，创造良好、和睦、文明的家庭环境。①

青少年习惯的养成也与家庭有着非常密切的关系。因此，家庭给予青少年的，不仅是抚育的功能、精神陪伴功能，同时还承担着培养青少年生活能力以及灌输社会知识和助其形成规范意识的功能。这些都为青少年后期的个性成长和人格发展奠定了重要的基础。家庭环境对青少年的个性影响有着非常大的作用。鉴于此，作为青少年人生起点教室——家庭，家庭中的教师——每位父母，都应该努力提升自身的素质，营造良好的家庭氛围，为青少年创造良好的成长环境。青少年社会工作的目的之一是为青少年的成长构建健康的家庭结构。科学的家庭教育方式是至关重要的，青少年的成长需要科学的家庭教育方式。有关数据表明，溺爱、打骂或吹毛求疵等教育方式不利于青少年的成长教育。因此，青少年社会工作应当协助家庭中的家长或者其他监护人以正确的方式引导青少年树立正确的世界观、人生观、价值观。青少年时期所形成的世界观、人生观和价值观，对青少年未来的个人品格塑造以及个性发展具有深远的影响。家庭教育在培养青少年的社会责任感以及家庭责任感方面也具有不可替代的作用。

---

① 中国政府网:《中华人民共和国未成年人保护法》, https://www.gov.cn/xinwen/2020-10/18/content_5552113.htm，访问日期：2023 年 12 月 20 日。

二、学校

学校是青少年受教育的主要场所。学校作为一种特殊的组织，不仅是社会的一部分，而且是一个微型社会。学校的教育任务不仅是传授学科知识和社会实践技能，而且需要有系统、有组织、有计划地向青少年传递社会主流价值观和社会规范，帮助学生完善相应的社会角色。

良好的学校环境对促进青少年的身心健康发展有着非常重要的意义。学校社会工作，即驻校社工，是构成青少年社会工作的重要部分。学校社会工作以学生为主体，辅助学校的教育工作，特别是开展德育教育和心理健康指导，营造尊重学生差异、挖掘学生个性、拓宽学生视野的校园环境。

首先，青少年社会工作应当采取各种专业的理论和方法，使青少年平等地获得教育资源，帮助他们获得全方位、多角度、多层次、个性化的教育，成为社会所需要的人才。

其次，构建教学相长的师生关系，营造良好的校园环境。在实际教学过程中，学生是学习主体，教师是学生的引导者，因此教师与学生之间是平等和谐、互相尊重的关系。在教学的过程中，影响教学效果的因素有很多，例如教师的学科素养、学生的学习能力、师生之间的关系、学校的基础设施等。现阶段的教育任务是立德树人，因此教师应该树立以人为本的教育理念，以身作则地向学生传授学科知识和道德思想规范。教师应该遵守关爱学生的教学原则，通过了解学生现阶段的普遍特点以及个性化发展，增强师生之间的情感联系与交流，从而提升教学效果。青少年社会工作的重要任务是高效地发挥学校以德树人的教育功能。

综上所述，学校应当为青少年的成长提供一个宽松的、友好的、融洽的校园学习环境。学校不仅专注于培养学生熟练地掌握和运用知识技能，还致力于塑造学生的个人心理认知和情感体验，同时促进他们人格和价值观的形成，从而把学生真正培养成身心健康、具备创新能力和实践能力的复合型人才。

三、社区

社区是青少年成长的社会化场所。青少年除了在家庭和学校之外，大部分的时间都在社区活动。社区也是青少年聚居和成长的地方。在社区中，青少年成长和社会化会受到邻里关系、社区文化、社区生活方式及社会政策等方面的影响。因此，青少年事务社工需要结合当地社会的特点，运用专业的知识，采取恰当的手段，主动创建促进青少年健康成长的社区环境。

社区（Community）作为社会学的词语被使用，最早出现在德国社会学家滕尼斯（Tönnies）的著作《社区与社会》（*Community and Society*）中。"社区"这一词语在我国学术界被广泛引用，其流传开来主要归功于费孝通在翻译《社区与社会》一书后所做的贡献。滕尼斯认为，社区主要指传统的农村社会，是一种彼此亲密、相互信任、相互帮助的社会群体。[①] 社区的人际关系结构以家庭为核心，通过家族血缘、邻里情感、民族信仰、道德伦理等相互联结，是一种传统的以自然意志为基础的关系。滕尼斯的社区定义更看重的是人与人之间的亲密关系，以及对社区的强烈归属感和认同感。2000 年《民政部关于在全国推进城市社区建设的意见》将社区定义为"聚居在一定地域范围内的人们所组成的社会生活共同体"。[②]

社区是影响青少年发展的主要因素。第一，社区的资源，包括社区的阅览室、图书馆为青少年的成长提供了第二课堂，对青少年的成长起着很大的促进作用。第二，青少年社区服务也为青少年成长提供多种物质和身心上的

---

① 许彩丽：《青少年社会工作》，中国人民大学出版社，2022，第 16 页。
② 西双版纳傣族自治州人民政府：《民政部关于在全国推进城市社区建设的意见》，https://www.xsbn.gov.cn/mzj/79390.news.detail.dhtml?news_id=1393174，访问日期：2023 年 12 月 20 日。

服务。如社区通过组织知识讲座，为待业的青少年提供职业规划，帮助社区青少年拓宽知识面，引导和纠正不良青少年的行为习惯，为生活艰难、家境贫困的青少年提供物质支持以及心理疏导服务，等等。

社区是青少年社会化的重要场所。青少年社会化是通过学习社会生活规范，接受生活规范，融入社会关系的过程。社区作为青少年主要居住和生活的环境，对青少年的成长具有重要的作用。在社区中，青少年扮演着同学、朋友等社会角色，学习待人接物的规范，学习思考问题的逻辑。社区成员构建的语言表达方式、社会信息网络、文化审美情趣等社会化认知结构，绘成青少年人生观、世界观和价值观的底色。

社区在青少年的成长过程中扮演着至关重要的角色，其可推动青少年事务社工积极发掘、合理利用、大胆创新社区的资源，为青少年的社会化成长营造良好的社区环境。

首先，青少年事务社工可以引导青少年参加社区居民集体活动，鼓励青少年参与社区建设，为和谐社区建设做贡献，从而使青少年在社区环境中得到尊重和认可，提升他们的个人价值感。

其次，社区内的青少年事务社工不仅应当完善少年宫、图书馆、学习室等硬件设施，而且需要同步组织社区文化活动，专题讲座等文化软设施，激发青少年课外学习文化知识的兴趣，为营造良好的社区文化氛围奠定坚实的基础。

最后，在社区中建立心理援助中心、设立心理咨询师热线服务电话等，为青少年的心理健康发展提供完善的社会支持系统。同时，社工通过个案工作、小组活动、社区活动等形式，发现并解决社区青少年中普遍存在的问题，帮助并引导青少年掌握情绪起伏和心理波动的根源以及解决的出口。

四、社会

社会是人类的生活系统，社会环境对青少年成长起着至关重要的作用。广义的社会环境包括政策环境、文化环境、科技环境、经济环境、法治环境。在此主要探讨社会政策和社会文化对青少年发展产生的影响。

1891年，德国学者瓦格纳（Wagner）首次提出的社会政策，是指通过立法和政策手段，调节财产所得和劳动所得之间的分配不均问题。现阶段，社会政策作为应用性学科，广义的界定是指应对社会上各种问题的研究，狭义是指国家和政府为了解决社会问题，实行的福利政策的总称。其核心要义是规避公民在市场经济之下遇到的风险，最终目的是保障社会的和谐与安稳，营造良好的社会环境。如果社会政策不根据社会环境的真实情况进行制定，以及随着环境变化及时调整，那么社会政策会存在不完善或者不合理的情况，执行和实施的过程也会存在政策风险，会使得公民权利难以保障，导致工人群体利益受损，社会稳定难以维持，尤其对成长中的青少年的影响更为深远。由于青少年群体的特殊性，他们面临高风险和高挑战。现阶段，我国逐步促进青少年社会保障政策实现全覆盖，保障青少年的基本权利。

文化是某一民族或者群体代代相传的共享的整体生活方式，是赋予一个社会以特殊的、长期凝结和传承下来的思考和行为的方式及结果。社会文化环境对青少年成长有着较大影响。社会经济、政治环境的变化导致文化的转变，这种转变有助于推动官方文化、大众文化、精英文化、民俗文化等的发展，也将对青少年成长过程中的世界观、人生观、价值观的形成产生重要的影响。随着改革开放的不断发展，经济的迅速腾飞，科技的飞速进步，利己主义、拜金主义、享乐主义的思想对青少年价值观有很大的影响。此外，由于互联网和移动媒体的发展，产生了多样的青少年群体亚文化——由青少年群体为主导产生的、与父辈文化和主流文化既反抗又配合的一种社会文化形态。但是，一些不健康的青少年亚文化会产生青少年社会问题。例如，"饭圈文化""病毒式"传播的心理网络测试、"祖安文化"等亚文化圈层在青少年人群中普遍存在。面对这种文化乱象，国家已经联合有关部门进行有力且持续地整治，处罚封锁违规账号和群组，限制亚文化传播的空间，力图彻底消灭不健康的亚文化，引导青少年群体塑造正确的三观以及提高辨识力。

总之，社会因素对青少年的成长也是至关重要的。因为，它直接或间接引发一些青少年的社会问题。因此，青少年事务社工在面对青少年社会问题时，应该保持高度的敏感性，不仅要考虑个体、家庭等因素。同时也要看到这个问题表面背后的一个深层的社会因素。唯有如此，才可以使我们的服务更加深入，更具有针对性，使服务更具有效果。

第四节　青少年社会工作的发展

一、国外青少年社会工作发展状况

青少年社会工作产生于近代西方资本主义国家。我们可以把整个青少年社会工作的发展分为以下三个阶段。

（一）以教育为主的青少年社会工作时期

"青少年"一词源于西方资本主义国家，是资本主义生产关系发展到一定阶段的产物。青少年社会工作的出现是社会物质文明和精神文明发展到一定程度的结果。在人类社会的早期阶段，青少年的主要任务是接受教育，传递知识和技能。这个阶段被称为以教育为主的前青少年工作时期。最初，"青少年"一词的含义就是指"接受教育的阶段"。随着工业革命的兴起和资本主义的发展，生产力迅速提高，青少年作为最有创造力和活力的群体，在推动工业化进程中的重要地位越来越凸显。为了培养更多的人才，国家开始进行青少年的培养教育，让他们掌握未来生活和社会生产所必需的知识、技术、信仰和价值观。在这个时期，面向青少年的教育工作并不是真正意义上的青少年社会工作，但是青少年的重要价值已经开始受到重视。①

（二）以救济为主的青少年社会工作时期

随着资本主义生产力的发展和国家物质财富的增加，贫困问题成为资本主义国家所面临的一项无法解决的社会难题。社会中的物质财富呈现指数级增长，导致少数人获取了大部分的财富，大多数人则陷入物质匮乏之中。这种匮乏状态引起了社会大众和政府的关注。过度的贫富分化对资本主义国家的社会秩序造成了冲击，为确保公民的最基本生存需求，政府被迫采取措施。在这种背景下，政府开始主导救助工作。早期的消极救助活动中，涌现出一些专门致力于帮助城市贫困青少年的组织。相较于早期主要以教育为主的青少年工作时期，这一阶段的青少年工作取得了很大的进步。进步的特点主要表现在以下方面。

第一，政府救助的主导作用得到加强，同时关注点也从青少年的教育延伸到其他领域。在前青少年工作时期，针对青少年的教育活动多为自发、无组织、缺乏政府主导，且其目的也相对单一。而在这一阶段的青少年工作中，政府扮演了主导角色，发挥着组织、控制和协调等方面的作用，为后来有组织的专业青少年社会工作打下了坚实基础。

第二，在这一时期，青少年社会工作的目标是针对城市中处于贫困状态的青少年，特别是那些从乡村流入城市的青少年，以防范他们面临的各种问题。因此，青少年社会工作的范围并不涉及全体青少年，而是专注于贫困青少年，尤其是城市中的青少年。

---

① 陆士桢、王玥：《青少年社会工作（第2版）》，社会科学文献出版社，2010，第34—35页。

第三，这一时期的工作领域受到了一定的限制，救济方法相对单一。青少年社会工作主要侧重于救济工作，以一种消极的纠正性质来帮助青少年，与当时社会救济事业的整体趋势一致。在那个时期，青少年工作并不是一个独立的领域，而是整个社会救助系统中的一部分。

第四，该时期的青少年工作主要是提供救助或就业机会，尽管也有一些培训机会，但培训的水平相对较低，主要是开设一些技艺学习班。这些学习班并不能真正为广大的贫困青少年提供实质性的帮助，但它们所体现的思路为后来专业的青少年社会工作所继承。尽管在这一时期，青少年工作还没有成为专业化的社会工作，但为今后全面发展的青少年专业社会工作奠定了必要的基础。

（三）以全面服务为特征的青少年社会工作时期

20世纪以来，青少年社会工作进入了一个以全面服务为特征的专业发展时期。这一发展的重要表现在于青少年的社会性概念日益成熟。随着社会的进步，青少年作为社会中的一个独立群体，开始受到更多的关注和重视。这体现在将青少年视为一个独立的研究对象和群体。社会广泛认同青少年阶段是人生中一个重要的时期，青少年具有独特的需求，这些特殊需求需要得到社会的认可。与此同时，科学分工的细化也使得专门以青少年为研究对象的学科日益成熟，为青少年社会工作的发展奠定了坚实的科学基础。此外，随着社会的发展和法律制度的完善，国家开始制定专门保障青少年福利和服务的法律法规或公共政策体系。这些立法为青少年社会工作提供了法律基础，同时也使得青少年社会工作得到法律的认可，并成为政府社会福利公共政策的重要组成部分。因此，青少年社会工作逐渐被纳入政府政策系统的一个子系统中，摆脱了以往没有组织、缺乏统一性的状态，进入了国家的法制体系中。

过去，青少年社会工作主要涉及基本的教育、救济和进入习艺所学习等方面，然而如今，这种工作发生了重大变化，由弥补性工作发展成为全面服务性工作。我们对青少年的权利给予前所未有的尊重，同时也承认了青少年群体的特殊需求以及个体差异。我们全面关注青少年的生理、心理和社会综合发展，深入人心的服务理念得以确立。在青少年工作中，青少年自身的主体性越发凸显，全面的青少年社会工作概念得以真正形成。随着青少年社会工作范围的拓展，我们看到了更为细致的分工和更加严密的组织体系，青少年社会工作的专业化步伐日益加快。根据青少年社会工作的功能，我们将其划分为恢复性、预防性和发展性青少年社会工作；根据不同的工作方法，我们又将其分为青少年团体工作、青少年个案工作和青少年小组工作。这些变化和分类标志着青少年社会工作的真正形成并走向成熟。这一时期的特征在于以全面服务青少年为工作宗旨，青少年社会工作的目标就是促进全体青少年的全面健康发展。

随着社会的演进，青少年社会工作的功能已日益清晰，定位越发明确。首先，青少年社会工作的基本任务是促进全体青少年的健康成长。其目的在于为所有青少年提供必要的福利服务，帮助他们避免可能面临的问题，并调动一切可用资源来帮助他们克服困境。同时，对于那些不幸受伤且失去全部或部分社会适应能力的青少年，青少年社会工作试图通过援助使他们从伤痛中恢复，并增强他们的社会适应能力。其次，青少年社会工作的另一个关键使命在于促进整个社会的协调发展。作为社会生产的生力军和后备力量，青少年的成长是社会进步的基石和前提条件。社会发展的一个重要因素就是通过社会工作，全面推动包括每位青少年在内的所有青少年的健康发展，培养出一大批合格的建设者和接班人。[1]另外，随着后工业社会的兴起，青少年群体成为社会中最有活力和创造力的群体之一，他们蕴藏着前所未有的能量。

---

① 陆士桢、王玥：《青少年社会工作（第2版）》，社会科学文献出版社，2010，第37页。

然而，这个群体也有着年轻、缺乏经验且容易冲动的特点，他们的巨大能量对整个社会产生了越来越大的冲击。因此，社会必须引导他们释放能量，使其朝着有利于整个社会协调发展的方向发展。在现代社会中，青少年社会工作扮演着越来越重要的角色和地位，通过为青少年提供福利服务促进他们的健康发展，同时也推动社会的全面进步。

二、国内青少年社会工作发展状况

青少年社会工作作为一项综合性的社会服务活动，具有较强的实务性。该工作也是促进青少年健康成长、增进青少年福祉的工作。青少年社会工作作为一项实务性工作，既涉及公益活动的宣传推展，又涉及公共产品的供给，也涉及公共意志的表达。因此，青少年社会工作是建设和谐社会过程中创新社会治理的重要内容。

近年来，国家高度重视对青少年群体的关爱、救助和保护，针对青少年社会服务体系制度、专业人才建设进行了相应规定，例如：2007 年共青团中央等五部门联合印发《关于开展青少年事务社会工作者试点工作的意见》；2014 年共青团中央、中央综治委预防青少年违法犯罪专项组等六部门联合印发《关于加强青少年事务社会工作专业人才队伍建设的意见》。国家在北京、上海、广州等省、直辖市组建一批青少年事务社工社会工作队伍，并建立和完善工作机制和制度，促使我国的青少年社会工作得到了长足的发展，为全国青少年社会工作的发展积累了宝贵的经验。

（一）北京"社区青年汇"的社会工作探索模式

2011 年初，北京共青团通过"青年在哪里"调研发现，非京籍 6～35 岁常住青少年约 448.78 万人，占全市常住青少年人数的近 50%，且呈现不断增长趋势。[①] 面对大量涌入的青少年群体，以及解决青少年流动性强、就业率低、亚健康、社会边缘化等问题，北京团市委于 2010 年在部分社区试点建设"社区青年汇"。"社区青年汇"的服务对象不只包括外来人口，还包括户籍青年。主要通过针对青年群体的活动，包括职业培训、拓展社交圈、打造兴趣社群、法律协助、心理咨询等服务，借此引领社区内的青年共同构建互帮互助、诚信和谐、兼容并蓄的城市社交互动关系。

北京团市委作为政府一方的代表，从全局层面指导"社区青年汇"的工作，为其制定发展规划、形成指导性意见、规范行业标准。"社区青年汇"的日常管理工作由专业的社会工作服务机构完成。通过社工深入社区、切身了解青年群体的需求，开展更加有效的专业服务工作。具体表现在以下方面。

第一，专业的工作模式。"社区青年汇"相较于之前传统的社区工作模式，具有更专业的社会工作团队。他们深入所在社区，利用专业的服务知识，针对青年群体的特点，运用合适的工作方法，帮助青年群体以及社区成员构建和谐、团结、诚信、互助的社区生活环境。

第二，弥补基层团组织力量。北京市内有多个"社区青年汇"的项目点，每个项目点都有专职社工，协助共青团联系和服务青年，并且将青年的需求传递到每个社区，不仅有助于加强社区团组织之间的联系，而且还可促进社区间青年的交往与互动。

第三，整合社区资源。"社区青年汇"利用社区内原有的设施、资源等为青年群体开展丰富多彩的活动。例如，活动地点多选取社区公园、健身地点或者活动室等。

第四，保障服务质量。北京团市委对"社区青年汇"项目的开展次数、

---

① 王晓芸：《团代会 2017/514 家青年汇服务青年 164 万人次》，https://mp.weixin.qq.com/s/Gdv4N9ulnp Mk7f8iCzTT0w. 访问日期：2024 年 1 月 24 日。

服务质量、参与人数、社工表现等方面制定一套考核标准。每半年由北京市各区的运营支持中心进行考核。根据评估结果，对承接"社区青年汇"项目的单位进行筛选，确保服务质量。[①]

（二）上海以社会组织运作为导向的政社合作模式

2004年，上海市阳光社区青少年事务中心正式挂牌成立，作为民办非企业组织，主要负责青少年社区服务工作。阳光中心的落成，标志着上海市真正出现青少年事务管理工作的组织。截至2023年6月30日，在上海注册的社会组织有17339家，其中民办非企业组织（社会服务机构）共有12422家，占比超七成。[②] 以下将以上海市阳光社区青少年事务中心为政社合作的代表，介绍上海市社会组织模式。

最初，上海市青少年社会工作以预防和减少青少年犯罪为出发点。随着社会发展需要，以政府主导推动社团自主运作、社会多方参与成为上海市青少年社会工作的主要方针。由政府购买服务，不断推进青少年社会工作服务本土化和职业化。在这个过程中，政府通过社区购买阳光中心的服务。为上海市16～25周岁，没有固定工作，没有上学，缺少监督管理的青少年提供就业岗位，为他们提供专业服务。

所有具体事务由阳光中心承担，资金主要来源于上海市财政。[③] 阳光中心按照市、区、街（镇）三级管理模式，分别设立总部、社工站和社工点，目前已经形成一支相当规模的专业青少年社会工作队伍。从2015年开始，上海市政府用于购买社工服务的费用进行上调，计划到2020年，每100名常住社

---

① 魏爽：《青少年社会工作》，清华大学出版社，2021，第26—27页。

② 黄景源：《截至目前，上海共有超1.7万家社会组织》，https://www.jiemian.com/article/9800242.html，访问日期：2023年12月28日。

③ 魏爽：《青少年社会工作》，清华大学出版社，2021，第27页。

区青少年将会得到至少有一名青少年社工提供的服务。[①] 政社合作模式在上海得到有效推广。

（三）广州以共青团统筹为主的政府购买模式

因为广州紧邻香港，所以受到香港地区的深远影响。为了推动青少年事务社会工作的发展，2007 年，中央综治办、团中央等单位将广州和其他几个城市设立为全国首批青少年事务社会工作试点城市。随后，广州市在 2008 年决定在海珠区启动"青年地带"项目试点，该项目通过向海珠区的青少年、家庭和学校提供专业服务来实施，项目的经费由海珠区政府和广州市民政局共同承担，资金的发放、配置以及服务效果评价由共青团海珠区委进行监管。广州海珠区成立了社会工作发展协会，承担了试点项目的工作，并形成了"党政主导推动、共青团组织管理、社团自主运作、社会多方参与"的青少年社会工作模式。2012 年试点项目结束后，在全区和全市范围内推广。

此后，"青年地带"、社区和学校社工站成为广州社区工作的主要活动承载者，直接服务于边缘青少年。"青年地带"针对青少年不同的特征，将青少年群体划分成不同的类别，根据不同对象的需求为青少年提供精细化、深层次的服务。如今，"青年地带"已经成为共青团在社会上的品牌项目，成为为青少年提供服务的重要阵地。

青少年社会工作的先行先试的区域包括北京、上海、广州、深圳等地，为青少年和全国青少年社会工作的发展提供了宝贵的经验。2017 年，中共中央、国务院制定出台的《中长期青年发展规划（2016—2025 年）》是中华人民共和国历史上第一个国家级青年领域规划，其明确了青少年社会工作发展的价值蓝图和路径。目前，青少年社会工作已从补救性发展转变为预防性和发展性发展，也从关注五类重点青少年群体扩展到关注全体青少年。同时，共

---

① 魏爽:《青少年社会工作》，清华大学出版社，2021，第 27 页。

青团中央联合民政部、财政部发布了《关于做好政府购买青少年社会工作服务的意见》，明确了政府购买青少年社会工作服务的指导思想、基本原则、主要目标和主要内容，并列出了具体清单。全国爱卫会办公室、共青团中央、中央文明办、民政部、国家卫生计生委联合发布了《关于在健康城市健康村镇建设中充分发挥青少年事务社会工作专业人才和青年志愿者作用的通知》，支持各地开发专业岗位，促进人才的有效利用。以上文件和政策表明，青少年社会工作已纳入地方社会建设的宏观系统中，形成了政府、团队、社会三级合作的良好运作模式，并在政府、社会和非政府组织之间建立了资源共享的良好关系，构建了一个立体多元的服务体系。

第二章　青少年社会工作相关理论

　　理论是由一组相关概念所组成，经过不断的证伪（falsification）所形成的论述，可针对人类行为与事物发展进行预测、解释与批判。不同于许多其他学科，社会工作本质是实践，是一门服务实践的专业。大卫·豪（David Howe, 1987）将社会工作理论分为两类：一类是为社会工作的理论（theories for social work），是基本的分析理论；另一类是社会工作的理论（theories of social work），是实践理论。分析理论与实践理论存在明显差异。从问题评估的角度出发，分析理论聚焦在问题背后的原因，采取宏观视角，系统性说明社会问题产生的机制；实践理论则关注服务对象所遭遇的困扰，采取个别化与微观视角，最后诊断困扰产生的原因。从制订服务计划的角度出发，分析理论不需要具体提出介入方案以及具体操作过程；实践理论诊断困扰产生的原因后，需提出具体介入方案、目的、可操作方法、介入步骤、时间、可用资源等，以便开展后续活动（童敏，2019）。不过，分析理论与实践理论并不是相互对立的，而是如理论与实践关系一样，是一种相互依存的关系，分析理论可为实践理论提供指引要素，实践理论可深化或修正分析理论概念。实践理论在评估与诊断案主问题时，评断案主问题的部分标准来自分析理论的指导，制订有效的介入方案也需融入理论要素。因此，笔者建议社工在计划和实施介入方案的过程中，将实践理论与分析理论相结合（Adams et al., 2009）。实践理论依据分析理论部分要素开展服务的过程中，需调整服务目标与方法，最终评估服务效果。服务成效的结果可作为理论指导有效性的证据，促进相关分析理论的发展，或是挑战既有分析理论，建构新的理论基础。可以说，社会工作的实践不能只在实践或是理论研究中开展，而是将两者结合一起发展，要将理论转化成为日常生活中可以使用的工具（古学斌，2015）。理论在指导与开展社会工作专业服务中具有关键作用，也是社工展现专业的表征。

社会工作实践的目标不只是要解释、描述社会现象与问题产生背后原因，以制订消除问题的对策与方法，也要对人们实际问题采取相对应行动，以增进人类福祉与社会公平发展（古学斌，2015）。不同群体面对不同的问题，而社工所关心的弱势群体，其问题又较一般群体复杂，没有一个理论可完全描述、解释、预测服务群体的问题。因此社工需要根据自身关注的焦点来选择、运用不同的理论以指引其行动。为了解决特定问题，社工会借用相关学科理论，如生理学、心理学、社会学等论点，以达到助人的服务目标。严格来说，目前缺乏针对青少年发展的系统性理论，不过，本章所介绍的这些理论适用于青少年群体，因为青少年在此时期遭遇生理、心理、认知、社会等多方面急剧变化的特质（Özdemir et al., 2016）。他们想追求独立自主，却又同时想与父母保持依恋关系的矛盾心理，使得此群体成为理论分析与实践研究的重要目标群体。虽然，从研究结果看来，青少年时期研究的结果与儿童或者成年时期的研究结果不同，但是青少年的特定行为、思想与相关发展依然可以通过相关理论进行解释，并且这些理论存在于青少年实证研究或是小组、小区等青少年实践介入研究中。

社工在评估问题时，因关注焦点不同，而有不同的理论取向。针对服务对象问题，若从生理状态出发进行研究，运用的理论可以称为以生理为主导的理论，即生理学理论；若围绕内在心理的作用，可称为以心理为主导的理论，即心理学理论；若关于个人认知的影响，可称为以认知主导的理论，即认知学理论；若从社会关系与环境角度分析问题背后原因，可称为以社会关系为主导的理论，即社会学理论。本章的生理学理论包含：成熟论、双系统论。心理学理论包含：精神分析论、行为主义、依恋论、抗逆力理论。认知学理论包含：认知行为论、社会认知论。社会学理论包含：结构紧张理论、次文化理论、标签论、生态系统论、社会支持网络论。社会工作尚有其他理论，如以哲学为主导的存在主义、灵性视角，以改变社会结构为主的增能理论、批判理论，有兴趣的读者可参阅相关书籍。本章聚焦与青少年发展较为相关的理论，目前青少年研究也多应用这些理论观点。以下将介绍这些理论内容，以期作为社工实践行动的指南。

第一节　生理学相关理论

生理学理论关注遗传和大脑发展的作用，认为生物学结构影响儿童青少年行为的发展，我们将分别介绍两个代表性的理论：成熟论与两元系统论。

一、成熟论（maturation theory）

美国著名的生理学家与心理学家格塞尔（Gesell）认为，儿童的生理与心理发展受到多种因素的影响，其中生物学结构起决定性作用，而生物学结构的成熟由遗传时间表所决定。所谓的成熟就是基因指导的过程，成熟是推动学习和成长的关键，没有足够的成熟，学习将事倍功半。最著名的"双胞胎爬梯实验"（The Method of Co-Twin Control）具体展现了"成熟优势论点"，该实验的目的在于分析究竟是学习环境重要还是遗传时间表重要。在控制相同家庭条件下，对同卵双胞胎 A 和 B 进行观察，在 46 周时对 A 进行每天 10 分钟的爬梯训练，连续训练 5 周，B 直至第 53 周才开始训练 2 周。在第 52 周时，对双胞胎进行初次测验，A 爬梯较熟练，未经训练的 B 爬梯如同生手。

不过，到了第55周时，双胞胎再次接受爬梯测验，结果只经过短期训练的B，其爬梯熟练程度与训练5周的A相同。格塞尔认为这是偶然现象，对不同双胞胎进行多次实验后，发现孩子在第53周时爬梯学习效果最好，是最佳学习爬梯的成熟时间点。简言之，如果儿童生理无法达到成熟状态，则学习成效有限。据格塞尔成熟论，遗传时间表是影响儿童生理与心理发展的关键（王惠萍、孙宏伟，2010）。

格塞尔也曾针对165名青少年进行长达12年的观察，并且从生理与心理发展层面，描述各年龄层的特征（石彤，2010）。在11岁时，产生生理与心理变化，个体变得喜怒无常、容易冲动、时而消极、时而充满热情、喜欢与家庭成员争吵。在12岁时，变得更理智，喜欢交往和参加活动，重视同伴评价，开始重视外表、穿着与打扮，敌视异性态度消失。13岁时自我意识较为强烈，对批评较敏感，更愿意发表自己的想法，有固定同伴，动作协调、脸部表情丰富。14岁时，精力充沛、自信，选择朋友以个性和兴趣为标准、以英雄为榜样。15岁时，个体发展差异明显，无法用统一标准来界定特征，大多数青少年个体追求独立、自主，因此增加了与周遭人群的冲突，但是在此阶段青少年显现自我控制能力。16岁时，生理和心理发展已经接近成人，表现为自我意识强烈，更加独立、自信，更能自我控制，重视自我与他人间的和谐，在浪漫主义基础上与人交往。

成熟论虽被许多学者批判，过于重视生物学结构，忽略其他外部环境与内在心理对个体发展的影响，但至少提供了青少年发展会遵循自我发展的成熟规律，且受遗传因素的影响。社工通过了解这些发展规律，掌握青少年发展的特征，有助于开展后续服务工作。

二、双系统论（dual systems theory）

美国心理学家斯坦伯格（Steinberg）指出，虽然几乎所有美国青少年都或多或少接受过为了减少药物滥用、酒驾等行为的教育倡导，但是成效仍不显著，因此从神经科学角度思考，为何青春期阶段个体相较于儿童期（10 岁以前）与成年期阶段（19 岁以后）有较多的危险行为？经由文献整理，斯坦伯格将此现象归因于大脑在发育过程中二元系统之间出现的不平衡。斯坦伯格所发展的两元系统论内容相似于凯西（Casey）等人的成熟失衡模型（maturational imbalance），在大脑系统中，有两个系统。一个是前额皮质（prefrontal cortex），是主要的认知控制系统，是行为由上至下的控制中枢，可控制、抑制相关行为的产生。认知控制需要整合抑制控制、冲动管控、工作记忆、注意控制，其核心仍然在于行为的"抑制"。另一个则是纹状体（striatum），主管"社会情绪发展"，此脑部区域可激活情绪调节和奖赏回路。社会情绪系统使个体对于周遭事物的刺激特别敏感，进而表现出寻求刺激的行为（sensation seeking）（Meisel et al., 2019; Steinberg, 2008）。

在儿童期，大脑中多巴胺系统未有明显改变，个体危险行为无显著变化。青春期时，大脑功能与结构有所改变，在 9 ～ 10 岁，多巴胺开始重塑，影响社会情感系统，这时社会情感系统发展快速，相对地，认知控制系统则慢速发展，当认知控制系统远远落后于社会情绪系统时，青少年会表现出较多寻求刺激的危险行为，特别是同伴在场时。图 2.1 中涂色部分呈现出两系统间的不平衡，两个系统间发展不平衡越大，导致危险行为发生强度越大。当年龄增加，认知控制系统发展至成年期 25 岁左右时，呈现成熟发展。两系统达到平衡，或是认知控制系统强于社会情感系统时，个体自我调节能力增加，展现符合社会规范的行为，从青春期到成人期的危险行为逐渐下降。因此，大多数的研究结果呈现出成人的危险行为比例较青少年低的现象。

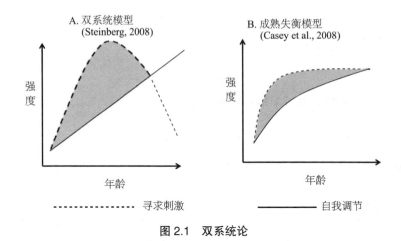

图 2.1 双系统论

资料来源：Samuel N. Meisel,Whitney D. Fosco,Larry W. Hawk,et al, "Mind the Gap:A Review and Recommendations for Statistically Evaluating Dual Systems Models of Adolescent Risk Behavior," *Developmental Cognitive Neuroscience* 39（2019）: 100681.

目前横断面和追踪研究结果支持双系统论，不过抑制、寻求刺激等心理量表只表示部分研究结果。反映脑部情形，即使分析追踪数据仍无法了解两个系统之间的差异及其内在生理因素，若能运用核磁共振与其他成像仪器来了解青少年脑部系统的差异发展与其危险行为之间的关联，可为此论点提供强有力的证据支持。社工了解青少年大脑系统发展之间存在的差异，有利于在为青少年提供服务时，面对青少年的危险行为采取非批判、同理的视角进行处理。

第二节 心理学相关理论

心理学理论从不同视角关注内在心理的作用，认为心理因素影响儿童青少年行为的发展，内在心理资源可减少外在环境对行为的负面影响。以下将分别从精神分析论、行为主义理论、依恋理论与抗逆力理论等著名的心理学理论分析儿童青少年的行为发展。

一、精神分析论（psycho analysis）

奥地利心理学家弗洛伊德（Freud）在治疗精神病患的过程中发展出的潜意识论、人格理论、性本能论（石彤，2010）。

（一）潜意识论

潜意识论认为个体的心理活动可划分不同层次，心理活动层次如冰山（见图2.2）一样，能被注意到的只是一部分，还有更大的部分隐藏在深层次里，故该论点又被称为冰山论。只要集中注意力，便可以被自我察觉。自我感知的层次，称为意识，通常为显露出的冰山一角。在冰山下，有两个心理活动层次，分别为下意识和潜意识。下意识介于意识和潜意识之间，痛苦经验、回忆、感触会被储存在此层次中，一般情况下个体不会察觉，只有在个体控制力松懈，如酒醉或催眠活动时，偶尔出现在意识层次中被个体所察觉。无法被察觉的思想、感觉和欲望存在于潜意识中，潜意识中通常是一些被压抑的欲望和本能。在睡眠中，潜意识的欲望绕过抵抗，以伪装的方式进入意识中而形成梦境，可以说梦是在清醒时被压抑到潜意识中的欲望的委婉表达。

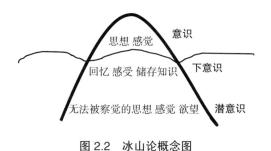

图2.2　冰山论概念图

（二）人格理论

弗洛伊德认为，人格结构可分成本我（id）、自我（ego）、超我（superego）。本我就是原始的自我，由基本欲望、冲动所构成，不会考虑外在道德与规范的限制，主要目标是追寻快乐、避免痛苦，追求生存与繁殖。超我是人格中的理想自我，是个体在成长过程中社会化的展现。因为内化社会道德与规范，能够监督与管理自己的行为，目标是追寻社会可接受的行为从而满足本我需求。自我是处于本我和超我之间的现实自我，既要满足本我的欲望，也要避免违反社会规则，使周遭群体受伤害，因此自我是个体在协调本我和超我的过程中形成的。每个青少年原始的欲望和成长环境的规范不同，他们在协调本我和超过之间的能力也不同，因此所形成的自我也存在差异。

（三）性本能论

弗洛伊德指出，推动个体行为的内驱力，来自本能。一种是生的本能，另一种是死亡本能（攻击本能）。生的本能中包含性本能和生存本能。作为泛性论者，弗洛伊德认为性本能冲动是一切心理活动的内在动力。当这种力比多（libido）能量累积到一定程度，机体会通过一些特定的行为降低力比多带来的紧张感。性本能论可分成五个阶段：在 18 个月以前的口唇期阶段（oral stage），婴儿通过吸和咬获得快感来缓解紧张；在 18 ~ 36 个月的肛门期阶段（anal stage），儿童学会大小便，通过肛门排泄获得快感；在 3 ~ 6 岁的性器期阶段（phallic stage），产生想取代同性父母的恋母或者恋父情结，享受心理上而非生理上的性爱；在 6 岁至青春期的潜伏期阶段（latency stage），儿童把所有性欲都压抑起来，以发展智力与技巧为主要目标，愉悦感主要来自对外部兴趣爱好的探索；在青春期至成年的生殖期阶段（genital stage），性欲再度崛起，快感来自异性的接触。当在发展阶段中的欲望没有被满足，将产生固着（fixation）现象，个体将维持在早期特定发展阶段，而不会向下发展（约翰·W. 桑特罗克，2011）。

虽然弗洛伊德的精神分析论受到实证论点的批判，因为潜意识观点缺乏可测量的证据支持。但是精神分析论作为现代心理学的基础，提醒社工面对青少年的问题时，理解青少年自身欲望的存在，可以通过倾听与理解捕捉青少年最原始的感受，从而建立信任合作关系。

二、行为主义理论（behaviorist theory）

行为主义理论强调外在环境对个人行为的影响，聚焦在可观察与可操作的行为结果，而不是服务对象的内在心理状态。俄国的生理学家巴普洛夫（Pavlov）的条件反射学说是行为主义理论的基础。巴普洛夫以狗作为实验对象，发现食物前的摇铃声与狗分泌唾液间存在条件反射关系。美国心理学家华生（Waston）在此基础上建立了行为主义理论，建立了刺激—行为反应间的规律性关系，论点也被称为 ABC 论点（见图 2.3）（童敏，2019）。A（antecedent）代表环境刺激因素；B（behavior）代表行为，是环境刺激的产物；C（consequences）代表结果，反应行为的后果。

图 2.3 行为主义 ABC 概念

另一个行为主义流派是以美国心理学家斯金纳（Skinner）为代表，在条件反射学说基础上提出了操作性条件反射。他以饿鼠为实验对象，自制"斯金纳箱"，箱子内设有一杠杆，一压杠杆食物会跑出来。当饿鼠被放入箱子中，胡乱碰撞，偶压杠杆，就得到食物。经过几次"误压"之后，斯金纳观察到饿鼠压杠杆频数增加。通过食物作为强化物，增加饿鼠特定行为出现频率，这种增加特定行为的过程称为"强化"。后续学者在此基础上，研究个体的行为如何通过观察与学习而产生，又被称为社会学习论。该理论弱化环境对个人行为的决定性影响，强调个体行为是内在心理与外在环境交互作用的结果。

行为主义理论的实验结果来自动物，因此行为主义理论常被批评为不适用于人类个体身上，以操作性方式使案主改变行为，被批评为"去人性化"的理论。不过，可观察可测量的科学实验证据，使社工能了解环境对青少年行为的影响，促使社工使用相关干预手段来降低青少年所处环境的不良影响。同时，通过奖励来促使服务对象展现出社工希望其发生的行为，通过惩罚减少服务对象问题行为的产生。

三、依恋理论（attachment theory）

英国知名发展心理学家鲍比（Bowlby）是依恋论的创始者。他观察了44个在收容机构生活的青少年小偷，为他们缺乏感情、发展表面社会关系、敌视他人的特征而感到惊讶。同时，也惊讶于母子分离对婴幼儿的影响。他认为早期婴幼儿和主要照顾者间的依恋关系，会影响个体的心理与行为发展。所谓的依恋，是个体和照顾者间的情感连带（emotional bond）。与照顾者的关系，形成不同依恋关系：当照顾者能响应婴幼儿需求，可发展出安全型依恋关系；当照顾者在婴幼儿有需求时，却无法响应需求，将发展出不安全依恋关系。婴幼儿的认知模式，又称为内部工作模型（internal working models），会通过照顾者的表现来评估自我与他人。当照顾者能响应婴幼儿需求，他们会觉得自己值得被爱、被照顾，对自我也会充满信心，也会觉得自己对他人是重要的且他人是可信任，是会回应需求的人，因而有较佳的行为表现。和精神分析论不同，依恋理论认为成长动力不是本能冲动，而是寻求与照顾者间的依恋关系，被照顾的需求满足是一种内在动力。美国心理学家爱因斯沃斯（Ainsworth）将依恋理论进一步延伸发展，通过观察婴幼儿对与母亲分离的焦虑响应，发展出依恋理论两个核心维度：安全依恋（secure）和不安全依恋（insecure）。因为与母亲分离，代表一种威胁被唤起的情境，婴幼儿会产生某些负面情绪，展现某些负面行为（Johnson, 2003）。

爱因斯沃斯根据婴幼儿对照顾者的回应，在两个维度下建构四种依恋模式（见表 2.1）：安全型依恋（secure attachment）、焦虑型依恋（anxious attachment）、回避型依恋（avoidant attachment）、解组型依恋（dissociative attachment）。安全型依恋的婴幼儿在与母亲分离时，会控制自己的不安与痛苦，但会发出明确讯号，确定能与母亲联系上，当母亲返回时，此类婴幼儿会持续探索与玩耍。焦虑型依恋婴幼儿在与母亲分离时，会表现出极端痛苦，一直想与母亲联系，当母亲返回时，则会表达愤怒情绪。回避型依恋婴幼儿，在与母亲分离时，同样会反映出不安与痛苦讯号，但表面上不太关注母亲有无返回，会压抑、回避内在被照顾的需求，觉得自己不受欢迎，因此选择继续做自己的事。解组型依恋婴幼儿同时结合焦虑与回避型特征，有爱恨交加的复杂情绪，当母亲返回提供照顾时，婴幼儿表现出害怕性回避反应。后三类皆属于不安全依恋模式。在依恋研究中，早期的安全型依恋关系发展至成年时期是相对稳定的，类似人格特质。不过，依恋倾向仍可以依据治疗、重大事件发生或是特定脉络而改变。发展安全型依恋的个体，心理健康状况较佳，相对地，不安全依恋的个体，易有心理健康问题和人际交往障碍（Simpson et al., 2022）。

表 2.1　依恋模式

依恋维度		焦虑	
		无	有
回避	无	安全型依恋	焦虑型依恋
	有	回避型依恋	解组型依恋

四、抗逆力理论（resilience theory）

抗逆力理论不同于之前以问题为导向的理论，而是从积极发展的观点出发考察个人对环境的调适能力，是相对较新的观点，属于积极心理学研究范畴。抗逆力理论受到弗洛伊德人格发展的差异影响，关注到个人调适能力的差异。学说发展也呼应当时脉络，即在经历经济大萧条和第二次世界大战后，人们（特别是弱势群体）如何适应这些逆境与挑战，并且逐渐成长。学者对抗逆力有不同的定义，有的研究个体抗逆力，有的分析家庭抗逆力。美国心理学家马斯滕（Masten）统合这些论点，成为抗逆力理论的集大成者，将抗逆力定义为一个系统从会阻碍其功能运行与发展的重大挑战中成功适应的能力，并且将抗逆力分成个人系统、家庭系统，或是更大的社区系统来研究。抗逆力理论由两个核心因素组成，一个是逆境，另一个是适应能力。逆境可以来自自然灾害，也可来自人为环境，与风险因素同义，主要会破坏系统功能，产生负面影响。例如，失业会使家庭经济负担加重，造成家庭关系紧张。当失业者是家庭经济的主要负担者，更会影响家庭系统中的所有成员。适应能力是指能够恢复到系统遭遇障碍前的功能状态或符合发展期望的能力，通常有许多标准，依个人或家庭发展阶段的不同任务而定（Masten, 2018）。

系统抗逆力可受到两个因素的直接影响与调节作用影响（Yates et al., 2014），一个是风险因素，另一个是资源因素。风险因素是与负面结果有关的因素，如战争、地震、贫穷、丧亲等；资源因素是只能协助系统发展的支持因素，如安全依恋关系、物质财富、文化资源等。风险和资源因素皆可直接影响系统抗逆力，也可结合其他因素而强化对个人或家庭系统的影响，称为调节或交互作用。这些强化风险负面影响力的因素称为脆弱性因素，弱化风险的直接影响力或强化资源的直接影响因素称为保护性因素（见图2.4）。

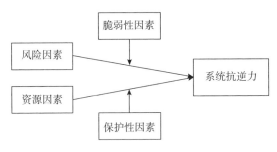

图 2.4　影响系统抗逆力的因素

抗逆力整合压力作用和调适能力于理论定义中，由于抗逆力的定义广泛，学者认为抗逆力为动态发展过程、个人的心理能力、系统特征。此外，对于成功适应的定义不明确，因而被批判。不过，有许多以抗逆力为主的介入方案已获得实证成效。抗逆力理论告诉社工，在服务案主与家庭时，不应该只重视案主或其家庭所面临的困难，也要发掘他们背后的资源与调适能力，给予适当资源，强化其优势，让案主与家庭看到自身的能力与资源，实现改变的目的。

第三节　认知学相关理论

认知学理论聚焦在认知理解的作用，认为认知受到外在环境影响，也通过讯息诠释影响行为的发展。认知学理论包含两个论点：认知行为理论与社会认知理论。

一、认知行为理论（Cognitive-behavioral theory）

认知行为理论是在结合行为主义和认知论的基础上所形成的论述，应用在临床心理学上，被称为认知行为治疗。认知行为理论不仅关注个人行为的改变与学习，也关注错误认知的可调整性。个体在环境中，不再被视为是环境刺激的被动接受者，而是有意识、有反思能力的独立个体，能解释环境对自身的影响（童敏，2019）。认知论发展受到瑞士心理学家皮亚杰（Piaget）的影响，皮亚杰从观察儿童发展规律证实认知的存在。儿童认知发展可分四阶段。第一阶段为 0～2 岁的感觉运动期，儿童开始发展感觉与运动能力，能区分自己与环境，能掌握自身行动与结果间的关联。第二阶段为 2～7 岁的前运算期，儿童发展出两种思维方式，一个是象征性思维，通过象征性游戏模仿自己的所见所闻；另一个是直觉思维，通过直接推理把握生活变化的规律性，具有初步的逻辑思维。第三阶段为 7～12 岁的具体运算期，儿童发展四种具体思考能力：互换、逆向、连续、分类，特征在于能够通过具体事物的呈现来学习抽象的逻辑思维。第四阶段为 12～15 岁的形式运算期，青少年此阶段认知思维能力已与成人相近，已不需要通过具体事物呈现，而是通过抽象逻辑推理来发现问题的解决方案。

在皮亚杰的基础上，之后的学者融合行为主义和认知论，统整出认知行为理论。以色列儿童与青少年发展学者罗南（Ronen）认为，个体认知能力受环境影响，但也可对环境信息进行解释与意义建构。错误认知与思考方式会产生消极情绪，也会产生不良行为（见图 2.5）。由于社工在实践中发现运用精神分析论很难帮助服务对象解决所遭遇的困难与冲突，需要发展出科学简洁的服务方式。认知行为理论符合这一工作标准，认知行为理论现已成为社会工作领域中最受欢迎的理论基础与服务模式之一。

图 2.5　认知行为理论概念

认知行为理论内容受到许多实证研究与介入研究结果的支持，虽然较易忽略外在规范、文化、经济因素的影响，但来自科学证据的认知行为理论给予社工明确的指引，即提高案主的理性思维能力并考虑错误思维的可改变性是防治重点。社工可通过教育对青少年进行预防指导，以减少错误思维的产生和固着；通过认知行为治疗对青少年问题行为者进行有效干预，以减少其情绪困扰与问题行为。

二、社会认知理论（social cognition theory）

美国著名心理学家班杜拉（Bandura）从认知与环境互动的角度探讨社会学习的机制，是社会认知论的奠基者（童敏，2019）。班杜拉认为，人的学习不一定要亲身体验，也不一定如行为主义所说的必须从奖惩中习得，而是可以观察周遭他人的行为而学习到新的行为，这种学习方式被称为观察学习或替代学习。认知在学习过程中扮演重要角色，两种认知因素影响着个人的行为学习：对行为结果的期望和对行为标准的思考。前者代表个体预估行为结果的认知因素，能期望行为结果，便能调整既有行为，并在结果产生前做好准备；后者代表个体对行为赋予意义的认知因素，个体认为行为有意义、有价值便会努力学习，反之，便缺乏学习动力。简言之，社会认知的过程是个体通过观察社会环境，对环境信息进行加工，而产生特定态度、信念与价值观的过程。

社会认知理论已得到实证研究结果支持[①]，分析依恋类型和社会认知间关联结果表明，在控制相关变量后，发现回避性依恋可负向预测社会认知，在回避型依恋模式下成长青少年会倾向减少思考和互动，因为互动结果的预期并非是正面的，因此减少了互动意义的认知与理解。习惯回避的个体，在特定思考模式和结果预期下，限制了观点抉择和主体间共享的能力，研究指出

---

① Williams R, Andreassi S, Moselli M, et al, "Relationship between Executive Functions, Social Cognition，and Attachment State of Mind in Adolescence:An Explorative Study," *International Journal of Environmental Research and Public Health* 20, no.4（2023）: 2836.

家庭环境是形塑青少年理解社会互动意义的重要因素。

社会认知理论为个体行为发展提供了新的视角，如可以通过增加奖惩、观察学习的方式促使个体发展新行为。通过利用信息加工等认知因素，促进认知因素在社会学习过程中产生更大的影响力。但是社会认知理论忽视了环境的作用，而且无法充分说明个体在信息诠释发展上的差异。依据社会认知理论，社工面对青少年问题行为时，可以深入了解青少年行为背后的观察学习以及信息加工逻辑，通过改变对行为结果的期望，调整青少年的行为。同时，社工也应该规范自我的行为，为青少年树立良好的行为榜样。

第四节 社会学相关理论

社会学理论聚焦在社会规范、结构和支持网络的作用，认为外在社会环境影响儿童青少年行为的发展，尤其是偏差（越轨）行为。以下将分别介绍著名的社会学理论：结构紧张理论、亚文化理论、标签理论、生态系统理论与社会支持网络理论，为在青少年社工服务过程中提供理论指导。

一、结构紧张理论（structural strain theory）

青少年特定行为反应可以从生理、心理、认知发展层面来解释，也可以通过社会层面的影响因素来说明。美国社会与犯罪学家默顿（Merton）认为，社会发展出普遍追求的主流文化目标，由于结构限制使得特定群体没有机会通过合法手段去达到成功目标，在此社会压力下，个体会感到紧张，会尝试否定这些成功目标或是以非法手段达到这些目标，而造成偏差与犯罪行为。依据目标和合法手段间的关系，将个人的行为反应区分为五种类型（见表2.2）。第一种是遵从型（conformity type），是成功适应社会的个体，能运用社会认可的合法手段来达到成功目标。是正常的行为反应类型，其他类型皆视为越轨行为。第二种是创新型（innovation type），此群体接受社会主流目标，但拒绝采用合法手段去获得，以新颖的、较不为社会认同的方式去达到新目标，如休学创业致富。第三种是仪式型（ritualism type），此群体较不常见，虽不认同社会主流成功目标，但在社会化过程中已接受较受社会认同的方法，采取不抵抗的消极状态，如在学习阶段，个人意识选择不认真学习。第四种是逃避型（retreatism type），此群体不认同主流目标，也无法通过合法手段去达到成功目标，采取消极态度去逃避社会，如乞丐。第五种是反叛型（rebellion type），此群体不仅不追求社会认同目标和许可手段，更积极发展不同于既有的主流社会目标与价值观，如帮派成员、无政府主义者（石彤，2010）。

表 2.2　结构紧张行为反应类型

反应类型		社会主流目标	
		认同	不认同
社会合法手段	认同	遵从型	仪式型
	不认同	创新型	逃避型、反叛型

二、亚文化理论（subculture theory）

美国社会学家科恩（Cohen）是默顿的学生，他依循结构紧张理论部分论点，认同追求主流社会文化规范会带来压力与紧张，但科恩认为造成问题行为的主要原因不是来自主流文化，而是个体周遭参考团体的规范与价值观（亚文化）存在不同。当个体在追求主流文化所界定的成功目标的过程中受挫时，会寻求将不合理行为转变成合理化的行为规范与价值观，以达到自身所追求的目标。偏差次文化具体表现的外在形式是与偏差团体互动，通过学习了解、认同亚文化团体规范，进而受到亚文化的影响，最终个体展现出问题行为。在亚文化团体中，问题行为被正面解释，如说污言秽语，被认为是有男子气概。在亚文化论中，帮派与青少年偏差者不是心理变态，或受生理因素影响产生，而是由一群具社会性，共享冒险与刺激感的一群人组成。科恩认为社会学和犯罪学界提供了新的视角，研究次文化和问题行为之间的关联。后续学者在此基础上，认为次文化是抵抗文化，其作用是抵抗主流文化的主宰地位（Williams, 2014）。

在青少年研究方面，将参考团体聚焦在同伴上，分析次文化团体和问题行为之间的关系究竟是属于同伴影响还是同伴选择。前者代表亚文化团体通过互动与价值观教导，增加青少年问题行为的发生频率。后者代表偏差青少年认同亚文化团体文化价值观，选择加入亚文化团体（见图2.6）。邓小平等（2017）学者以22篇追踪研究的元分析文献为研究对象，结果表明，在青春期同伴影响和同伴选择对青少年的影响都比较明显，但是存在一定的阶段性。在青春期的早期，同伴影响效应带来的影响较青少年的同伴选择效应更加显著。但是在青少年中、后期阶段，青少年的自我意识逐渐形成并且成熟，同伴选择效应影响显著。近年来，随着互联网的发展，网络的导向性、偏差性也会影响青少年的同伴选择。

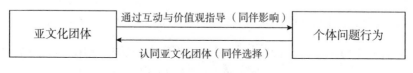

图2.6 亚文化团体与问题行为之间的关系

亚文化理论主要聚焦于从团体的角度考虑个体偏差行为产生的原因，忽视了个体生理和心理结构的发展。但亚文化理论以及相关实证研究结果可为社工在小组社会工作的过程中提供科学防治依据。对于青少年偏差行为的防治，社工应当在青少年早期的时候开展相关的教育知识讲座，使青少年及早明确正确的社会行为，规范自我的道德约束，进而减少青少年受周遭偏差团体的影响，为中后期青少年选择同伴提供正确的思想导向。

三、标签理论（labeling theory）

美国社会学家莱默特（Lemert）和贝克尔（Becker）是标签理论的奠基者。贴"标签"的行为与周围环境中的社会成员对行为的定义过程或者标定过程紧密相关。标签理论认为偏差是社会互动的结果，探讨他人的标签化如何影响个人的自我形象，进而产生偏差行为。在偏差行为产生过程中，依据有无违反社会规范和有无他人贴标签要素可分为初级偏差和次级偏差（见表2.3）。前者指个体违反社会规范，但未引起社会注意且个体也不认同自己是偏差行为者，因此行为发生是暂时性，可以说，几乎每个人都发生过初级偏差行为。当初级偏差（越轨）行为被他人或社会所注意到，赋予个体"偏差者"的标签，个体也认同这样的标签，通过修正自我形象，使自己成为他人"标签下"的偏差者，这个过程称为次级偏差。在此阶段，偏差行为是自我印证他人期待的结果。偏差行为是由初级偏差迈向次级偏差的过程。贝克尔将标签理论重心转向偏差者如何被贴标签化的过程，偏差行为者就是被成功贴上标签的人，问题行为是一些人用以制裁"局外人"的结果。一项初中阶段青少年偏差行为的跟踪研究表明，来自同伴的负面标签对青少年偏差行为变化有影响，来自父母和老师的负面标签无显著作用。理论上支持标签理论，特别是揭示了在初中阶段，同伴标签对青少年偏差行为的作用（张枫明、潭子文，2012）。

表 2.3　偏差行为过程划分

偏差定义标准		违反社会规范	
		无	有
他人贴标签	无	无偏差行为	初级偏差
	有	无此类型	次级偏差

标签理论认为，被贴标签是偏差行为发生的主因，因此该理论难以应用在被贴标签前已产生偏差行为者身上，同时该理论将偏差行为的产生和犯罪责任归咎于贴标签者，将偏差行为者视为无辜者，忽略了一个事实，即偏差者也是理性行动者，也应承担犯罪责任的后果。社工可从标签理论中学习到弱势群体往往成为被贴标签者，为了避免次级标签产生，社工应该致力于"去标签化"，通过重新界定偏差行为，并且发现偏差者优点，改变周遭他人对偏差者的负面观感，使其行为恢复到常态，而不是依据他人负面期待成为习惯性偏差者。

四、生态系统理论（ecosystem theory）

生态系统理论是结合一般系统论（general system theory）和生态论（ecological theory）所形成的理论。美籍奥地利学者贝塔朗菲（Bertalanffy）的一般系统论来自工程与计算机学概念，将之应用在社会科学领域上。贝塔朗菲认为系统是由各个要素通过一定结构形式联合形成的有机整体。心理学家布朗芬布伦纳（Bronfenbrenner）是生态系统理论的始创者，将人与环境相互影响的生态论与一般系统论结合，主张环境中有多层级系统，个体发展受到环境各层级子系统的相互影响，改变了以往理论强调单一系统的直接影响，转而考虑相互影响力。该理论是近年来较新的理论之一，但是较少强调个人的问题与道德缺失。

子系统由多层次组成，可分成四个层次：微观系统（microsystem）、中层系统（mesosystem）、外层系统（exosystem）、宏观系统（macrosystem）（Crawfold，2020）。微观系统是指与个人在生活上面对面接触较为密切相关的系统，包含个人内在生理与心理因素和生活息息相关的因素，如家庭、学校、同伴等。微观系统对个体发展的直接影响强于与其他系统的间接影响。中层系统是指微观系统间的相互关联，即交互作用，包含个体在内，创造出特定的生态环境，如亲子互动、亲师互动、同伴互动等。外层系统是指不包含个体，但与微观系统相互影响、彼此关联的系统，对个人的影响是间接的，如当父母的工作环境竞争压力大时，父母将工作压力带回家庭，影响青少年发展；反之，青少年出现问题行为引发家庭压力，也影响工作环境。宏观系统是指更外在的社会结构、文化或次文化规范，创造微观系统、中层系统、外层系统的互动模式。所有子系统接受社会和文化所带来的影响（见图2.7）。

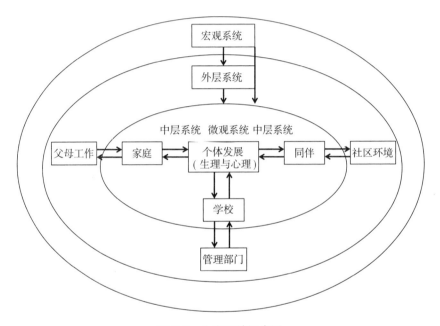

图 2.7　生态系统概念图

　　生态系统理论由于概念过于复杂，即使连布朗芬布伦纳也难以通过研究验证该理论的有效性，现有研究更多只探讨单一文化或国家内部各子系统对个体发展的影响，欠缺以生态系统为理论引导的跨文化或跨国研究。不过，生态系统理论为社工提供了多方面的实践依据。依据"人在情境"中的社会工作法（person-in-environment approach），社工不仅应了解与青少年较密切的微观系统和中层系统，发现各系统间的混乱和失衡现象，也应通过政策倡导改变宏观系统，使案主能更好地适应无法预期的外在环境。

五、社会支持网络理论（social support network theory）

社会支持网络理论源自心理学、社会学和人类学的研究，此理论以个体支持网络为观察视角，考察与评估涉及社会支持网络的资源、获得社会支持的能力与可能性。其中，美国社会工作学者特雷西（Tracy）是该理论的代表人物之一（童敏，2019）。Tracy 的社会支持网络理论包括两个：一个是压力和应对理论（stress and coping theory）；另一个是生态视角（ecological perspective）。前者探讨环境压力对个体能力的负面影响以及压力与个人能力间的相互影响，主张感知社会支持不仅可以直接提升个体运用社会支持的能力，而且能减少环境压力对个体能力的消极作用，并且在个体适应环境压力时，灵活运用这些社会支持资源能够找到应对方法。后者指出个体与环境相互影响，因此，提升社会支持网络和提高个人应对环境的能力特别重要（见图 2.8）。基于生态视角开展的社会支持网络服务模式也与此密切相关。针对特殊青少年，会搭建案主身旁社会支持网络，提供危机预防的服务；对一般青少年，则提升其现有的社会支持网络联结能力或在既有的社会网络中补充新成员。社会支持网络可以依据组织正式化程度区分为正式和非正式社会支持网络：正式社会支持网络来自政府或是正式的社会组织，如民政局、社工组织、非营利机构等；非正式社会支持网络来自家庭、学校、朋友等，是案主应对重大危机与压力时的重要资源。如同生态系统论点，社会支持网络也可被区分成微观层次和宏观层次，与青少年日常生活息息相关的社会支持网络属于微观层次，较外在的文化和社会结构的资源网络属于宏观层次。

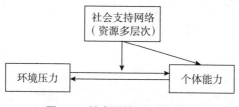

图 2.8　社会支持网络概念图

　　许多青少年研究结果可以支持感知社会支持网络对应对能力的直接影响与对压力的调节作用，但由于社会支持或是社会支持网络概念模糊，测量上，所感知的社会支持不代表实际得到的支持，而且是两种不同概念。同时，自我报告的社会支持网络是否能反映实际社会网络的质量也受到质疑（Lakey and Cohen, 2000）。尽管对于社会支持网络的具体内涵仍未有共识，但社会支持网络论对社工的角色与如何提升案主社会支持网络提供了明确的方向。依据此论点，社工被看作是整合正式与非正式社会支持网络的专家，建立互助小组、建立网络内外的联结皆是可行方法，社工应以扩展案主的社会支持网络与增加应对环境的能力为专业服务的核心目标。

第三章　青少年福利政策

　　青少年福利政策是青少年社会工作的保障，青少年社会工作的开展是在青少年福利政策背景下进行的，它离不开福利政策的支持。可以说，青少年社会工作是伴随福利政策落实的一个专业实践的过程。学习有关的青少年福利政策可以让社工了解有关青少年福利政策的规定并掌握相关资源，更好地为青少年提供专业服务。

　　青少年关系到国家的未来发展前途。青少年群体作为一个相对的弱势群体，其在生理和心理上有着特殊的需求，理应在社会保障、教育、就业、居住、健康、法律保护等方面享有相应社会福利政策的权利。本章将探讨青少年福利政策的基本理论知识、青少年福利政策的发展历程以及我国青少年福利政策等问题。

第一节　青少年福利政策

　　社会福利和社会政策是开展社会工作的背景，了解和掌握青少年福利政策是开展青少年社会工作的必要基础。

一、社会福利的内涵

　　社会福利，"就是指国家与社会为增进与完善社会成员尤其是困难者的社会生活而实行的一种社会制度，旨在通过提供资金和服务来保证社会成员一定的生活水平，并尽可能地提高他们的生活质量。社会福利包括改善社会成员的物质文化生活所采取的一切举措。"①

二、青少年福利的内涵

青少年福利是福利观念在青少年群体中的应用，是国家和社会为满足青少年生长与发展需要、促进青少年健康成长而提供的各类基本保障项目。其内涵主要表现为以下方面。

（一）青少年福利是青少年权利观的体现

《儿童权利公约》赋予每一个儿童基本的权利观。同理，青少年也是独立的个体，每一个青少年都是拥有完整权利的人，都需要有尊严地成长、学习、发展并成就自我。《中华人民共和国未成年人保护法》第三条明确规定："未成年人依法平等地享有各项权利。"

同时，青少年权利观决定了社会对青少年的基本态度，也决定了青少年事务工作者职业行为的性质，是全社会涉及青少年事务工作的出发点。青少年并非其父母的归属品，也不是任何决定的被动接受者，我们必须尊重青少年的基本权利。关于青少年的福利政策，应基于青少年的需求。关于青少年的一切行动，应出于保护其基本权利的目的。

（二）青少年福利是一种国家责任

青少年福利的推行与实施，离不开国家的保障。从人的发展阶段看，青少年是尚未成熟的人，是正在发展中的、需要特别帮助的人，需要家长、社会，尤其是国家予以特殊的保护。由于生理性、社会性等原因，青少年群体在经济收入、社会地位、竞争能力、资源支配上处于劣势或者说相对不利的

---

① 陆士桢、王玥：《青少年社会工作（第3版）》，社会科学文献出版社，2017，第144页。

位置，国家应制定相关的福利政策来保护青少年的健康成长，给予青少年群体更多关于发展方面的照顾与培养，以改变其整体的弱势地位。青少年社会福利观体现了一个国家对本国青少年的保护观念，也反映着特定阶段的社会福利观念。青少年福利是社会中每一个青少年都有权利享有的特定福利，国家有责任使每一位青少年享有这样的福利。

（三）青少年福利的对象是全体青少年

青少年福利的提供应基于青少年的需求，这种需求是全体性、普遍性的需求，是政府为未来保障全体青少年的平等权利和提高他们福利水平而采取的一系列政策措施和服务，旨在增进所有青少年的发展和福祉。不论是特殊青少年还是普通青少年，都需要政府、社会给予关爱和保护，基于他们的需求，提供相应福利支持。过去，我们可能更多关注对特殊青少年群体的帮扶，补救性政策在针对特殊困难青少年群体方面取得了较高的发展水平，而对全体青少年，促进其健全成长与发展的政策有所欠缺。在国家层面，对整个群体的社会福利应更多表现为全体性与普遍性。

三、青少年福利政策的内涵

（一）社会政策

社会政策，是指国家运用立法、行政手段制定的基本方针或行动准则。如人口政策、劳动就业政策等。其目的在于维护社会的公平和正义，加强社会保障，改善社会福利，稳定社会秩序，使社会各组成部分之间协调发展，促进社会进步。

社会福利从广义上看与社会保障的含义相近，是政府或社会为改善和提高人们的生活水平而采取的一切福利措施。社会福利和社会政策都是为了解决社会问题和提高人们的生活水平，共同构成的一个国家或地区的社会保障体系。两者在很多方面是一致的，甚至有时是可以互用的，在本书中也是在通用意义上具有一致性的理解。本书中的社会政策主要反映政府（或其他社会组织）在社会福利方面所采取的各种有意识的行动。

（二）青少年福利政策

"青少年福利服务政策是指国家除在青少年的教育、劳动、就业、住房、健康、社会保障这几个方面实行的有关政策外，针对青少年群体更为特别的一些生活需要、安排提供相应的福利照顾与服务的政策。"[1] 由此，青少年福利政策更多的是针对那些有特殊生活需要的青少年群体而言的。陆士桢教授则认为："青少年福利政策是一套谋求青少年健康成长发展的方针或行动准则，其目的在于增进所有青少年的福祉。青少年福利政策是政党、国家社会政策的一部分，是为保证青少年健康发展的一切立法及行为的总的原则和规范。"[2]

这两种不同的理解实际是与社会发展以及青少年政策变迁相联系的。在过去相当长的一段时期，由于资源不充分以及人们对青少年福利政策的认识片面等原因，认为只有特殊群体的青少年才需要福利政策的支持。但是近年来，随着青少年群体抑郁症患者比例的上升，青少年犯罪率的增加，使国家和政府越来越注重青少年的成长问题。广义来说，青少年福利政策是指涉及青少年权利和义务的所有政策法律法规，如青少年教育法、医疗保障、未成年人保护法等。狭义来说，青少年福利政策主要从青少年社工的角度进行探讨，主要探讨青少年的社会支持系统对青少年成长环境的支持作用，如家庭、学校、社区等针对青少年的问题所提出的能够营造健康和谐友爱的成长环境的政策措施。

---

[1] 陈涛、陆玉林、周拥平等：《现状与评价：中国青少年政策研究报告（续）》，《中国青年研究》2001 年第 2 期。

[2] 陆士桢、王玥：《青少年社会工作（第 3 版）》，社会科学文献出版社，2017，第 158 页。

第二节　青少年福利政策的发展历程

随着社会的发展和进步，青少年的福利开始受到越来越多人的关注和重视，本节主要从青少年福利政策的起源与发展和面临的挑战与变革两方面展开讨论。

一、起源与发展

青少年福利政策的起源可以追溯到工业革命时期。随着工业化进程的加速，城市中贫困、失业、犯罪等问题日益突出，青少年成为最容易受这些问题影响的群体。在这种情况下，一些慈善组织和社会团体开始关注青少年的福利问题，并为他们提供一些基本的帮助和救济。早期的青少年福利政策主要集中在提供教育、职业培训、医疗保健等方面。

20世纪以来，随着社会经济的发展和人们对青少年福利问题的关注，青少年福利政策逐渐得到发展和完善。各国政府开始将青少年福利纳入国家公共服务体系，并制定了一系列法律法规来保障青少年的权益。联合国教科文组织在1968年第15届大会上提交了综合报告，希望青少年群体的利益得到关注。1985年，联合国设立了"国际青年年"，倡导"参与、发展、和平"的理念。1995年，联合国大会通过了《到2000年及其后世界青年行动纲领》，提出了关于所有青少年跨世纪行动的指导方针，指明了教育、环境、药物滥用、就业、饥饿与贫穷、健康、少年犯罪、闲暇活动、青年充分和有效地参与社会生活和决策、女孩和青年妇女十个优先领域。1998年，联合国与葡萄牙政府合作召开了"首届世界青年事务部长会议"，通过了《关于青年政策和方案的里斯本宣言》，青少年福利政策得到了进一步的发展。

青少年福利政策的内容得到了不断的拓展和深化，涵盖教育、就业、医疗、社会福利等多个领域。在教育福利方面，政府开始投资兴办学校，提供免费义务教育，确保青少年有平等接受教育的机会。同时，针对贫困家庭的青少年，政府还提供奖学金、助学金等资助措施，以保障他们的学习不受经济困扰。在就业福利方面，政府开始设立职业培训机构，为青少年提供职业培训和就业指导服务。此外，政府还通过立法保障青少年的劳动权益，防止他们遭受剥削和虐待。在医疗保健方面，政府开始建立公共卫生体系，为青少年提供基本的医疗保健服务，对贫困家庭的青少年，政府采取医疗救助和免费疫苗接种等措施，以保障他们的身体健康。在社会福利方面，政府开始设立社会福利机构，为青少年提供庇护、救助和咨询服务。

二、挑战与变革

随着社会经济的发展，青少年问题的复杂性日益突出，青少年福利政策也面临着新的挑战和转型。一方面，一些青少年福利政策在实施过程中出现了资源分配不均、服务效率不高、服务质量不佳等问题，需要进行调整和完善。另一方面，随着社会的发展，青少年的需求也在不断变化，需要政府和社会更加精准地了解和满足他们的需求。

青少年福利政策的转型主要表现在以下方面。第一，服务模式的转变，从传统的单一救济和救助模式向综合性的福利模式转变。政府开始注重青少年的发展需求，提供个性化的服务方案，以帮助他们激发自身潜力，实现自我成长与发展。第二，跨界合作的加强，政府开始加强与企业、社会组织等各方面的合作，共同推进青少年福利事业的发展。通过资源共享和优势互补，实现青少年福利服务的全面提升。第三，预防和早期干预措施的重视。政府开始注重采取预防和早期干预措施，通过加强家庭教育、学校教育和社会宣传等手段，增强青少年的自我保护意识和能力。这样可以有效减少青少年问题的发生，降低社会成本。第四，国际合作的开展，政府开始积极参与国际青少年福利领域的合作和交流活动，通过借鉴国际先进经验和做法推动本国青少年福利政策的创新和发展。这样可以吸收全球最佳实践经验，进而提升本国青少年福利服务的质量和效果。第五，监测和评估体系的建立，政府开始建立有效的监测和评估体系对青少年福利政策的实施效果进行全面评估，以便发现问题并及时改进和提高服务质量。

在国际青少年事务形势发展的影响下，我国逐步加强青少年政策体系的构建，完善青少年工作体制。我国政府于1991年通过了《中华人民共和国未成年人保护法》以及1999年通过了《中华人民共和国预防未成年人犯罪法》，近年来两部法律又通过重新修订，并于2021年6月1日起施行。《中华人民共和国未成年人保护法》重在对未成年人合法权益的保护，《中华人民共和国预防未成年人犯罪法》重在对不良行为、违法行为以及犯罪行为的预防和矫治。

与此同时，团中央先后在1993年通过了《在建立社会主义市场经济体制进程中我国青年工作战略发展规划》与1998年通过了《共青团工作跨世纪发展纲要》，围绕青少年的教育、培训、就业、志愿服务等推出一系列重要举措，意味着我国青少年政策与事务正朝着更加务实的方向前进。

第三节 我国青少年福利政策

青少年关系国家的命运和前途。我国政府一直以来都非常重视对青少年基本权利的保护，《中华人民共和国宪法》中有明确的规定，"中华人民共和国公民在法律面前一律平等""任何公民享有宪法和法律规定的权利，同时必须履行宪法和法律规定的义务"。本节主要从健康、教育、法律保护、其他福利与社会保障四个方面展开。

一、青少年健康福利政策

青少年时期是人类身心发展最迅速的阶段，是继婴幼儿时期之后人生发展的又一个关键时期，更是身体、智力、心理和社会适应力发展的关键时期，青少年时期的良好发展能够为一生的健康与幸福打下坚实基础。全面小康的基石是全民健康，全民健康的基础则是青少年时期的健康。青少年健康情况不仅关乎当前的自身健康，而且是未来身体健康的基础、晚年生活质量的保障、下一代身心健康的根柢，也是维护全生命周期健康的重要基础，同时，也关系着家庭的健康和命运、影响着国家的发展和民族前途。

（一）青少年健康政策更加完善

关于青少年的健康福利政策，可以从相关纲要、相关法律和行政规章两个方面进行深入探讨。

1. 两个纲要

《全民健身计划纲要》规定"促进重点人群健身活动开展。实施青少年体育活动促进计划，推进青少年体育"健康包"工程，开展针对青少年近视、肥胖等问题的体育干预""推进全民健身融合发展。深化体教融合。完善学校体育教学模式，保障学生每天校内、校外各一个小时体育活动时间。整合各级各类青少年体育赛事，健全分学段、跨区域的青少年体育赛事体系"。《"健康中国2030"规划纲要》第二篇"普及健康生活"中明确指出"加大学校健康教育力度……以中小学为重点，建立学校健康教育推进机制"。

2. 相关法律和行政规章

我国的青少年福利政策，主要是以法律法规的形式进行制定、发布和实施执行的。不同的福利政策，其依托的法律形式也各不相同。一些基础性的福利权限政策以国家基本大法的形式存在[①]。例如，《中华人民共和国未成年人

---

① 陆士桢、王玥:《青少年社会工作（第3版）》，社会科学文献出版社，2017，第190页。

保护法》《中华人民共和国婚姻法》《中华人民共和国义务教育法》《中华人民共和国传染病防治法》等。而另一些更侧重于务实性、执行层面和实际操作的政策则主要以行政规章的形式存在[①]，例如，《国家教育委员会关于减轻小学生课业负担过重问题的若干规定》《学校体育工作条例》《学校卫生工作条例》《保护学生视力工作实施办法》《关于创造良好社会教育环境保护中小学生健康成长的若干意见》《关于整顿、清理书报刊和音像市场，严厉打击犯罪活动的通知》。这些法律和行政规章是青少年事务社工帮助青少年健康成长和发展的有力保障。

（二）青少年健康服务体系进一步健全

为了保障青少年的身心健康，政府引导医疗机构、社区、学校等各方共同参与，通过整合医疗、教育、社会福利等多方面的资源，建立了国家、区域、省、市、县各级医疗保健服务网络，包括青少年健康管理、监测、指导、监督等服务内容，为青少年提供全方位的健康服务。例如，2021 年国家卫生健康委疾病预防控制局发布《儿童青少年近视防控适宜技术指南（更新版）》及解读，提出了当前儿童青少年近视防控的新知识、新技术和新要求。

心理健康和精神卫生是健康的重要组成部分，国家卫生健康委近年来会同或配合有关部门开展了系列工作，青少年心理健康服务体系逐步健全。《健康中国行动（2019—2030 年）》中有三个专项行动方案，包括心理健康促进行动、妇幼健康促进行动和中小学健康促进行动，分别从不同角度对做好青少年心理健康作出了部署。同时，还加强了青少年心理健康保障机制和工作体系建设，《中华人民共和国精神卫生法》《中华人民共和国基本医疗卫生与健康促进法》相继出台，为青少年心理健康工作提供了法律保障。

从 2021 年起，我国在重大公共卫生项目中设置了青少年心理健康促进试

---

① 马军：《儿童青少年健康发展与成效》，《中国学校卫生》2022 年第 10 期。

点项目，组织开展了一系列青少年心理健康促进的试点工作，包括社会动员、科普宣传、筛查评估等环节，明确将完善教育系统的心理服务网络，将各阶段青少年的心理健康教育、心理辅导和心理支持作为重点，指导试点地区探索完善的心理健康体系。

2023 年 4 月，教育部等十七个部门联合印发《全面加强和改进新时代学生心理健康工作专项行动计划（2023—2025 年）》。该计划强调多部门联合、医教体融合、家校社协同，共同促进学生心理健康。

在各项健康政策的保障下，近年来，我国儿童青少年健康整体水平持续提高，健康状况逐年改善，死亡率大幅度下降，营养不良率明显下降，健康管理得到加强，疾病防治持续强化，传染病发病率降低，形态发育和身体素质持续提高。

二、青少年教育福利政策

青少年教育福利政策，是党和国家为保障青少年接受良好教育而制定的有关青少年教育的目标、途径和方法的总体规定，旨在确保每个青少年都能获得公平、公正的教育机会，从而提高他们的素质和能力。它体现在党和国家的教育指示、决议、教育法律和法规之中。我国的教育政策包含基础教育政策、高等教育政策、职业成人教育政策和民办教育政策，本书将着重介绍基础教育政策和高等教育政策。

（一）基础教育政策

基础教育，是对国民实施基本文化知识的教育，也是提高公民的基本素质的教育，是民族素质的奠基工程。它包括幼儿教育、义务教育、普通高中教育三个部分。

1. 幼儿教育政策

幼儿教育又称学前教育，学前教育是国家教育体系里面的重要组成部分，促进学前教育事业的发展，有助于亿万儿童的健康成长，创造更和谐的家庭氛围，并更好地衔接义务教育。我国的学前教育经过将近20年的发展，特别是最近10年以来保持高速发展，学前教育普及普惠水平不断提高，各类幼儿园的数量稳步提升。目前，教育部正在重新制定学前教育法草案。教育部要求将普惠性幼儿园建设纳入城乡公共管理和公共服务设施统一规划。学前儿童入园，不得组织任何形式的考试或者测试。普惠性幼儿园无论从经费还是管理上都会得到充分保障。在经费方面，不同主体，包含地方政府、幼儿园、社会团体、企业及个人对在园家庭经济困难儿童、孤残儿童予以资助等。根据2021年《中国儿童发展纲要（2021—2030年）》统计监测报告，普惠性幼儿园覆盖率为87.8%。

2. 义务教育政策

义务教育是基础教育的最主要内容。1986年，《中华人民共和国义务教育法》颁布，国家实行九年制义务教育制度。2006年，《中华人民共和国义务教育法》进行修订并规定："义务教育是国家统一实施的所有适龄儿童、少年必须接受的教育，是国家必须予以保障的公益性事业。"

义务教育均衡发展持续推进。2021年《中国儿童发展纲要（2021—2030年）》统计监测报告显示，2021年，在义务教育全面普及的基础上，全国所有区县均通过了国家义务教育基本均衡发展督导评估认定，我国义务教育实现了基本均衡。在福利保障方面，我国分别从经费问题、人身安全与尊严、校外活动等方面进行了规定。国家保证义务教育的经费，比如"国家对接受义务教育的学生免收学费"。国家保障接受义务教育学生的人身安全和人格尊严，如"学校和教师不得对学生实施体罚、变相体罚或者其他侮辱人格尊严的行为"。国家为了保证接受义务教育学生的校外活动安全，在2000年出台了《教育部办公厅关于合理安排中小学生课余生活，加强中小学生安全保护工作的通知》和《关于加强青少年学生活动场所建设和管理工作的通知》等政策。同样，残疾儿童青少年的接受义务教育的权利也受到相应的保障。

3. 普通高中教育政策

普通高中教育是联结义务教育和高等教育的纽带，因此需要保障教育的质量和公平性。普通高中教育，对于缓解初中升学压力，营造全面推进素质教育的良好环境，提高民族素质，落实科教兴国战略具有十分重要的意义。相关政策有《关于大力办好普通高级中学的若干意见》和《关于积极推进高中阶段教育事业发展的若干意见》等。

对于普通高中的原建档立卡家庭经济困难学生、低保家庭学生、孤儿或残疾学生、烈士子女或经退役军人事务部门认定、法定监护人享受国家定期抚恤补助的优抚对象子女，提供国家助学金。普通高中原建档立卡等家庭经济困难学生（含非建档立卡的家庭经济困难残疾学生、农村低保家庭学生、农村特困救助供养学生）可以享受公办学校免除学费、民办学校按一定标准免除学费的福利。学习成绩优异的学生在校期间还能享受到校内奖、助学金。对于经政府教育行政部门依法批准的民办普通高中就读的符合免学杂费政策条件的学生，按当地同类型公办普通高中免除学杂费标准给予补助，其学杂费收费高于补助标准的，学校可按规定继续向学生收取差额。

免费提供教科书也是高中教育阶段的一项福利政策。在中职教育阶段，实行的是奖助学金和免学费等政策。

（二）高等教育政策

高等教育，是指在完成高级中等教育基础上实施的教育。《中华人民共和国高等教育法》规定："高等教育必须贯彻国家的教育方针，为社会主义现代化建设服务、为人民服务，与生产劳动和社会实践相结合，使受教育者成为德、智、体、美等方面全面发展的社会主义建设者和接班人。"

在福利政策方面，我国在高等教育阶段建立了一系列奖助免补措施，具体有奖学金、助学金、贷学金、勤工助学、学费减免、服兵役教育资助、免费师范生、基层就业学费补偿贷款代偿、特殊困难补助的福利制度体系。1987年，国家教委、财政部联合印发《普通高等学校本、专科学生实行奖学金制度的办法》和《普通高校本、专科学生实行贷款制度的办法》，开始建立高等教育奖学金和助学贷款政策，并经过多次修改调整，福利标准不断提高。

此外，还有支持科研实践项目、社会实践与志愿服务、创新创业教育、就业辅导与福利等拓展性支持措施。很多地区、高校都有不同特色的助学政策。

三、青少年法律保护政策

青少年是尚未成熟的群体，具有特殊的生理和心理特征，需要国家、社会、学校和家庭给予特别的关心和爱护。青少年法律保护的相关法律法规众多，包括《中华人民共和国未成年人保护法》《中华人民共和国预防未成年人犯罪法》《中华人民共和国婚姻法》《中华人民共和国民法典》《中华人民共和国刑法》《中华人民共和国家庭教育促进法》等，以及有关司法解释、意见、通知和地方性法规等。对于青少年的法律保护普遍存在于各种法律规定之中，其中民事司法保护和刑事司法保护是最为重要的内容。一方面，民事司法保护政策保护青少年成为完全民事行为能力人的合法身份，另一方面，给予青少年这个特殊的社会群体在人身、财产等相关民事权利方面更多的法律保护。刑事法律制度是人权保障的最后一道屏障，也是所有有关青少年保护的法律制度中最核心、最根本的兜底式保护。

2020年10月17日，第十三届全国人民代表大会常务委员会第二十二次会议第二次修订《中华人民共和国未成年人保护法》，自2021年6月1日起施行。作为未成年人保护领域的综合性法律，对未成年人享有的权利、未成年人保护的基本原则和未成年人保护的责任主体等作出明确规定。修订后的《中华人民共和国未成年人保护法》包含总则、家庭保护、学校保护、社会保护、网络保护、政府保护、司法保护、法律责任和附则，共九章 132 条。

（一）家庭保护

父母是孩子的第一任老师，是青少年的第一监护人，《中华人民共和国未成年人保护法》尤其强调父母等监护人的第一责任人意识，应当为未成年人提供生活、健康、安全等方面的保障，关注未成年人的生理以及心理健康、情感需求，保障未成年人的休息、娱乐和体育锻炼的时间。

父母应当为未成年人营造一个健康舒适的成长环境。未成年人的父母或者其他监护人应当学习家庭教育知识，接受家庭教育指导，创造良好、和睦、文明的家庭环境。共同生活的其他成年家庭成员应当协助未成年人的父母或者其他监护人抚养、教育和保护未成年人。

（二）学校保护

学校应当保障未成年学生受教育的权利，不得违反国家规定开除、变相开除未成年学生。学校应当对尚未完成义务教育的辍学未成年学生进行登记并劝返复学；劝返无效的，应当及时向教育行政部门进行书面报告。根据《中华人民共和国未成年人保护法》第三十九条规定，学校应当建立学生欺凌防控工作制度，对教师、工作人员、学生等开展防治学生欺凌教育的培训。学校应当关心、爱护未成年学生，不得因家庭、身体、心理、学习能力等情况歧视学生。对家庭困难、身心有障碍的学生，应当提供关爱；对行为异常、学习有困难的学生，应当耐心帮助。

（三）社会保护

全社会应当树立关心、爱护未成年人的良好风尚。国家鼓励、支持和引导人民团体、企业事业单位、社会组织以及其他组织和个人，开展有利于未成年人健康成长的社会活动和服务。居民委员会、村民委员会应当设置专人专岗负责未成年人保护工作，协助政府有关部门宣传未成年人保护方面的法律法规，指导、帮助和监督未成年人的父母或者其他监护人依法履行监护职责，建立留守未成年人、困境未成年人的信息档案并给予关爱帮扶。

（四）网络保护

国家、社会、学校和家庭应当加强未成年人网络素养宣传教育，培养和提高未成年人的网络素养，增强未成年人科学、文明、安全、合理使用网络的意识和能力，保障未成年人在网络空间的合法权益。

未成年人由于尚未成熟，自我约束力较差，容易沉迷于网络，《中华人民共和国未成年人保护法》对近些年受到普遍关注的网络保护问题，单列一章，规定了以未成年人为服务对象的在线教育网络产品不得插入游戏或网络游戏的链接，也不得推送广告等与教学无关的内容。网络游戏必须经过依法审批以后才能上线，而且国家建立了统一的未成年人网络游戏电子身份认证系统，网络游戏的提供者应当要求未成年人以真实的身份注册信息；对游戏产品进行分类，作出适合视频的提示，并采取相应的措施防止未成年人网络成瘾，或者让未成年人接触不适宜的网络游戏以及游戏功能。网络游戏服务的提供者，不能够在每天晚上十点到第二天上午八点向未成年人提供网络游戏服务；也规定了智能产品的制造者或销售者应当在智能产品的终端安装未成年人保护软件，对未成年人使用网络以及网络服务设置相应的时间管理、权限管理，以及消费功能的管理，等等，这些都有助于避免未成年人沉迷于网络、网络成瘾。

《中华人民共和国未成年人保护法》新增了国家建立的性侵害、虐待、拐卖、暴力伤害等违法犯罪行为的信息查询系统，向密切接触未成年人的单位提供免费查询服务等规定。

四、其他青少年福利与社会保障相关政策

青少年福利政策除了前文提到的涵盖健康、教育、法律保护等方面，还有多方位的其他福利与社会保障政策措施。社会保障是国家和社会依据一定的法律和规定，通过国民收入的再分配，对社会成员的基本生活权利予以保障的一项重要社会公共政策。它包括社会保险、社会救助、社会福利、优抚安置等，以下主要从社会保险、社会救助和劳动就业三个方面进行阐述。

（一）社会保险方面

我国的社会保险包含养老保险、医疗保险、失业保险、生育保险、工伤保险五个方面，这些保险均对青少年群体制定了相关规定。首先，从覆盖面最广，覆盖率多年保持在95%的医疗保险制度来看，城镇职工医疗保险和城乡居民医疗保险相结合，为青少年及其亲属的身心健康提供了基本的医疗保障。其次，从养老保险制度来看，我国目前建立了基本养老保险、补充养老保险和商业养老保险等多重养老保险体系，可以帮助青年职工解除养老之忧。最后，从完善失业保险管理体系来看，近些年，失业保险制度不断改革，重点强化了针对失业人员的职业介绍、职业培训、职业指导的措施，同时，失业保险基础管理工作也得到了加强，通过建立失业保险个人缴费记录，实现了失业保险属地化管理，为每一个青少年提供了发展的机会。

（二）社会救助方面

在对少年儿童的社会救助方面，政策主要集中在不同时期的三个《中国儿童发展纲要》以及各地具体的社会救助措施。《中国儿童发展纲要（1999—

2000 年）》提出了保护残疾儿童、离异家庭子女、流浪儿童和家庭经济困难儿童的身心发展和受教育权等内容。《中国儿童发展纲要（2011—2020 年）》扩大了儿童受保护的对象，如贫困和患大病儿童、流动儿童、留守儿童、孤残儿童以及受艾滋病影响儿童和服刑人员未满 18 周岁子女。同时，新的《中国儿童发展纲要》也强化了国家和政府的责任，比如落实孤儿、服刑人员未成年子女的社会保障政策等。

2021 年《中国儿童发展纲要（2021—2030 年）》统计监测报告显示，特殊儿童群体受教育权利得到保障。2021 年，全国特殊教育学校较 2020 年增加 44 所，已达到 2288 所。

基层儿童救助机构队伍壮大。积极推进儿童福利机构优化提质和创新转型，为包括各类困境儿童在内的未成年人提供关爱服务。"截至 2021 年底，全国共有儿童福利机构 539 个，未成年人救助保护机构 276 个；城乡社区儿童之家 32.9 万个，增加 8550 个；全国共配备儿童督导员 5.3 万人、儿童主任 65.1 万人，基本实现乡镇级设立有儿童督导员、村级设立有儿童主任的目标。"①

在对青少年群体的社会救助方面，我国政府一直特别重视特殊青少年群体的生存与发展。我国现行的特殊青少年救助政策，主要体现在以下三个方面：第一，对无家可归、无人监管、无收入来源的青少年等群体的救助保护政策；第二，对残障青少年的救助保护政策；第三，对贫困青少年、留守青少年、流动青少年、闲散青少年等其他特殊青少年群体的救助保护政策。例如，对于贫困大学生，国家有奖学金、助学贷款、困难补助、勤工俭学等政策。

---

① 国家统计局：《2021 年〈中国儿童发展纲要（2021—2030 年）〉统计监测报告，https://www.stats.gov.cn/sj/zxfb/202304/t20230417_1938688.html，访问日期：2024 年 1 月 25 日。

（三）劳动就业方面

我国宪法保障了公民劳动和就业的权利和义务，规定 18 周岁是参加社会劳动和工作的年龄，并在《未成年工特殊保护规定》《中华人民共和国未成年人保护法》等内容里限定了最低就业年龄以及工作时间、工作种类的特殊保护。同时，加强了职业教育培训，积极构建大学生就业服务体系。2023 年，北京市出台高校毕业生创业支持政策、灵活就业社会保险补贴政策、创业担保贷款政策、一次性创业补贴政策、鼓励企业吸纳高校毕业生就业政策等内容。福建省 2023 年 6 月发布《促进 2023 年高校毕业生等青年就业创业十条措施》，全力促进高校毕业生等青年高质量充分就业。

第四章 青少年个案社会工作

社会工作针对个人、团体和社区三个层面的不同类型所面临的社会问题，产生了个案社会工作、小组社会工作（简称为小组工作，又称为团体社会工作）和社区社会工作三种最核心、最基本的社会工作方法。

个案工作是社会工作三大工作方法中最早发展起来的，其具有丰厚的知识和经验积累。个案工作要求社工在工作的过程中，对人性秉持乐观的态度，平等地尊重每一个生命，相信人的潜能以及倾向于个体实现自我价值，用科学的、独特的、专业的视角看待问题和处理问题。与此同时，个案工作是一项具有挑战性的工作，面对复杂的当事人及其不同的问题，只有那些接受过系统性知识的学习以及技巧训练，并经过大量实践的专业社工才能应对复杂的挑战。

1922 年，里士满（Richmond）首次对个案工作方法进行了明确的定义，因此有学者认为里士满界定的个案工作方法是个案社会工作专业化的开端。里士满认为，个案工作是以人为切入点，包括很多连续的过程。通过调整人与其所处的社会情境之间的关系，实现个人的成长与改变。

美国社会工作的理论家汉密尔顿（Hamilton）认为，个案工作是对个人与其所处社会情境之间的关系进行有意识调整的过程。个案工作是社工和服务对象一起开展艺术工作，以帮助个人更加适应其所处的环境。个案工作者与服务对象双方都积极参与工作过程，他们之间是信任合作的专业关系。[1]

---

① Gordon Hamilton, "Basic Concepts in Social Case Work," *The family* 18, no. 5（1937）:147.

法利（Farley）、史密斯（Smith）和博伊尔（Boyle）认为，个案工作者通过与服务对象建立相互信任的合作关系来促使当事人改变态度、想法和行为，同时调动其他资源，采用面谈和评估的方式来解决问题。在工作过程中，个案工作者不试图控制环境，不主观臆断服务对象的问题，而是综合了解和判断生理、心理和社会因素对服务对象问题的影响。[①]

针对个案工作的服务对象、工作目的和工作方法，我国学者与西方学者的看法大致相同。家庭在中国传统文化中占有重要地位，因此我国的社工在个案工作中尤为重视家庭因素，而且相较于科学性与艺术性，我国的学者更重视个案社会工作的专业性和知识性。

综上所述，我国的个案社会工作具有以下特点。第一，个人和家庭是个案社会工作的基本对象；第二，注重建立一对一的、面对面的专业助人关系，与当事人之间有更多当面交流的机会；第三，强调人的问题总是在特定的情境中形成，而且人与所处的情境相互影响；第四，注重多方面、多层次的知识基础积累。

青少年个案工作是以青少年个人及其家庭为基本工作对象，通过建立相互信任与合作的工作联盟，运用社会工作的专业方法，实现个人与环境之间关系的平衡。

第一节　青少年个案社会工作的主要内容

青少年处于身心发展的特殊阶段，青少年群体在社会适应、自我同一性、人际关系、亲子关系、学业等方面都面临着程度不同的难题或障碍。从"人在情境中"的社会工作视角来看，青少年问题的影响因素主要有青少年个体

---

① O. William Farley, Larry Lorenzo Smith, Scott W. Boyle, *Introduction to Social Work 9th ed*（MA: Allyn and Bacon, 2003），p.60.

自身、所处的外在环境、青少年自身与外在环境的相互关系，因此，青少年个案工作也将针对青少年个体、其所处的环境以及个体与环境之间的关系展开分析。

一、学习问题与考试焦虑

相较于童年早期而言，学校学习生活是青少年生活中极其重要的一部分。这一阶段的青少年需要适应学校生活环境，顺利接受教育，同时也为将来进入社会进行预期社会化适应，需要学习基本的生活技能与本领，为以后的职业生活打好基础。

从逻辑思维发展的角度来看，青少年正处于抽象概念的初始阶段，因此对于学习上存在的问题尚不能自行妥善解决。初高中阶段，正是训练青少年抽象逻辑思维的关键时期，如果青少年此时未能处理学习上的问题，便会产生学习问题，如逃学、厌学，甚至休学。面对考试将无法从容应对，容易产生考试焦虑的情绪，甚至是抑郁。

二、人际交往

人际交往是青少年生活的重要组成部分，也是青少年进行社会化的重要内容。青少年生活的主要场所是学校和社区，因此同伴交往、师生交往是这一时期青少年人际交往的重要部分。邓小平等（2017）学者的研究表明，同伴选择效应和同伴影响效应在青少年时期发挥显著的作用，并且在青少年早、中、后阶段，所处的主导效应有所差异。因此，处于对同伴有强烈依赖时期的青少年，如果由于性格、家庭、成绩、长相等方面的因素，被同学孤立、冷落或嘲笑，将产生巨大的失落感与挫败感，从而影响他们之后的良好人际交往关系以及亲密关系的形成。

三、偏差行为

按照埃里克森（Erikson）的人生八阶段理论，青少年时期要解决的主要人生课题是建立自我同一性。如果青少年在此阶段成功建立自我同一性，那么之后他们将形成忠贞、诚实、正直的品性，反之，将形成冷漠、缺爱、边缘性的人格特点。在当今飞速发展的社会下，随着互联网技术的突飞猛进以及多元文化价值观的冲击，青少年面对着越来越多的挑战，有些青少年无法成功应对这些挑战而出现偏差（越轨）行为，比如早恋、逃学、抽烟、酗酒、偷窃、网络游戏成瘾、打架、校园霸凌等。

四、青少年犯罪

青少年犯罪是一个全球性的社会问题，它不仅影响青少年的成长和发展，也给家庭、学校和社会带来了巨大的挑战。汉密尔顿的理论揭示，环境与青少年之间是相互影响的关系。由于家庭教育的缺失、社会环境中的消极因素、沉重的学业压力使青少年犯罪呈现出以下特点：青少年犯罪案件逐年增加，涉及的类型也日益多样化；犯罪年龄越来越小，甚至有些孩子在未成年时就已经开始犯罪；暴力型案件逐渐增多，如校园暴力、网络暴力等；青少年犯罪往往以团伙形式出现，这种团伙形式的特点是组织结构严密、分工明确、依靠"情义"维系；随着科技智能化的发展，逐渐出现网络诈骗、电信诈骗、网络窃密、传播网络病毒等新型犯罪行为。

五、情绪困扰

青少年时期是人生发展的关键阶段，生理的变化、学习压力、人际关系、自我认知和价值感、家庭和社会环境都可能导致他们的情绪产生困扰，甚至出现两极化的倾向。

第一，焦虑和压力。青少年时期，焦虑和压力是常见的情绪困扰，表现为对未来的担忧、考试压力、学业压力等。这些压力可能导致青少年出现失眠、食欲不振、疲劳等症状，影响其学习和生活。

第二，抑郁和情绪低落。青少年时期，抑郁和情绪低落也是常见的情绪困扰，表现为长时间的情绪低落、失去兴趣和快乐感、情绪不稳定、易怒、自我评价低等。这些症状可能导致青少年出现食欲的激增或者骤降、引发躯体性行为障碍，甚至是产生自杀念头等症状，对其身心健康造成严重影响。

第三，自尊心受损。青少年时期，自尊心受损也是常见的情绪困扰，表现为对自己的能力和价值产生怀疑、自我贬低、缺乏自信等。这些症状可能导致青少年出现社交困难、学习困难、自我放弃等问题，对其未来的发展产生负面影响。

第四，社交困难。青少年时期，社交困难也是常见的情绪困扰，表现为难以与他人建立良好的人际关系、性格孤僻等。这些症状可能导致青少年出现孤独感、无助感、压抑感等问题。

第五，冲动和易怒。青少年时期，冲动和易怒也是常见的情绪困扰，表现为难以控制自己的情绪、易发脾气、自我控制能力差等。这些症状可能导致青少年出现攻击性行为、破坏性行为、过度消费等偏差行为，会对其个人以及家庭产生极大的压力。

需要注意的是，每个青少年的情况都是独特的，因此情绪困扰的原因也因人而异。青少年情绪困扰的问题，需要家庭、学校和社会等多方面的支持和关注，帮助他们建立健康的心理机制，提高应对压力和困难的能力，促进其健康成长。

第二节　青少年个案工作的基本理论

从静态分析的角度看，社会工作理论需要对人们在日常社会生活中遇到的困难及其所处的不利环境进行具体分析和科学解释，更重要的是，需要针对问题进行动态的分析，即要把关注的焦点放在如何引导服务对象采取应对问题的实际行动，激发成长变化的动机，帮助他们消除面临的困扰，改善目前的生活状况。社会工作理论与实践之间的内在关系应该是，有效的社会工作理论能帮助解释服务对象问题形成和持续存在的原因，并且能对服务对象的问题进行预测，为个案社工介入提供方向并解答个案工作者在工作过程中所产生的各种疑惑，指导个案工作者在实际的工作场景中采取合适的方式予以恰当地应对。佩恩（Payne）认为，社会工作理论是指导社工开展社会服务的行动指南[1]，是指导个案工作者开展需求评估、进行具体的面谈以及稳妥有序地推动服务进程的有力保障。

一、心理社会派治疗理论与方法

个案工作的第一理论从某种意义上来说就是心理社会派理论。它最早可以追溯到里士满所形成的具有开创性的工作方法。继里士满之后，又有不同的学者对这一理论流派做出了不同的贡献，并且进行不断的补充和完善：美国的汉克斯（Hankins）第一次使用了"心理社会"这个概念，汉密尔顿于 20 世纪 50 年代再次引用了这个概念，在这之后，到了 60 年代，霍利斯（Hollis）使得这个理论派别具有了更加坚实完整的理论基础。

---

[1]　佩恩：《现代社会工作理论》，何雪松、张宇莲、程福财等译，华东理工大学出版社，2005：第 16—17 页。

心理社会派治疗理论的假设有以下四种。一是影响一个人成长经历的因素，包括生理、心理和社会；二是个人过往的经历，生活的重要事件、个人习得的经验和技巧、获得的知识、形成的态度等都会影响一个人的现在；三是人与人之间的沟通特别重要，人际沟通会影响服务对象家庭成员之间的关系和家庭氛围，同时也影响着一个人如何去扮演自己的社会角色；四是每个人都是有价值的，每个生命都应该得到尊重，每个人也都是有潜能的，只要有适合的条件和机会，个人的潜能就能被开发与利用。

基于以上的理论假设，心理社会治疗模式要求个案工作者在开展个案服务时需要遵循以下原则：真诚与表里如一、服务的差异化、完全接纳、案主自决、对服务对象不评判等。

二、人本治疗理论与方法

人本治疗理论又被称为来访者中心理论，这一理论是由美国的心理学家罗杰斯（Rogers）创立的。这一理论受到了创始人罗杰斯个人经历和思想的影响。经过了四个阶段的发展，至今仍在不断发展。

（一）人本治疗理论的发展阶段

第一阶段是 20 世纪 40 年代，在这一阶段提出"非指导性辅导"；第二阶段是 20 世纪 50 年代，在此阶段罗杰斯将工作重点放在服务对象的身上而不是提升工作技巧方面；第三阶段是 20 世纪 60 年代，罗杰斯认为个案工作者应该提供有助于当事人人格成长的一些核心条件，如无条件积极关注、同理心的培养等；第四阶段是 20 世纪 70 年代，强调将工作重点放在如何与服务对象建立良好的工作关系上。

（二）人本治疗理论的基本假设

假设一：人性观。相对于其他学派而言，罗杰斯对人性的看法更加积极乐观，他认为人基本上都是善良的，可以信赖，并持有明确的目标。人与人之间可以相互合作并促进双方的成熟，在适当的情况下，人可以为自己指引方向，也可以掌控自己的生命。

假设二：自我概念。人会有怎样的行为，都是由一个人的"自我概念"决定的，这是罗杰斯的一个重要观点。罗杰斯认为自我和自我概念是不同的，自我的服务对象是本来真实的自己，自我概念是服务对象对于他自己的看法，包含了当事人对自己的觉知和评判、对自己和其他人关系的认知和评价以及对自己所处的外部情境的觉知与评价三个方面。

罗杰斯认为，自我概念与个人的现实经验之间的关系主要有三种情况：其中完美的关系是个人的自我概念与现实经验完全符合；个人的自我概念与现实经验有矛盾或产生冲突；个人的自我概念与现实经验脱节。

三、行为派治疗理论与方法

20世纪巴普洛夫的古典条件反射理论是行为派治疗法的源头，桑代克（Thorndike）、斯金纳的操作性条件反射理论和班杜拉的社会学习理论都为行为派治疗法奠定了理论基础。大量的实证性研究结果表明，该疗法在处理服务对象问题时成效显著。

现代的行为派治疗理论采用结构化和系统化的方法，已经不再带有环境决定论的色彩。人具有主观能动性，环境影响人，人所具有的能力反作用于环境，而不再是社会文化环境限制下的产物。

行动派遵循科学的原理与严谨的步骤，将经过实验验证且被证明有效的学习原理用来帮助服务对象修正非建设性的问题行为。第一，立足于当下，除非有证据证明过去的经历是现有问题的原因，除此之外，基本上不追溯过往。第二，以行动作为改变的入手点。第三，注重咨询时间与咨询外时间的有机衔接，努力将咨询中学到的技巧迁移到现实生活中去，注重心理教育与家庭作业相结合。第四，富有弹性，治疗计划与会谈议程可以根据服务对象情况的变化进行调整变化。第五，服务成效在很大程度上取决于个案工作者和服务对象双方的投入，信任合作的治疗联盟是关键。

四、危机干预理论

虽然在生活中，每个人随时都有可能遇到危机事件，但是关于如何应对危机事件的研究并不多。林德曼（Lindeman）和卡普兰（Caplan）首先提出了"危机调适"的概念。卡普兰进一步将危机视为由危险事件导致的个人情绪和感受上的巨大受挫，这种受挫感打破了个人心理上和谐平衡的状态。因而卡普兰也被称为"现代危机之父"。

家庭危机理论模式是早期危机干预研究领域内颇具影响力的一种模式。它是由希尔（Hill）建立起来的。生理面对压力式反应的研究对危机理论也产生了一定的影响。一些学者从心理学的视角，针对危机理论模式，提出了压力反应中的中介变量的概念。危机是一个人的一种知觉或是认识，指的是服务对象认为目前所面临的情境是个人现有能力、资源和熟悉的应对机制所无法解决的困难。

在危机干预中，个案工作者需要遵循以下基本原则：第一，及时性，要及时接案和处理，否则会造成更严重的危害；第二，输入希望，干预过程中要不断地灌输希望；第三，制定有限、简单的目标；第四，积极主动，帮助发掘、寻找、拓展、加强服务对象的社会支持网络；第五，协助服务对象尽快恢复自我形象；第六，培育服务对象自立自主的精神。

危机干预的基本步骤：第一，认定问题，尽快了解和确定危机的成因以及问题的核心；第二，对危险性进行评估，确保服务对象的安全；第三，给予充分的支持，疏导和平复服务对象的情绪；第四，挖掘、寻找应对方式；第五，制订计划；第六，计划执行与总结。

五、家庭治疗

以家庭治疗的方法为视角来分析解决问题，与上文所述的治疗方法之间存在很大的区别。这个疗法认为，通过评估个人和家庭成员之间的关系更能了解个人的特点。个人存在的偏差行为或者价值观念，是所在家庭整体运行出现状况时的象征性表现。家庭治疗呼吁人们在治疗观念上进行改变，需要把家庭看成一个单位，而不是单个家庭成员角色的组合，还需将家庭作为了解个人行为表现的整体背景。家庭治疗的目的是协助家庭成员改变功能不良的关系状态，并在家庭成员之间创造良好的具有建设性的互动方式。家庭治疗的理论主要有鲍恩（Bowen）的多世代家庭治疗法、萨提亚（Satir）的联合家庭治疗法、米纽庆（Minuchin）的结构家庭治疗法。下文将以萨提亚的联合家庭治疗法作为了解家庭治疗法的切入点。

联合家庭治疗法的主要目标是在家庭中进行明确清楚的沟通，增强家庭成员的自我觉察力，挖掘和发挥家庭成员的潜能，并让家庭能进行自我调整，应对各种要求和改变。其理论核心在于家庭和个人的成长。其主要有以下三类工作技巧。

第一，家庭重塑。其强调的是"发现、了解和接纳"。当事人在这个过程中探讨一些原本缺失的部分，比如原先在家庭中被禁止的一些话题，如死亡、性等敏感主题。家庭重塑可以还家庭成员以本来的面目。

第二，家庭雕塑。该技巧用来提高家庭成员对于他们如何在家庭中进行互动，以及其他家庭成员如何看待他们的觉察能力。

第三，部件聚会。部件聚会是萨提亚所发展出的一个重要的家庭治疗技巧，也被称为"个性部分舞会"或"面貌舞会"，它提供了让个体可以更好地理解和整合自己各个部分的方式或是机会。

六、青少年个案社会工作新视角

后现代主义作为一种具有广泛影响的社会思潮，对社会工作领域产生了深远的影响。后现代主义社会工作新视角强调对传统社会工作的理论假设和方法论进行反思，关注社工的身份认同和反思性实践，强调社会工作的主观性和不确定性，关注案主的主体性和自我建构，强调社会工作的实践性和反思性，反对传统社会工作的单一解决方案，提出多元化和个性化的解决方案，关注案主的社会环境和文化背景，强调社会工作的情感性和关系性。

第一，反对传统社会工作的理论假设和方法论，提出多元化和个性化的解决方案。后现代主义认为，传统社会工作的理论假设和方法论存在局限性，过度强调专业知识和技术，忽视了案主的主体性和文化背景。因此，后现代主义社会工作新视角强调多元化和个性化的解决方案，尊重案主的差异和多样性，关注案主的文化背景和个人经历，以及他们所面临的问题的复杂性和独特性。

第二，强调社工的身份认同和反思性实践。后现代主义认为，社工应该对自己的身份认同进行反思，关注自己在实践中的影响和作用。社工应该不断反思自己的实践经验，从中总结经验教训，进而不断提高自己的专业素养和能力。同时，社工也应该关注案主的社会环境和文化背景，了解他们的需要和诉求，以更加平等和尊重的方式与案主进行互动和对话。

第三，反对宏大理论和社会科学的客观性。后现代主义认为，宏大理论和科学客观性忽略了人类经验的主观性和不确定性，过度强调理性和控制，忽视了情感和关系的重要性。因此，后现代主义社会工作新视角强调社会工作的主观性和不确定性，关注案主的情感和关系建立，以及他们在解决问题过程中的参与和贡献。

第四，关注案主的主体性和自我建构。后现代主义认为，案主是有主体意识的个体，他们有自己的想法、情感和需求。因此，后现代主义社会工作新视角反对将案主视为弱势群体或问题人群，而是关注案主的主体性和自我建构，尊重案主的差异性和多样性，鼓励他们主动参与解决问题的过程，发挥自己的潜能和创造力。

基于后现代主义以及建构视角所发展出的三个治疗方法主要有叙事疗法、女性主义疗法、寻解疗法，下面我们将对叙事疗法进行较为详细的介绍，并呈现一个以叙事疗法为理论基础的完整案例。

第三节　叙事疗法

一、叙事疗法的理论假设

叙事疗法是一种以故事作为治疗手段的个案工作模式，它通过重新编排和讲述自己的生命故事，帮助个体重新定义自己的人生经历，并从中获得新的意义和力量。叙事疗法的主要理论阐述者是麦克·怀特（Michael White）和大卫·爱普斯顿（David Epston）。

叙事疗法认为，他人叙说的故事以及我们自己诉说的故事会对我们的生活造成影响。我们的经历并不会将故事真实全面地展现出来，而是故事创造了我们的"真实经历"，同时形塑了现实。叙事理论假设认为，叙说是人的天性，人们面临着两种现实：一种是客观现实，就如同环境中存在的实物；另一种是经验现实，即心理真实。心理真实比客观现实对我们的影响更大，也更重要。叙事是一个人组织自己的生活经验并对它不断赋予意义的过程。

故事是生命的画卷，人们都用它来展现自己的生命历程。在这一过程中，人们会过滤生活事件，这种过滤决定着哪些内容会进入我们的生活画卷，就如同画家决定着一幅画的布局以及描绘的色调一般。

人在经历事件的同时，也在不断地对其进行诠释。有些事件会凸显出来，人们会不断地在记忆中对它进行重构，很多事件都围绕着凸显事件不断地更迭、加工，与这些凸显事件相互协调，彼此佐证，由此构成了人生的主流故事。而那些和主流故事不一致甚至相互矛盾的事件，慢慢地被遗忘、蒙上了生命的灰尘，就如同画卷中的留白或是背景，这些被遗忘的部分，被称为替代故事。

叙事疗法聚焦于人们如何叙述自己的生命故事，并在现实生活中重现这些故事。人们的生活内容丰富，但是叙述的故事无法包括所有的故事，因而人们的生活经常被问题性的叙事方式所蒙蔽。个案工作者需要关注未进入主流故事中的替代故事，那些被忽略的生命中的重要时刻，或许是照亮服务对象暗淡生命的璀璨明珠。

二、叙事疗法的技术

叙事疗法需要个案工作者通过倾听、解构、寻找例外、重新命名、见证人、重新编排、写新故事、重建联系、培养自我关爱和接受不确定性等技术，帮助服务对象更好地理解和解决自己的问题，从而增强自尊感和深化自我认知，增强心理防御和适应能力。

第一，倾听是叙事疗法的基础。个案工作者要认真倾听服务对象的叙述，对服务对象存在的问题和感受给予充分地关注和理解。通过倾听，个案工作者可以了解服务对象的生命经历、问题形成的过程和他们的感受，为后续的干预提供基础。

第二，解构是叙事疗法的关键步骤之一。个案工作者帮助服务对象认识到自己的问题并非孤立存在，而是与他们的生活经历和环境密切相关。通过解构，个案工作者可以帮助服务对象从不同的角度看待自己的问题，从而更好地理解自己的困境。

第三，寻找例外是叙事疗法的重要技术之一。个案工作者帮助服务对象回忆过去的成功经历和美好时光，从中寻找解决问题的力量和方法。通过寻找例外，个案工作者可以激发服务对象的自信心和提高自我认知，进而促进他们的成长和发展。

第四，重新命名是叙事疗法中一种富有创造性的技术。通过帮助服务对象用新的词汇和概念来描述自己的问题和经历，从而改变他们对问题的看法和态度。通过重新命名，个案工作者可以改变服务对象的思维方式和心理状态，从而推动他们朝更积极的方向发展。

第五，见证人是叙事疗法中一种有效的技术。个案工作者邀请服务对象信任的人来参与治疗过程，让他们成为见证人，帮助服务对象更好地理解和解决自己的问题。通过见证人，个案工作者可以扩大服务对象的社会支持网络，增强他们的治疗效果。

第六，重新编排是叙事疗法中的核心技术之一。个案工作者帮助服务对象重新编排自己的故事，将问题融入他们的生活经历中，从而形成新的、积极的叙事。通过重新编排，可以改变服务对象的认知和情感状态，从而促进他们的个人成长和发展。

第七，写新故事是叙事疗法中一种具有创造性的技术。个案工作者通过鼓励服务对象写下新的故事，将问题和挑战融入故事中，从而形成积极向上的故事情节。通过写新故事，服务对象的创造力和想象力可以得到激发，并可在不断的新的叙说中去发现生命新的可能。

第八，重建联系是叙事疗法中一种重要的技术。个案工作者帮助服务对象重新建立与他人和社会的联系，增强他们的社交能力和社会支持网络。通过重建联系，可以促进服务对象的社交发展和心理适应能力，并最终提高他们的生活质量。

第九，培养自我关爱是叙事疗法中的重要目标之一。通过帮助服务对象学会自我关爱和自我照顾，提高他们的自我认知和增强自尊心。通过培养自我关爱，可以增强服务对象的心理防御能力和适应变化的能力，避免问题再次陷入无所适从的境地。

第十，接受不确定性是叙事疗法中的重要理念之一。个案工作者帮助服务对象接受自己的问题和经历的不确定性，从而更好地应对生活中的挑战和变化。通过接受不确定性，可以培养服务对象的适应能力和应变能力。

总之，叙事疗法的这些技术为个案工作者提供了有效的工具和方法，帮助他们更好地理解和解决服务对象的问题。通过这些技术，个案工作者可以激发服务对象的内在力量和积极因素，促进他们的个人成长和发展，并可显著提高他们的生活质量。

三、叙事疗法在青少年个案社会工作中的运用

在青少年个案社会工作中，叙事疗法是一种有效的干预方法。它通过关注青少年的故事，帮助他们重新审视和解读成长过程中的问题，激发他们的内在力量，促进个人成长和发展。

叙事疗法在青少年个案社会工作中的运用可以通过以下五个步骤进行。

第一，建立信任关系。社工需要与青少年建立信任关系，让他们感到被接纳和理解。通过聆听青少年的故事，社工可以更好地了解他们的经历、感受和需求。

第二，问题外化。叙事疗法强调将问题外化，将问题看作是独立于青少年个体存在的。通过引导青少年从不同的角度看待问题，社工可以帮助他们意识到问题的存在并不代表他们是问题本身。

第三，寻找积极的资源。叙事疗法关注青少年个体内在的积极资源和力

量。社工可以通过引导青少年回忆过去的成功经历、探索自己的兴趣爱好、寻找他人的支持等方式，帮助他们发现自己的优点和潜力。

第四，重新编排故事。叙事疗法强调重新编排故事，将问题融入青少年的生活经历中，从而形成新的、积极的叙事。社工可以通过引导青少年思考自己的未来，让他们与问题保持距离，去拥抱生命的丰富与无限可能。

第五，鼓励反思和总结。在干预结束后，社工可以与青少年一起回顾整个过程，巩固已经取得的治疗成效。

叙事疗法在青少年个案社会工作中的运用可以给青少年个人带来多层面的优势。

第一，增强青少年的自尊心和自信心。叙事疗法可以帮助青少年重新审视自己的经历和问题，让他们发现自己的优点和潜力，从而增强他们的自尊心和自信心。

第二，促进家庭和社会支持。叙事疗法强调家庭和社会支持的重要性。通过引导青少年与家人和朋友进行积极的沟通交流，可以增强家庭和社会对他们的理解和支持。

第三，增强青少年的抗逆能力。叙事疗法可以帮助青少年以积极的角度看待挫折和困难，培养他们的抗逆能力和应对压力的技巧。

第四，增强青少年的参与和合作意识。叙事疗法通过社工与青少年一对一、面对面的沟通，使青少年参与到干预过程中，可以增强他们的参与度和合作性，还可提升干预效果。

第五，减少青少年的心理困扰。叙事疗法可以帮助青少年从不同的角度和层面重新审视和解读自己的问题，从而减轻他们的心理困扰和缓解焦虑情绪。

总之，叙事疗法在青少年个案社会工作中具有广泛的应用价值，可以帮助青少年积极面对并且解决成长过程中出现的问题，促进他们的健康成长和发展。

【案例分析】

案例 4.1 青少年个案工作实务——叙事疗法案例

一、案主（贝贝）的资料与现有问题及其历史

贝贝的基本资料：年龄 25 岁；女性；已婚状态；社会经济地位属于中产阶层，生活条件较好；大学本科毕业，小学教育专业；穿着简朴、身材微胖；在交流的过程中不断地摆弄自己的衣服并且尽量避免与他人有目光接触，说话时语速很快；平时与丈夫（小程，33 岁）一起生活。

贝贝现在存在的问题：案主目前似乎对所有的事都不满意。她认为她的生活总是一成不变，当时间在不经意间流逝，23 岁以后她出现了恐慌；近两年时间躯体化的症状一直困扰着她，其中包括入睡困难和睡眠浅等睡眠紊乱症状，同时，她还饱受焦虑、头晕、心悸以及不时的头疼之苦，因此她经常强迫自己走出家门到外面走走逛逛；案主提及，自己的泪点很低，常常因为一些鸡毛蒜皮的小事而痛哭流涕，觉得自己可能得了抑郁症；案主存在一定的身材焦虑，她觉得自己的体重超重。

贝贝现有问题的历史：现阶段，案主的主要工作是家庭主妇。最近她利用闲暇时间努力学习以获得小学教师职业资格证书。她意识到在和他人接触的过程中，总是给自己套上沉重的枷锁，以此限制自己的行为。例如，在家庭中她在意自己在成为一位贤惠的妻子以后是否也可以成为称职的母亲。她深感家庭对她的依赖，这使她无法追求自己的理想生活。她不明白自己所谓的理想生活对家庭的意义，但是自己又不甘心一辈子仅仅局限于家庭主妇这一角色。她感到非常迷茫，目前除了妻子和未来母亲的角色外，她找不到自己其他的定位。当她决定改变时却不知道自己真正想要的是什么，于是，只好不断地扮演着照顾者的角色，通过满足别人的需求证明自己存在的意义。

为此,她来寻求个案工作者的帮助。

贝贝自述,无数个失眠的夜晚,令她感到惊慌失措,呼吸困难、心跳加速。她尽量地使自己放松,但是放松的想法反而让她感到更加紧张与焦虑,大脑中充斥着各种纷乱的思绪,使她无法平静。由此导致第二天精神恍惚,没有动力,甚至会莫名其妙地哭泣。

她认为自己每天像行尸走肉一般过着按部就班的生活,每天都围绕着家人。目前,她渴望作出改变,但不知该如何选择改变的方向。因此,在未来没有定论的时候,她时常怀疑自己是否有权利去追求自己真正想要的生活,也担心未来即使做出了改变,仍可能面临很多问题。

虽然目前贝贝还没有孩子,但是她已经开始为孩子的成长和未来感到担忧。她担心随着孩子渐渐长大,会花更多的时间与伙伴们在一起,而待在家里的时间越来越少。她担心孩子会离她越来越远,最终会失去她。对于如何和日益成长的孩子相处,她也充满了忧虑。

贝贝对于自己的未来,暂时尚未有明确的规划。虽然她对一切都不满意,但是希望可以作出改变。她的情绪在不满现状和恐惧未来中不断徘徊。贝贝日益严重的身体症状和焦虑感以及对以上问题的困惑使她下定决心来咨询。

贝贝心理社会方面的历史:贝贝是家中的长女,母亲的工作就是在家照顾孩子们,父亲是一个严肃、不苟言笑且专制的老师,对于父亲的指令,需要无条件地服务和遵守。贝贝认为母亲是一位吹毛求疵的人,无论贝贝做什么,好像永远都无法获得母亲的赞赏与认同,很少展现出对贝贝的支持。整个家庭氛围似乎都是冷淡、充满隔阂、压抑的,缺少亲情的温暖。贝贝很多时候扮演照顾弟弟妹妹的角色,这是她能想到为数不多取悦父母的有效方式。

贝贝说,想玩耍时,父亲总是不允许,并且以各种理由加以限制。当她回想起父亲对这件事的反应仍令她感到困惑和羞愧。她回忆说,她当时正和一个八岁的小男生玩过家家的游戏，恰好被父亲当场撞见，在父亲狠狠训斥她以后，一个月不与贝贝说话。"我不知道自己到底做错了什么，但我依然觉得内疚和羞愧。"贝贝低着头小声说道。

贝贝似乎在交友方面存在一定的障碍，即使交到了朋友，也不懂得如何维持友情。因此，她觉得自己在其他人眼里是一个孤僻的人，觉得自己是一个不合群的、不受欢迎的人。然而，她自己却无比期待与别人友好地交往，获得别人的认可和接纳。

直到她 22 岁大学毕业之后，她和自己的第一个相亲对象步入了婚姻的殿堂。婚后，丈夫以自己工作繁忙，需要经常出差为由，要求贝贝成为全职太太。

二、初步预估

（一）适应障碍

适应障碍是一种心理健康问题，它通常是由于人们面对无法适应的生活现状、改变或失落等心理，感到压力时而引发的躯体和情绪问题。有些压力来源于正常的生活事件，如升学、初为人父母、子女长大搬离家庭、未能实现事业目标等。个案工作者初步预估贝贝存在着适应障碍，同时伴随着焦虑。这种焦虑主要表现为对未发生的事情感到恐惧、紧张和不安。

（二）惊恐障碍

惊恐障碍是主要以惊恐发作并影响到生活的躯体性障碍的心理性疾病。在某些情况下会出现突然的惊恐发作，感到自己的生命受到了威胁，并伴有心率加快、出汗、呼吸急促等身体症状。就贝贝主诉的各种症状，如四肢发抖、呼吸困难、心跳加速并伴随阵阵绞痛、身体发热和出汗，出现躯体性障碍的特征，并意识到自己的身体不适但是无法控制，害怕出现不幸等躯体性表现都指向了她存在这种障碍。

（三）抑郁症

抑郁症是一种以长期性或者周期性显著的心情低落、兴趣索然为主要表现的精神障碍疾病，病程迁延。抑郁症一般很难痊愈，抑郁症终身患病率为6.87%左右。在不加以干预和治疗的情况下，患者偶尔会对生活产生积极的想法，但是患者下一次抑郁的时间会延长，如此循环，直至重度抑郁，甚至自杀。患者常常感到悲观、无助、绝望，失去对生活的兴趣和热情，一般不随着环境的变化而变化。抑郁症的症状包括：情绪低落，患者感到心情沮丧、压抑、无精打采，对日常生活失去兴趣和快乐；自我评价下降，患者对自己的能力和价值感到怀疑和否定，认为自己毫无意义或不配得到任何美好的事物；活力减退；患者感到身体和精神上的能量明显下降，难以完成日常任务；睡眠障碍，患者可能会出现失眠或过度睡眠的情况。

（四）自我认同感低

自我认同感是指个体对自己身份、价值、能力和特点的认知和认同程度。当自我认同感低时，个体容易感到自卑、无助和缺乏自信，从而影响个人的心理健康和人际关系。贝贝的问题符合自我认同感低的标准。主要表现为：缺乏长远目标，对自己的未来感到迷茫和无助，只是被动地接受生活的安排，缺乏积极性和自我意识；缺乏自信，怀疑自己的能力并否定自己的价值，不敢表达自己的观点和想法，容易被人牵着鼻子走，缺乏独立思考和自主决策的能力；存在社交障碍，自我认同感低的人在与人交往时容易产生紧张、不安和回避行为，通常难以建立良好的人际关系，甚至会因为自卑而避免与他人接触；情绪不稳定，自我认同感低的人容易受到外界刺激而产生消极情绪，情绪起伏波动大。

贝贝除了对自己的工作选择、交友模式、未来目标充满不确定感，还存在焦虑和抑郁情绪，并受到这种自我认同感低下感受的困扰，就如同贝贝经常问自己的一样："我到底是谁？"

三、分析过程和解决步骤

（一）讲述以问题为中心的故事

贝贝以故事的形式描述自己现阶段面对的问题，包括自我认知的模糊，抑郁和焦虑的感受，自我认同感低，等等。即使贝贝依然担心自己的惊恐症状偶尔发作以及身体超重的问题，但是她觉得身体塑型的相关课程帮助她减少了惊恐发作产生的频次并且有效地控制了体重。贝贝提出了具体的需求——虽然她不想进行专门的婚姻咨询与治疗，但是她还是希望能从个案工作者那里得到关于她和丈夫之间婚姻问题的确定答案。她最大的愿望是，明确自己的选择，是应该尝试着挽救自己的婚姻还是尽早离开自己的丈夫。

在叙事治疗过程中，贝贝询问了一系列问题，并且和个案工作者分享了她的经历。在此之前，她从未想过她会提出这些问题。她认为与他人探讨对婚姻的疑惑、对自己和丈夫之间是否依然相爱的不确定感以及婚姻中的一些矛盾可能会让自己的丈夫非常不满和生气，所以她需要别人来对自己的这些行为进行背书或是定性以确保自己的行为不是出于邪恶的目的或是某种程度的背叛。

贝贝：我很难相信我会把自己对于未来的想法告诉你，这件事对我来说意义重大。

工作者：我很欣赏你的勇气，能讲出来自己的想法非常不容易，我想请你再详细地讲讲，好吗？

贝贝：好的，无论怎样，我想自己都会嫁给自己现在的丈夫的，虽然有些不愉快的时光。我努力地面对真实的自己，面对自己的情绪变化，接纳并分析变化的原因。我想要改变目前一成不变的生活，当我想到未来多年可能依旧如此，我便感到焦虑不安，心跳加速。在这之前，出于对父亲、丈夫批评的恐惧，我一直不敢正视自己想离开丈夫的想法，只是想浑浑噩噩地凑合着维持这段婚姻，毕竟很多人也和我一样，日子总是会过下去的。

工作者：贝贝，向我描述一下你现在的生活，并说说它是怎样一步步变成现在这样的（要求她讲述以问题为中心的故事）。

贝贝讲述了自己内心的失望与不满。她表示丈夫对于她急切地想要获得教师资格证书似乎并没有什么异议，但是丈夫对于她想要追求个人职业兴趣或是成就却有些不满，认为这样会分散她照顾家庭的精力。贝贝无法告知丈夫自己的孤独与失落，有时她会沉浸在想象中，想象自己此时正在过着与现在截然不同的生活。即使她内心面对着无法诉说的煎熬，却害怕作出改变。她担心一旦作出改变，情况会变得越来越糟，至少保持现状是安全的。

个案工作者要求贝贝讲述和丈夫之间的全部故事，从他们第一次见面时谈起。她描述了自己和丈夫第一次陷入爱河时那种令人心动的快乐，以及和丈夫在一起时所感受到的真切且深沉的安全感。当时她觉得丈夫强壮、自信以及体贴入微，可以使她免受各种伤害。在结婚初期，他们一直和谐相处。然而，近两三年来，他们的关系开始慢慢恶化。她总是敏感地察觉到丈夫不重视她的意见和想法，好像没把她当回事儿。贝贝觉得自己就是全能的保姆，身兼多职：司机、女佣、厨师、理财师以及看护员的角色，她无法向自己的丈夫吐露自己的孤独、不满和深深的绝望感。

工作者：你认为是什么阻止了你向丈夫吐露你现在的感受？

贝贝：我真的不知道。可能是我一直都担心一旦向别人吐露自己真实的想法和感受，我的生活立马就会像纸糊的房子一样，瞬间坍塌。

工作者：我感觉到你内心的恐惧和害怕就像扼制你喉咙的无形大手，它阻止了你对丈夫说出你的真实感受。这种状况持续多长时间了？（开始引导进行客观化的对话过程）

贝贝：当我产生要表达自己情绪和感受的想法时，我会为此感到紧张和不安，这种感觉可能在我小时候就已悄然生根。

贝贝还和个案工作者详细谈论了她因为恐惧而最终选择沉默的其他情形。个案工作者下一阶段准备和贝贝探讨她和恐惧之间的关系。

（二）探索问题性叙述对生活造成的影响

个案工作者和贝贝一起探讨了面对恐惧情绪时，选择沉默将对她的生活产生的影响。选择沉默时会影响她的身体健康、人际交往、职业的选择以及工作状态、心理健康、处理情绪的能力等。这有助于个案工作者和贝贝都认识到这些问题对贝贝的生活以及在选择时产生的困扰。

贝贝还谈到了追求教师职业所感到的恐惧，这使她中止了为追求教师职业而必需的新的社会交往准备活动。她希望能和孩子更好地相处，但是她发现自己无法和丈夫谈论对于生活的真正感受，因此，她的不满与孤独日益累积。

贝贝：现状实在太糟糕了！

工作者：你谈到了自己的恐惧、沉默、抑郁、焦虑等各种感受，你认为你所经历的事情和你的情绪之间存在着什么样的联系？（探寻与问题性故事

相关的事件和情节）

贝贝：如果要自己坦然地讲述自己的现状，我就必然会有这种感受，这是确定无疑的。

工作者：贝贝，现在我们来看看向丈夫讲述你的现状所带来的恐惧有多大，假设 10 分是满分，表示恐惧最大，你觉得自己可以打几分？（探讨问题造成的更深层次的影响）

贝贝：我想大概在 8 ～ 10 分，因为我是如此悲伤与难过，他竟然一点儿都没有感觉到。只要一有这个想法，我满脑子都是最糟糕的事情。

（三）决定创建替代性的叙述

在这个阶段，个案工作者和贝贝一起探讨并努力创建一个替代故事。

工作者：贝贝，在你的叙述中，恐惧似乎控制了你的一切。既然它对你的影响是如此巨大，那你是否准备好了去改变这种现状呢？

贝贝：我知道恐惧是我生活的拦路虎，它几乎遏制了我的一切希望，我不愿让恐惧继续阻挡我的生活。然而，目前我却无法立刻做到毫无保留地敞开心扉，这超出我预想的进度了。

工作者：你希望循序渐进地面对自己的恐惧并且逐渐表述自己的想法，是吗？

贝贝：是的。

（四）理解广泛存在的约束

贝贝希望自己以后不仅仅只是承担作为妻子和母亲的责任，但是对以后不确定的身份改变会感到焦虑。她希望通过心理咨询来缓解恐惧和焦虑的情绪。因此个案工作者试图通过谈话交流的方式引导她叙述导致她产生恐惧和焦虑的以往事件。她依然记得小时候渴望快乐、追求自由的心情，但是家人责骂自己的情形仍历历在目，只是因为自己没有尽到照顾他人的责任。

工作者：贝贝，关于如何成为一名女性、妻子、母亲，你的经验来自哪里？

贝贝：我不太清楚，在你提问之前我从未思考过这个问题。

工作者：你是如何觉得自己应该去照顾别人，同时将自己的需要置于他人之后，甚至要牺牲自己去成全别人，你是从哪里学到的？

贝贝：我应该是模仿我父母的教育方式以及他们的相处方式（现在依然如此）。

工作者：你是否会认为你现阶段作为妻子或者母亲的行为方式是模仿你的母亲？

贝贝：但是我母亲从来都没有想过要出去工作或是学习，在这一点上，我和我母亲并不相同，因此我不确定我是否在学习我母亲的生活方式，我从来都没有想过这个问题。

工作者：这确实是你们之间的不同之处，你认为你们的相同之处是什么？

贝贝：我从我母亲的身上看到中国传统女性的身影，她始终认为女人就应该在家里照看孩子，照顾丈夫。丈夫是整个家庭的顶梁柱，是家庭收入的来源与保障，当然，也应该是家庭的保护者。

工作者：你接纳了多少母亲教授给你的观念？

贝贝：在早些年，母亲一直都是我生活的楷模，我在生活中也一直扮演着和她一样的角色。以前，我认同这种行为，但是当我想要作出改变时，我发现这已成为一个难题。但我又为自己有这种自私的想法而感到痛恨和内疚。当丈夫没有察觉到我内心的无助，并且在我需要他的时候没有给我应有的支持时，我又会对自己、对丈夫充满了怨恨，我深知自己并不满意现在的生活，可我又没有勇气作出改变。我变得越来越困惑，最终陷入抑郁之中。

工作者：你回想一下，你的思考能力、感知力和行动力受到生活哪些方面的影响和强化？

贝贝：我父亲一直不支持我去追求自己的职业生涯，我所做的所有努力他都视若无睹。我母亲认为，如果这样做，就无法很好地去照顾家庭，这样会让我失去作为一个妻子和母亲的角色。所以当我想要继续我自己的职业追求，并且尝试拓展新的交际圈子时，会觉得自己的愿望显得多么的荒谬可笑和虚无缥缈。

随着贝贝不断地叙述自己的过往经历，个案工作者和贝贝逐渐意识到家庭环境和传统文化对贝贝的思维逻辑以及行为方式的塑造，并且形塑贝贝遇到事情时的下意识反应。工作者为消解贝贝内心产生的焦虑、紧张、压抑以及抑郁等情绪，需要和贝贝一起打破她原来的行为逻辑，解构她原有的文化观念。他们一起界定了影响贝贝女性社会身份地位的一系列文化观点：

一位女性只有为他人服务，才会受人尊敬。
一位女性一味地满足自己快乐愉悦的需要，那么在社会中是没有价值的。
一位女性的职责是照顾丈夫和孩子的生活起居。
一位女性的快乐和满足来自丈夫的成就。
一位女性只能成为丈夫的贤内助，并且不计代价。
一位女性需要想尽一切办法满足丈夫的需求，暂且搁置自己的职业追求。

贝贝无比坚定地认为这些文化观点是她丈夫一直以来所坚持的信念，或许也是她给自己的束缚。

工作者：贝贝，这些观点一直在规定你应该怎样生活，你在践行这些文化观点的时候，你是否能发现这些观点和你的恐惧、焦虑感受之间的关系呢？

贝贝：我想他们之间存在一定的联系。我从来都没有去思考过这些观点是否正确，因为这些观点先我而存在，很多人和我一样，一开始的时候并不觉得这有问题。直到最近我开始认真地思考这些观念的合理性，以往我根据这些观点安排生活，照顾家人，但是在其中我却忽略了最需要照顾的人——我自己，因此我现在迫切地渴望找到一种能够平衡好照顾家人和遵从自我之间最合理的方法。

工作者：在你获得方法和建议之前，请思考你愿意为打破这些文化观点做出怎样的努力？

贝贝：我一直认为自己是个胆小的弱者，对于曾经所付出的努力，我已无明确的记忆，但我希望可以更加勇敢一些。

工作者：我将问一些关于你挑战他人的行为，请勇敢地探寻你内心真正拥有的能力。

贝贝：好的，但是我实在难以回忆起我曾做过哪些勇敢的事情。

（五）创建替代性的故事

从这里开始，由讲述"以问题为中心的故事"转而叙述"更好的故事"。

工作者：贝贝，对于你富有勇气地去挑战那些限制你生活感受方面的经历我很有兴趣，也许只是你自己没有意识到而已。在我看来，当你积极地分享你对生活的观察时，其实就已经在掌握自己的生活了。例如，你是怎么想起要来咨询的？

贝贝：什么意思？请表述得更加清楚一些。

工作者：嗯，如果你知道你将以一种新的方式去审视自己的生活，这会不会让你觉得有点惊慌？

贝贝：对，对于治疗过程会怎样发展，我确实心存疑虑。我在想，如果探索的结果让我自己觉得厌恶，那我该怎么办呢？

工作者：一直以来你都深受恐惧的困扰，可是如今你选择向我寻求治疗，并且能坦诚地敞开心扉，不是吗？（识别独特的结果）

贝贝：是的，因为我深感绝望，若继续无作为，恐怕我会陷入疯狂的境地。这并非我所愿，实在是无奈之举。

工作者：请问你是如何决定和我坦诚地讲述你自己的绝望生活并且正视这个问题的呢？（另辟蹊径的表达方式的问题）

贝贝：下决定的思维过程我现在已有些模糊，只记得当时心里的唯一一个念头是：我不能继续这样生活下去了。

工作者：请你闭着眼睛试想一下这个情景，面对即将改变的生活和身份转变的不确定性，你会说什么？你认为自己可以做到吗？

贝贝：我想象不到会发生什么样的改变，也不确定自己是否能变得更好。但是面对改变时我应该只会说需要作出改变了，不能再像以前那样生活了。

工作者：很好，根据你的回答，我感到你已经做好了改变的准备，并且将会带着勇气战胜内心的恐惧。

贝贝：或许吧，应该是这样吧。

工作者：当你面对即将发生的不确定的改变时的态度，证明了你拥有勇气。最初，你认为你的恐惧处于 8～10 分，并且无法战胜，你现在还是这么认为的吗？

贝贝：是的。

工作者：为了能够更深入地思考问题的所在，你回想一下曾经是否将自己的感受向丈夫倾诉过，即使简单地表达自己细微的情绪感受。

贝贝：坦率地说，我认为丈夫对我的这些感受大多数时候都毫无兴趣。

工作者：你能否从最近找到一个例子，你毫无畏惧地将你自己强烈的情绪传递给你的丈夫。请仔细思考下，有这样的经历吗？

贝贝：嗯，上周的时候应该算是一个吧。当时我因为非常疲惫，没有什么食欲，虽然我没有明说，但我想他能够领会我的意图：希望你能帮帮我。

工作者：你把这些信息告诉他时，当时你感觉怎么样？

贝贝：感觉内心比较轻松，但是和平时并无二致。

工作者：当你表达自己的想法时，你感觉多少情绪是你自己可以控制的？什么时候受到恐惧的支配？

贝贝：我们日常交流的时候，自我感觉比较自信。如果话题涉及表达我的情绪以及我们的婚姻关系时，会感到恐惧和不安。

工作者：如果给当时那种情绪打分，你会打多少分？

贝贝：我想 3 分左右。

工作者：虽然最初恐惧的心理占据你情绪的绝大部分，但是通过你的讲述以及我们的对谈能够感受你仍然很期待自己未来的生活发生改变。如果你愿意并且相信你自己，请坦诚地、真挚地、毫无保留地讲述你的故事、表达你的想法，这将有助于深刻地理解自己。

（六）发展替代性的故事

通过贝贝的叙事，个案工作者在治疗的过程中观察到她所展现出的勇气、自主能动性，以及她勇敢面对不确定的生活、期望摆脱恐惧情绪对日常生活的束缚等一系列往事。个案工作者和贝贝的最终探寻结果恰恰凸显了贝贝面对恐惧时展现出的独具一格的勇气：决心努力成为一名老师、勇于讲述自己玩过家家游戏时被父亲责骂的往事、积极承担起照顾兄弟姐妹的责任，以及对于自己生活与未来的思考等。

个案工作者和贝贝一起回顾了她在家庭生活中的职责表现——照顾家庭，努力维护婚姻，并且肯定了她追求幸福生活的决心和能力。为了强化勇敢、自主和追求幸福生活的故事给贝贝带来的正向反馈，个案工作者与贝贝一起回顾她最近的"勇敢事件"，并且与贝贝早期记忆中的其他具有类似特征的事件结合起来。这些想法使她感到振奋，并使她确信自己实际上拥有更大的能力。

个案工作者与贝贝不能只停留在叙述方式的转变，还需要考虑这些行为如何塑造贝贝的自我认同感以及对贝贝今后发展的影响。个案工作者希望能帮贝贝经常复习这样的叙事方式以更好地理解自身，因此个案工作者继续询问了一些具有独特叙事方式的问题以便进一步深化和细化这些故事的情节和内容。

工作者：贝贝，我们已经一起回顾了你在面对问题时所展现出的勇气，其实这样的经历并不少。那么，你会怎样去解释这些以往的经历呢？（独特的叙述方式的问题）

贝贝：当我发现自己原来在生活中也曾经表现出这些勇气时，说实话，我有点震惊。将这些经历串联在一起并努力去寻求其中的意义，这个过程所带来的效果令我感到惊讶。

工作者：那这些对你的帮助主要有哪些？

贝贝：它们能证明我有时还是很有勇气的。

工作者：这样来描述你自己，你喜欢吗？

贝贝：我喜欢，但感觉还是有点儿不太自然。我想只是因为我还没习惯这样叙述我自己吧，以后会习惯的。

工作者：我想你一定会的。

贝贝：是的，我也相信我会的。

工作者：你会如何命名你那些富有勇气的事件呢？（使替代性的故事具体化）

贝贝：这好像有点儿难，说实话，在这方面我没有什么经验。

工作者：如果给这些故事起个名字，这些故事对你而言将更加具有现实意义，我们一起来给它们起个名字吧。

他们斟酌了半天，最终找到了一个适合的题目"蜕变"。随后，工作者又和贝贝一起探讨了这种重新描述问题的作用。

工作者：现在我们想象一下，这个时候你感知到自己已拥有勇气，在你计划去向丈夫吐露自己真实感受时它有什么用处呢？

贝贝：这一定会有所帮助，虽然我还是会感觉到恐惧，但是我也想真实地面对自己和丈夫。我想我已经准备好去面对他，我们经常专注于争论，当然，最终总是以我被责备而结束。这会让我觉得自己又犯了错，因此经常觉得内疚。对于我们的婚姻是否能够重拾温暖——就像刚开始时那样，我并不抱有太大的希望。

（七）寻找听众

他们一起探讨了为贝贝"蜕变"的故事找到潜在听众的可能性，若能顺利找到，贝贝就可以更加彻底地接纳这个她喜欢的故事了。家人总是希望家庭成员能更加幸福、快乐、生活地富有意义，从这个角度讲，贝贝的家人极有可能接受和欣赏贝贝的改变——自信、坚定、敢于探索和表里如一。现阶段，贝贝急需在生活中找到一位认可她的想法，鼓励她的行动，看到她的努力，真诚地为她提供情绪价值的人。这件事情对贝贝的影响更加明显，也更加切实可行。

工作者：到现在为止，你已经有所改变了，就像我们的"蜕变故事"一样。据你所知，你生活中哪个人会毫不惊讶于你的改变？就是当那个人听到这整个改变过程的故事，他会说："我对于贝贝的改变一点儿都不惊讶，其实她一直都是一个充满勇气与反思的人，也善于改变。"

贝贝：我想，我的外祖母会是那个唯一的人，她不会惊异于我的改变过程和我的故事。

工作者：你认为，若她此刻就坐在你身旁，看到此情此景，她会怎么说？

贝贝：我想可能是："贝贝，早该如此，恭喜你做到了。只要你相信自己，一切都会好的，要一直对自己有信心，我会一直支持你。"

工作者：听到这话时，当下你的感受如何？

贝贝：我感到有极强的动力支撑着我，鼓励我不断相信自己努力的方向。

在那之后，他们讨论了贝贝生活中的很多朋友、家人或者邻居，并且猜测那些人面对同样的情景，听到同样的对话，他们各自会有怎样的反应和看法。在这些人中，贝贝希望能够开诚布公地与自己的两个好朋友讨论自己和丈夫之间的关系，希望这两个朋友能够给自己未来的转变提供信念支撑。

（八）未来的挑战

在后续的治疗中，个案工作者和贝贝还经常回到那些引发贝贝焦虑、抑郁的传统文化观点上来。贝贝逐渐明白了自己并不是问题的根源，问题本身才是问题，而问题来源于生活中存在的很多根深蒂固的文化观点的冲突，这些冲突对于男性和女性来说，影响是不同的。

也正是在这一刻，贝贝突然想到丈夫并不是刻意与自己过不去，他也只是现实文化观点的遵从者。然而，目前只有贝贝自己意识到这些观点的影响，而丈夫对此却毫无察觉。因而，她面对和丈夫相处时出现的问题不再感到焦虑和失控，因为她明白这些问题并非源于她个人。

（九）结束对贝贝的个案工作

贝贝已经完全改变了对自己的看法，面对未来也不再感到迷茫。她已经意识到，自己具备坦诚而开放地表达自己的需求和感受的能力。对于在未来一段时间该做什么以及怎样去做有了一定的规划，曾经一直困扰她的恐惧情绪也有了一定程度的改善，或者说发生了某种质的变化，对自己的未来也充满了更多的自信。当然，贝贝需要走的路还很漫长。

对于贝贝和丈夫之间的婚姻是否应该继续，个案工作者无法给出具体而明确的答案，也不适合给出答案，这个问题需要贝贝自己进行探索。贝贝坚信如果自己能够坚持打破传统的文化观点，转变自己的身份认同，那么她将不会迷失在探寻亲密关系对自己、丈夫以及家庭的意义之中。贝贝意识到，和孩子的关系依然是比较棘手的问题，而和父亲之间的关系更是旷日持久的较量，但她现在已经具备了应对父亲各种反应的能力，哪怕是面对父亲的指责和批评，她也能从容应对。"勇敢故事"让贝贝真切地意识到"自我"的身份，以及对这个身份有了更深的认同感——勇敢的贝贝。鉴于这次治疗的效果，贝贝希望在未来的治疗过程中可以完成婚姻治疗，深入探索婚姻问题的关键所在，并优化家庭关系。她渴望能够与孩子建立起更加亲密且彼此尊重的亲子关系。同时，她希望可以缓解自己的身材焦虑问题。

在叙事疗法的过程中，贝贝与个案工作者逐渐建立了牢固的信任关系。贝贝由最初的有所顾虑到最后的开诚布公，不仅是对个案工作者的信任，也表现出她个人的自信和勇敢。她意识到自己面临的很多问题并非完全源于她个人的不足或心理机制的失调，在更大的程度上是文化观点在她身上起冲突的结果。在进入下一阶段治疗时，她将外化自身的问题作为文化观点冲突的结果，并将对这些冲突发起挑战。也许很多问题都无法有完整的答案，但是贝贝已经确信，无论未来会怎样，她都会有勇气和能力去应对。

第五章　青少年小组社会工作

　　小组社会工作针对有共同需要或者存在相同问题的团体，通过小组互动与设计方案活动，遵循社会工作的价值理念，秉持利他理念，坚持社会工作的尊重原则、个别化原则、保密原则、公益与风险原则、专业与创新原则以及社区自主与可持续原则等服务原则，运用专业的社会工作知识，采取恰当的应对策略和技巧，帮助在生活和学习中遇到困扰的青少年，缓解他们的焦虑和压抑情绪，调整他们的不适应和偏差行为，改变他们对事物的态度和观念，甚至可以帮助青少年消除不利的社会环境因素，让他们拥有更好的成长环境，最终帮助青少年摆脱困境，适应生活和学习，实现自我的成长。

第一节　青少年小组工作的理论取向

　　社会工作的理论建构自里士满于 1917 年出版的《社会诊断》(*Social Diagnosis*) 开始，标志着社会工作的现代化。早期社会工作没有学科内部的理论和体系的支持。基于《社会诊断》中指出用科学的方法诊断和帮助他人，社工在进行社会工作的过程中逐渐引入社会学、心理学相关的理论，并融合了系统理论和生态理论。社会生态系统理论作为系统理论的分支，在 20 世纪初，作为社会工作分析中的环境因素潜移默化地融入社会工作中。"人在情境中"这一理论范式最早由里士满和简·亚当斯 (Jane Addams) 于 20 世纪初推行。20 世纪 80 年代，随着社会工作对不同社会问题的关注与分析，"人在情境中"逐渐成为社会工作的主要实务原则。人们察觉到，在影响青少年发展的众多环境因素中，"人在情境中"是主要因素。青少年与环境之间是相辅相成，相互影响的关系，环境塑造青少年的成长变化，青少年的发展影响环境的变化情况。当环境为青少年提供促进其发展的资源时，青少年与环境之间产生正向互动关系，并且能够满足青少年的成长需求；当环境与青少年的发展之间存在问题时，那么青少年会感受到来自成长过程中的压力。因此，当青少年无法适应环境的变化时，不是青少年缺乏适应环境变化的能力，而是环境没有提供匹配青少年成长的条件，此时需要改变环境以达成与青少年之间的一种平衡关系。青少年生理的发展特点以及心理的变化特点存在一定的共性，因此社会工作中的社会生态系统理论的发展为社会工作提供更加宏观的、科学的依据和解决方法，并逐渐成为解决青少年群体普遍共存问题的主导理论取向。同时，社会生态系统理论的发展促进青少年小组工作理论与实务的研究发展。[①]

　　社会生态系统理论注重解决社会工作中的实际问题，充分展现了社会工作的实务性。该理论解决实际问题的同时融合抽象的系统理论，从宏观视角观察整个系统过程，而不是仅采用单向的、由果推因的逻辑思维方式。社会生态系统理论强调人的社会功能（交际功能、整合功能、导向功能、继承发展功能和自组织调节功能），认为问题的产生往往源于系统功能失调。其表现情况有三种：生存系统环境无法满足人的行为需求；人类的负面行为阻碍系统的变化；环境系统与人类发展没有建立紧密的联结，导致出现失衡的发展状态。社会生态系统理论需要社工具备处理个人以及小组社会工作的能力，并且及时给予个人或者小组成员思想观念的引导以及定时的反馈。当案主所

---

① Helen Northen, Roselle Kurland, *Social Work with Groups* (3th) (New York：Columbia University Press，2001), pp. 127–131.

处的社会生态环境与案主的能力一致时，案主将具有强大的自我调整和修复能力。遵循社会生态系统理论取向的小组社工坚信无论是个人、家庭、群体或者社区，每一个小组都是独立完整有机个体，影响要素之间相互吸引，相互作用，相辅相成。

小组以独立的个体存在于环境中，小组与其周围的环境，即外部条件、状态事物等也存在相互影响的关系。小组与周围的环境进行交流、整合、发展的过程中，环境影响小组的变化，小组的发展变化也会影响环境中要素，导致环境及其相关环境的改变，甚至影响社会系统的变迁。社会生态系统理论为解决青少年问题提供了一个全新的视角，它不再局限于青少年个体或青少年群体，而是将青少年群体扩展到青少年所处的原生家庭、人际关系以及社区交往中，为解决青少年实际问题带来极大的转变。这种理念理论模式将传统社会工作实务中强调"个人"以及"心理"转变为强调"人在情境中"这一概念，更加重视环境对人们的影响的重要性，以及社会层面的赋权。从社会生态系统理论来看，小组社会工作为青少年提供了"改变要素"，比如和谐的氛围、信息共享、角色承担、专业的指导、彼此的信任等。小组社会工作创造了一个近似真实的社会环境，青少年能够在其中找到机会，并在社工的引导下，能够运用自己的能力实现所期望的改变。

青少年是一个特殊的群体，基于其生理和心理发育的阶段特征，我们在应用社会工作理论的过程中要进行慎重地探讨。本章针对青少年小组工作理论的应用进行讨论。

需求理论是社工对青少年服务对象进行需求评估所依据的重要理论。马斯洛（Maslow）所创立的需求层次理论，描述了一般人在一般情况下的正常心理需求。受生理发育水平和认知能力、表达能力的影响，青少年被评估出的需求并不一定能够反映他们的真实情况。基于需求评估而设定的小组工作方案，自然也难以满足青少年的需求。经验表明，青少年是随着他们年龄的增长，认知和表达能力的提高，越来越能够清晰地表现出马斯洛所说的人从低级需求到高级需求的逐步升级。青少年年龄越小，他们的需求表达越是集中于较低层次；年龄越大，高层次的需求表达会变得丰富。青少年整个阶段都表现出一种特征，他们更容易被教育并压抑自己的低层次需要，表现出对高层次需要的强烈偏好。[①]在对青少年接受需求评估的过程中，受集体观念的影响，青少年表现出共性的高层次需求偏好，个性需求被有意无意地忽略了。青少年小组工作的方案设计，更多照顾了青少年困境的共性特征，忽视了青少年的个性需要，使得在工作中青少年的个人目标与小组目标发展不一致。青少年群体受表达自我需求能力的限制，部分青少年事务社工在整个评估的过程中处于主导地位，间接导致青少年案主表现出不友好、不配合的情绪出现。因此，青少年事务社工需要仔细倾听青少年案主的表达，尊重青少年案主的想法，理解青少年案主的需求，相信青少年案主的诉说，进而根据特定的诊断语言，通过提出自己的疑问进行评估，才能切实有效地解决青少年社会问题。反之，将违背社会工作"案主自决"的原则。

很多青少年小组社工倾向于运用自我理论来分析和解决问题。实际上，常用的心理学理论似乎都在暗示，我们可以从人们早期的经历，特别是挫折经历中，发现导致服务对象陷入困境的原因。因为这些早期的挫折经历，深藏在求助者的潜意识里。青少年的认知和行动能力有限，不能够对他们所遭遇的挫折采取有效的应对策略，这种模仿童年习惯的应对方式和早期的挫折经历一样，也深藏在青少年的潜意识里，只要采取手段，如反应性沟通中的自我反思技术，就能让青少年的潜意识浮现在意识层面，帮助求助者摆脱他所处的困境。[②]成年人更容易明确理解精神分析是匡正心理发展过程中的尚

---

① Clayton P. Alderfer, *Existence, Relatedness, and Growth: Human Needs in Organizational Settings* (New York: Free Press, 1972), p. 351.

② 叶浩生:《西方心理学的历史与体系》, 人民教育出版社, 2002, 第321—324 页。

未发育完全的部分，所以对于成年人的精神分析治疗的目标主要侧重于寻求本我①和超我②的一致。青少年对自我的探索处在初期阶段，尚未构建完整的自我身份认同，因此对青少年儿童的精神分析，会在一定程度上影响青少年的思维认知。在青春期时，青少年处于与客体（家庭）分离的阶段，青少年逐渐意识到自我，想要独立自主地面对和解决事情，但是由于经验不足，所以期待父母能够时近时远地给予支持和鼓励。如果在此阶段青少年义无反顾地付诸实践，并且顺利地处理和解决问题，那么会完成真正的个体化。反之，青少年实践的过程中，如果没有来自父母的指导，没有朋友的帮助，不断地受挫，孩子会产生焦虑和愧疚感。这种情绪状态会加剧他们在遇到困难时选择逃避的倾向，不利于自身个体化的发展。因为青少年没有成功发展个体化，进行客体分离，所以青少年经常会选择寻求父母的帮助，依赖他人，无法独立解决问题。在开展小组工作时，青少年并不能独立地参加小组，而是带着客体参与。青少年事务社工在深入探索青少年的心理发展状况时，致力于加速青少年内化道德规范、内化社会以及文化环境的价值观念的形成，促进青少年认识人格结构中的超我。但是在评估的过程中，青少年事务社工需要思考并平衡由精神分析激化的青少年的超我意识与青少年自我内化形成的超我意识之间的关系。理解青少年组员的超我内容，才能设计和分配好小组角色，帮助他们在角色中锻炼自我，发展社会功能。以往借助精神分析治疗青少年的经验显示，即使青少年事务社工有深厚的专业知识，灵活有针对性的治疗技巧，尊重理解的谈话态度，也只是在某种程度上缓解青少年的心理固着程度，无法彻底消除青少年案主在早期挫折情境中受焦虑情绪主导的行为逻辑，这一现象体现出精神分析在处理青少年社会工作过程中的局限性。另外，基于精神分析理论指导的社工服务，会受到青少年在心智组合上差异的影响，

---

① 本我，与生俱来的无意识的"动物性"行为。

② 超我，由内塑造的监督和控制自我道德规范，符合社会原则，通过不断内化达成无意识的行为。

使得工作的成效极易受个体影响。在青少年小组工作中，使用这些技术手段并非易事。首先，青少年事务社工需要了解动力心理学的知识，并且掌握娴熟的沟通技术，特别是潜意识沟通技术。其次，潜意识是人早期经历经过相当长时间沉淀下来的。青少年的人生阅历还很浅，年龄越小，他们的潜意识内容越稀薄，能够被青少年事务社工利用的内容越少。人类的心理认知结构从婴幼儿阶段便存在无意识的本我，随着成长过程中与周围环境的融合和规训，逐渐出现遵循社会规则，道德规范的自我。社会环境的制约作用是在潜移默化和日积月累形成的，而自我的形成是十分漫长的过程。虽然青少年常常处在焦虑状态中，但是在焦虑的驱使下，青少年的自我防御机制并没有那么强大。在小组工作的分享环节，社工常常过度解读了青少年的自我防御。[①]

在青少年小组工作中，人本主义和存在主义理论的应用也有很多需要注意的问题。人本主义心理学突出的特点是比较重视人的发展、成长和成熟，对技术较为轻视，认为人有自己痊愈的潜力，只是需要一个适宜的环境来激发，比如真诚和接纳。在实际的社会工作服务过程中，物质存在先于意义和价值，因此帮助服务对象需通过他们的角色身份，探索被他们自己忽略的价值，引导服务对象观察和感受生活中的爱以及发现挫折和苦难带来的生活意义，使服务对象更加具有责任心和理性地面对现实。青少年虽然也常常思考人类存在的意义和价值，但是他们对此并没有非常成熟的观点。因此，希望青少年在拥有比较理性的、成熟的意义和价值的基础上，通过自由选择和承担责任，实现青少年的改变，是有些困难的。在小组工作中，通过游戏、分享促使青少年意识觉醒，打破对虚假生活的幻想，从而正视他们真实存在的生活。在青少年社会工作的过程中，使青少年明白痛苦是生命中的必然存在，只有认识痛苦、正视痛苦、解决痛苦，才能够真正地成长。痛苦是成长的潜在来源，或者说是成长的催化剂，痛苦对人

---

① 梅兰妮·克莱因:《儿童精神分析》，林玉华译，世界图书出版公司，2016，第175—215页。

的生命具有指导性，需要社工有比较高的哲学修养和丰富的生活阅历。如果社工自身具备较强的哲学修养和丰富的人生阅历，那么在进行青少年社会工作的过程中，可以鼓励青少年直面生活中的困难，在面对选择时坚定自己的立场，通过参与、体验不同的生活方式获得生命的满足感。青少年经历的事情较少，心智尚未完全成熟，总结经验的能力有限，因此他们大多数时间难以接受成年人的智慧。人本主义和存在主义理论对青少年社工的更重要的意义在于它们提供了一套价值理念——尊重和接纳。因此，社工在对青少年进行帮助的过程中，需要理解青少年的角色定位——他们可能在社会中处于被压迫和排斥的角色。

社工在青少年小组工作中应用增能理论。增能理论认为，青少年长期由于社会环境的压迫以及宏观视角下的环境障碍，使他们难以较多地参与社会活动，而且在社会活动中难以维护自己的权益，因而有较多的负面体验和负面自我评价。但事实是，青少年一直是家庭、国家和社会关心爱护的对象，也许一些成年人的部分具体做法值得商榷，但是对青少年的态度、理念、政策方向的引导是正确的。青少年在生活学习中体验到很多压力，但并不意味着他们正在遭受社会压迫。青少年也不缺乏参与社会的机会，但青少年长期专注于文化知识的学习，参与社会的能力没有得到很好地锻炼和释放。因此，在青少年小组工作中应用增能理论有伦理价值风险。

总之，青少年小组社工在应用理论设计工作方案过程中，在科学理解理论原旨的基础上，一定要充分了解青少年的心理行为特征，将专业技巧与青少年在现实生活中的改变能力结合，才能有更好的帮助效果。

第二节　青少年小组工作的社会角色和工作方法

20世纪60年代末70年代初，社工开始从社会结构方面反思自己在社会工作中的角色定位，并发展出新的社会角色趋势。他们发现社会工作强调诊断治疗，注重提供实质性的社会服务，偏向于解决个人问题，忽略了造成这些问题的社会结构以及人们在寻求社会工作帮助时真正的需求。所以，新时代社会工作的社会角色出现两个新的发展趋势：其一，在临床治疗的过程中，注重人与环境关系的和谐，关注并解决环境因素对人产生的影响；其二，随着经济的发展，社会正义与经济之间的联系更加紧密。在这种社会环境中，人们更多地投入推动经济发展的社会工作中。[①] 随着社工发展趋势的变化，他们协助青少年利用其成长环境中存在的相关服务和资源，并且尽其所能协助青少年拓展新的成长资源，不仅帮助青少年产生自身成长和行为改变的意识，而且致力于改善青少年的成长环境，促进青少年与其所处的环境之间建立起和谐融洽的关系。比如，在增能理论的指导下，小组社工支持那些被剥夺资源的青少年实现互动、达成共识、采取行动，从所处的环境中获得并且攫取有利于自身成长的社会资源。另外，他们引导青少年行使参与制定青少年相关政策及法律的权利，使更多的青少年拥有良好的成长和发展环境。其中包括充满爱与关怀的家庭、团结的团体、和谐的社区以及公平正义的社会环境。青少年的健康成长不仅关乎他们个人的未来，而且有助于促进社会公平与正义的发展。

没有一种理论模型可以解决存在的所有问题，即使是处理同一类问题时，

---

① 赫普沃斯、罗纳德、拉森：《社会工作直接服务》，许临高译，洪叶文化事业有限公司，1999，第37页。

也需要根据实际情况"因时制宜"，而不是套入之前经验的理论模型中。[①] 在解决社会问题时避免只采用因果逻辑关系，导致最终由因索果产生先入为主的错误。20 世纪 70 年代以后，社工以更符合时代发展和环境变化的视角面对所有反贫困社会工作和推动社会公平正义的社会工作。社工运用全方位、专业性的工作方法和技巧，旨在促进政府扶持并实施针对贫困青少年、犯罪青少年以及有心理健康疾病的青少年的政策和计划。从一系列的工作结果中可以看出，综合运用各种方法和理论的工作效果，即整合方法比传统单一的方法更为有效。整合取向的青少年小组社会工作，包括个人成长发展过程中，与环境互动各个层面的系统认识。例如，由生理机能、心理认知、情绪表达与控制、行为动机的内在机制组成的个体层次系统；个人与他人进行互动交流过程中产生的关系与互动的人际层次系统，包括青少年在家庭中与父母亲或者其他家庭成员之间的关系，青少年在学校中与同学、老师之间的关系，青少年在社区群体中与朋友、邻居、社会组织之间的关系；青少年成长过程中存在的文化环境、经济环境、制度环境构成了个人层次系统中的环境层次系统。青少年小组工作主要在中观层次介入，对青少年的人际交往层面系统认识产生直接的影响和改变。有时青少年小组工作会根据青少年发展与社会环境之间的关系，采取宏观层面的介入，旨在促进维护和增加青少年权益的社会政策的制定，改善青少年成长的社会环境，协助青少年健康成长，营造良好的社会环境。青少年社会工作逐渐采用整合取向介入的工作方法，其立足点是青少年在发展的过程中的真实诉求与表达。

---

① 　赫普沃斯、罗纳德、拉森：《社会工作直接服务》，许临高译，洪叶文化事业有限公司，1999，第 158 页。

第三节　青少年小组工作类型

小组工作是相对中观的社会工作方法，因此在青少年社会工作中使用得更为普遍，但是由于不同的青少年小组有不同的工作目标及青少年存在个体差异，小组工作之间也存在一定的差异。小组工作展开的前提需要根据小组既定的任务，并且在小组工作结束之后确保任务完成，这是小组工作的意义所在。任务不同，采取的理论模式和社会工作方法自然也存在差异。因此，需要确定青少年小组工作的类型，以便探讨青少年小组工作者的相关理论以及实践服务的意义。常见的青少年小组工作的类型有成长小组、治疗小组、支持小组、社会行动小组和自助小组。笔者结合福州市中和社会工作中心提供的不同类型的社会工作介入经验，针对成长小组和治疗小组进行具体的案例分析和方案设计，为小组工作介入提供可实施策略建议。

一、成长小组

随着社会的发展，多数家庭的生活品质得到了显著提高，同时教育观念也得到了进一步提升。父母们不再满足于子女的文化课学习，而渐渐意识到子女自身发展的重要性。他们希望提高孩子的人际交往技巧，发展与他人沟通的能力，并且促进与他人的和谐关系，提升孩子的生活幸福感。他们希望孩子更好地认识自己，接纳自己，达到个人的自我成就。在校老师也发现，一些孩子的学习障碍源自他们的人格不成熟，不能控制自己的言行，不能够独自处理与同学的关系，不会忍受学业的辛苦而坚持学习。他们把孩子们送到社工中心接受帮助，根据问题和需求评估，很多孩子被安排参加了成长小组，旨在帮助他们促进个人发展和完善自我。

　　成长小组的目的是帮助青少年成功发展个体化，实现客体分离，从而促进青少年社会化功能的形成。青少年的社会化功能体现在独自适应群体，依靠自己的力量或者借助同辈的力量面对和解决挫折难题，勇于承担社会责任，能够独立参与社会实践活动，发挥个体在社会活动中的主观能动性。通过青少年事务社工对成长小组组员的引导，并且按照社会化功能的内容，将成长小组划分为两种形式。

　　一是自我认知小组。部分青少年群体在义务教育阶段以及高中阶段的学习生涯中，无法适应学习内容和学习方式的重大变化，也无法接受生活场景和人际关系的变化。很多青少年进入青春期以后，接触到多元价值观念，出现价值混乱。这些青少年在经历压力以后，不能从困境中摆脱，往往体验到严重的无力感。社工运用专业工作技巧，通过认真倾听，及时反馈，鼓励和信任青少年的表达，引导青少年明确自己成长过程中真正的需求和树立正确的价值观，通过培养自我反思和回观的意识，由内而外地重新梳理自己的认知路径，促使他们清晰地认识自己、客观地欣赏自己、全方位地接纳自己。

　　在自我认知小组中，当青少年事务社工涉及与评价青少年自我认同发展相关的议题，以及需要深入了解青少年关于个人价值的定义和社会角色定位时，会遭到来自青少年内在的抵抗和环境产生的阻碍。但是这并不影响社工在小组工作进行过程中持续觉察并关注青少年的自我认知。在小组工作的过程中，通过讨论青少年与环境互动的负反馈，解决其中存在的价值冲突，并且根据实际小组工作的情况，与组员决定是否需要调整小组目标。在实际的社会工作过程中，社工一方面利用自身所具有的专业知识与能力，整理有关青少年认知发展表现的知识，并通过经验帮助青少年改变自己的认知；另一方面，协助青少年更加了解自己所处的成长和生活环境的特点，明白环境与个人成长之间存在的一定的不协调。因此，青少年在达成目标的过程中需要利用环境中的资源，由环境提供一定的支持以及做出一些必要的改变。

二是增强技能小组。青少年群体在个人成长过程中需要掌握并灵活运用各种技能，因此在增强技能小组中，社工根据专业知识，运用恰当的方法，采取教育的手段，将相关知识与技能教授给所需要的青少年，协助他们在不同的社会关系中扮演恰当的角色，如学生、朋友、孩子、社会成员等。增强技能小组的工作一方面是帮助青少年做好适应新环境的准备，如帮助升入小学一年级的学生，或者转校生适应新的校园环境和社区环境；另一方面是协助在扮演自身角色的过程中遭遇困难和变故的青少年，进行有效的个人调整或者了解所处环境的本质关系，例如，父母离异家庭中青少年的人际关系处理，未完全进行客体分离的青少年的人际交往，进入大学之后无法合理安排和规划自己生活和社交的青少年。

社会性是人最主要、最根本的属性，人的社会属性是个体通过与他人和周围环境的互动而实现的。成长小组与其他青少年小组工作类型相比，采取预防取向功能的小组社会工作，不仅可有效地促进青少年实现社会化，而且有利于降低青少年失范行为产生的频率，减少不规范、无秩序的社会现象出现。如案例5.1中所展示的农村留守青少年自我认同困境小组工作。

【案例分析】

案例5.1　农村留守青少年自我认同困境小组工作 [①]

一、自我认同的需求评估

埃里克森的社会心理发展理论指出，青少年在建立同一性阶段通常会从六个方面进行自我思考从而构建自我认识。这六个方面包括：关注自身的体

---

① 材料由福州市中和社会工作中心提供。

貌特征、了解父母的期待、生活和学习中的成败经历、目前心理所处的状况、客观存在的环境条件、未来的期盼。通过问卷调查和个案访谈，了解到留守青少年的自我认同需要呈现以下特点。

第一，留守青少年对自己的体貌特征普遍不满意。部分留守青少年，低自尊、低自信，甚至出现自卑倾向。他们认为自己营养不足、缺乏卫生条件、没有经济能力去买更优质的衣服，是导致他们对自己体貌特征不满意的主要原因，对此，他们希望提升自我形象。

第二，多数留守青少年对自己的性格特征、兴趣爱好不是很了解，普遍没有将自己的兴趣转化为职业的想法。他们认为主要原因是，一方面，没有人引导他们观察和思考这些内容，另一方面，农村的社会环境也没有条件允许他们关注这些内容。他们需要探索自身的特质，拥有更清晰的生活和学习目标。

第三，留守青少年表示，当面对心理压力、青春期烦恼等心理困扰时，不能够及时从老师和父母那里得到答案。这些知识多半都是从朋辈那里得到的，他们自己也并不明确这些信息的真伪。留守少年渴望拥有清晰的价值观念，以便更准确地指导自己的生活和学习。

第四，绝大多数留守青少年对于以往的成败经验及其对当下自我的影响缺乏反思和总结，他们不知道利用过去的经验来促进自身的健康成长。

第五，留守青少年在生活中面对成功和失败没有成熟的归因分析，因此当他们面对挫折和失败的时候，大多数选择逃避或者停滞不前；面对成功或者取得成绩时，沾沾自喜，自鸣得意。他们既不知道自己的不足，也不了解自己的长处，因而缺乏清楚的自我认知。

二、服务设计和介入行动

进入社区，向居委会工作人员发放传单并解释我们将要开展的青少年小组工作，鼓励居委会工作人员推荐农村留守青少年。13 个社区共推荐 57 人，社工从这些人中招募有意愿参加小组工作并通过面试环节的组员 21 人，随机分成三个小组，每组 7 人开展小组工作。面试内容围绕自我认同的主题设定。在性别结构上，男 12 人，女 9 人。在年龄结构上，小学 4 人，初中 10 人，高中7 人。

在与 21 名青少年进行深度面谈的过程中，总结出他们共同面临的问题：学习目标不清晰、学业压力大、自我效能感低、在意他人的评价、情绪波动明显。

本次小组工作的目标：增强青少年组员对自我的了解，提高自信心；教授互动技巧，实现青少年组员流畅地沟通和相互产生影响；提高青少年组员的自我认同感。

小组属于自我成长小组，7 名组员均有不同的自我认同问题。由社工带领组员，创造和谐的小组氛围，提供自我探索机会，帮助青少年组员实现自我成长。小组活动共开展 5 次小组聚会，工作主题依次为开放自我、加强熟悉；自我探索、困境的真相；突破自我、突破藩篱；突出优势；我可以走更远。留守青少年成长小组的方案设计具体内容如表 5.1 所示，介入行动计划如表 5.2 所示。

表 5.1　留守青少年成长小组方案设计

主要框架	基本格式	要点
问题的陈述和分析	陈述	需求和问题（排序）——共同困境： 需要来自成人的引导； 青春期烦恼解惑； 自我认知和成长
	分析	原因： 长期体验挫折，导致自我效能感低；缺乏沟通的机会和能力，无法建立与同伴之间的互助关系；社会环境存在诸多障碍，使之产生无力感等心理困扰
		优势：坚强的个性和独立性；自由的时间和空间；稳定的家庭关系和较为正向的价值信念

续表

主要框架	基本格式	要点
方案设计	小组名称	顶梁柱小组
	小组性质	成长小组
	小组成员	中小学生共 7 人
	小组目标	总目标：留守青少年自我成长 具体目标： 增强青少年组员对自我的了解，提高自信心； 教授互动技巧，实现青少年组员流畅地沟通和相互产生影响； 提高青少年组员的自我认同感
	招募方式	发放传单宣传和社区居委会工作人员推荐
	小组执行计划	第一节：开放自我、加强熟悉 第二节：自我探索、困境的真相 第三节：突破自我、突破藩篱 第四节：突出优势 第五节：我可以走更远
方案设计	方案执行	整合资源： 小组社工与村委会干部、社工机构主任协商小组活动场地、小组活动时间和活动所需物资的准备工作等 提供具体的服务： 在本小组中，社工要建立和留守青少年之间合作的伙伴关系，帮助他们学会获取和利用资源； 通过人际互动认识自己和运用自己的能力，参与到活动中，感受自己的能力； 促进组员在小组中分享活动经验和学会听取别人的建议 监督执行： 根据小组工作的目标在每节小组活动前列出任务清单，并在活动前检查落实，根据以往的经验为"意外"做好预案； 在每节小组活动结束后要进行总结和反思，确定组员发生的变化和小组设计相关； 及时调解小组中不合时宜的内容，确保小组活动按小组时间安排进行 处理困难： 组员流失、组员严重阻抗以致活动不能继续
	方案评估	过程评估： 观察组员对小组活动的投入程度； 对组员进行心理和行为评估，与前测对比确定组员的变化； 收集组员对小组效果的评价； 目标达成评估

表 5.2　留守青少年成长小组介入行动（执行计划）

服务主题	服务目标	服务内容
第一节：开放自我、加强熟悉	加强组员之间的熟识度，促进组员开放自我，更好地表达自己和接受来自小组和组员的信息； 与组员商议并制订组内目标和规范； 促进组员对小组的认同感和归属感，形成小组动力	简洁的自我介绍； 活动："我撑起一个小家"； 说出对小组的期望； 活动分享："很多和你一样的少年在努力！"
第二节：自我探索、困境的真相	理解并开导组员摒弃外貌焦虑； 协助组员了解自己的行为和感受是在一个特定环境中的行为和感受； 协助组员表达自己的需求； 协助组员反思自己行为背后的心理动力和人格力量	游戏："自我画像"； 分享："我的特质""朋友眼中的我"； 《上学》① 分享观感：如何看待环境中的困难和充分利用其中的资源； 给老师写信：描述自己的生活和学习，以及遇到的困难和取得的成绩等
第三节：突破自我、突破藩篱	协助组员体验例外的成就感； 帮助组员学会团结有同样境遇的青少年，团结起来共同进步； 介绍和展示环境资源，改善组员的环境体验	写下自己的成功； 分享自己的问题并通过小组寻找解决问题的方法； 以小组的方式行动，促进环境的改善； 帮助小组暂时结构化，和村委会干部谈判，获得空间和经费，购置设备，以便留守青少年可以在村委会上网课
第四节：突出优势	提升组员自我； 增强组员的自主性	社工的知识分享： 常识的重要意义②； 换个角度讲自己的故事； 生活实景模拟训练
第五节：我可以走得更远	巩固小组训练效果； 检视自己的成长，总结和复制自己的成功经验； 增强组员面对未来的信心； 评估小组效果	分享： 自己最优秀的特征是什么； 哪些地方我需要改变； 如何应对困难； 我的变化； 优点大轰炸； 给父母写信：《我还可以更好！》

注：①《上学》是一部记录山里的留守儿童克服困难，坚持完成学业的影片。

②常识的重要意义是留守青少年缺乏机会参加学校组织的活动，但是也因此获得了大量自由的时间和空间，使得他们有更多机会体验生活，获得常识。常识能够帮助青少年更好地理解课本知识，激发学习兴趣，使自己的理性思维有了现实和坚实的基础。

二、治疗小组

青少年阅历浅，因此常常处于表达被剥夺的境地，这使得他们比其他年龄段的人承受了更多的身心压力。青少年缺乏充分表达自己的能力，青少年不仅更容易陷入心理和行为障碍的困境，而且更容易出现体诉现象——身心的压力用躯体疾病的方式表达出来。[①]青少年服务对象遭遇压力和挫折时，其情绪和躯体的反应结合在一起，使得社会工作的治疗小组为其提供的"体验"可以产生更好的帮助效果。但是，社工的小组治疗和心理学领域的团体心理治疗有重要的区别。第一，社工将参加治疗小组的服务对象视作正常人，他们只是在环境适应上出现了一些困难。而团体心理治疗的参加者会被心理工作者视作"求助者"，他们在情绪和生理方面存在仅仅靠服务对象自身的力量难以应对的障碍。第二，治疗小组的帮助过程是社工和服务对象一起工作，其本质是社工帮助服务对象发掘并发挥自己的潜能，同时依靠自身的力量，获得成长。而团体心理治疗的心理治疗师运用自己的权威和专业技术，控制和治疗服务对象。第三，治疗小组强调环境层面的介入。在这个过程中，社工运用专业技术，营造一个安全、自由的空间，促使服务对象开放自我，与环境互动。通过信息和能量的流动，实现服务对象的改变。治疗小组是一个训练自我能力的平台，而团体心理治疗更强调个人层面的介入，团体中的他人所形成的特殊群体只是一个参照框架，可以让团体中的个体更为真实地观察、分析和描述自己的问题，然后结合自己在实际生活中与人交往的经验，并在治疗师的帮助下，形成更适应环境的行为方式。[②]

在学习的过程中，班级中往往会有那么几名学生，他们在上课时注意力不集中、无精打采且大部分关于知识的记忆都是瞬时记忆、做事拖拉，但是

---

① 马克·杜兰德、戴维·巴洛：《变态心理学纲要（第 4 版）》，王建平、张宁译，中国人民大学出版社，2009，第 144 页。

② 黄惠惠：《团体辅导工作概论》，四川大学出版社，2006，第 13 页。

玩的时候就表现得生龙活虎、聪明机灵。虽然这些学生也和其他同学一样，大部分时间都在学习，但是学习效果达不到教学目标。经过专业机构或者三甲医院的诊断，这些青少年并不存在注意力障碍或者智商问题。针对这一情况，社工将运用专业的知识，采取相关的技术手段，帮助这些青少年解决他们的学习问题。

通过仔细甄别，可以发现这些青少年成绩不佳的具体表现差别很大。但是有一种行为现象，是大多数青少年都存在的，笔者称其为"解离体验"的行为。这些青少年平时的心理状态都正常，一旦开始上课，他们记忆力就会出现明显的减退，思维变得迟钝，甚至行动也会变得迟缓。多数时候出现"出神"状态，对老师所讲内容没有反应。虽然眼睛盯着老师，但是教师走到面前也未能察觉到，直到老师提醒他，思绪才会回到教室里。即使在其他的学习环境中，比如家长辅导作业时，这些青少年也会存在上述现象。

经医疗部门检测，有部分青少年属于儿童失神性癫痫小发作，将这部分青少年分离出去，对于大脑结构与功能均正常的青少年，他们在发呆过程中若给以刺激均会有反应，并且都能回忆起发呆经历。他们的行为表现与分离障碍的主要表现很像，但是对这些孩子测评，却达不到分离障碍的鉴定标准[1]，笔者在工作中把这种行为表现叫作"解离体验"。

实验和访谈发现了青少年出现"解离体验"的过程。当老师在课堂上讲课的内容学生难以理解时，学生会产生巨大的迷惑与疑问，同时也会感受到很大的压力。这时学生的意识转向内部，他们要从记忆库里搜寻知识来理解老师讲授的知识，以缓解当前的压力。但是，此时老师并没有暂停授课以解答学生的疑问，而是继续讲解新的知识点。主动探索和被动学习，回忆和当下混合的情景下——学生脱离课堂情境。如果在这种情境下，教师未做出调整行为，那么学生会持续将他的意识保持在内部，形成与环境的隔离，对环

---

[1] 根据《精神疾病诊断与统计手册（第五版）》中分离性障碍诊断标准。

境刺激缺乏反应，即"解离体验"。经过不断自我行为强化，学生会形成心理行为定式，即反射。今后，只要是在上课中或者类似的学习中，学生很快就进入"解离体验"，他们对环境刺激的感知觉将变得迟钝，连记忆也变得极差，如同失忆一般。[1]

【案例分析】

案例 5.2 "神童"小组 [2]

一、"解离体验"青少年需求评估

通过问卷调查和个案访谈，了解"解离体验"青少年的需要如下。

第一，课业辅导服务。这些青少年的学业成绩一般较差。其中部分青少年明确表达自己希望能较快提高成绩，有些青少年则表现出不在意成绩的好坏。人本理论认为，人有本能的向上追求，这意味着自我价值的实现。因此，在这些青少年心智正常的情况下，他们对成绩表现出的不感兴趣，并不是他们真实的想法。精神分析理论的自我防御机制能很好地解释这些青少年的"反常"言辞。这些青少年经过多次努力依然不能有效地提高成绩，继续坚持"好成绩"的价值只能让自己遭受更严重的焦虑感。相比之下，否定好成绩的价值是青少年更容易做到的。于是这些青少年采取了"否认机制"的自我防御方式。因此，否认自己对好成绩有兴趣的儿童，内心深处其实隐藏着对好成绩更为强烈的渴望。成绩只是一个笼统的表达，"好成绩"的需求包括补充基础知识、学习障碍的辨识、学习方法的训练、学习习惯的培养、学习环境

---

① 德博拉 C. 贝德尔、辛西娅 M. 布利克、梅琳达·斯坦利：《变态心理学》，袁立壮译，机械工业出版社，2019，第 122—130 页。

② 材料由福州市中和社会工作中心提供。

的建设等。

第二，缓解焦虑。资料、实验和访谈均显示，"解离体验"青少年都经历过比较严重的焦虑，而且这些焦虑和课堂要素有关。当这些青少年接触到教室、任课老师、课本等事物，会立即产生焦虑情绪，出现明显的情绪和躯体反应。仔细观察这些青少年，他们不仅有"解离体验"，还可以看到他们有咬指甲、强迫性行为或者强迫性思维，对待周围的人或事物过于小心翼翼，有的还出现了生理上的反应。有些青少年也听不懂老师的讲课，但是他们并没有纠结在听不懂的内容上，而是直接"忽视"了听不懂的内容，继续跟着老师往下进行。这些青少年还有一个特征，他们一旦有了要求，立即就要得到满足，否则就会体验严重的焦虑感。

第三，愉悦感培养。"解离体验"青少年普遍处于情感贫乏的状态中。他们学习中的愉悦感减少，难以开始和持续学习活动，涉及学习的内容他们会降低说话频率。如果对这些青少年进行抑郁情绪测试，他们抑郁量表的得分普遍较高——他们常常处于抑郁情绪当中，缺乏学习的愉悦感。根据这些青少年的表述，他们也想快乐地学习，可是快乐不起来。由于过度缺乏愉悦感，青少年就不能实现自我激励，所以在学习中显得很被动，而这种被动学习可能进一步加剧青少年的压抑情绪。

二、"神童"的优势和资源

"解离体验"青少年的大脑结构和功能都是正常的，他们的"解离体验"可以被视作是青少年对压力环境的适应。解离的过程中，青少年的意识转向内部，其中有对知识库的检视，也有对新知识的创造。常常"出神"的青少年成绩不佳，但是他们因此获得了更好的想象力，这是他们的一个优势。"解离体验"青少年经历过太多的挫折，甚至有多次被老师批评惩戒的经历，这些挫折经历让青少年变得更坚强和成熟。

本次小组工作，在人本理论、精神分析理论、优势视角理论的指导下，缓解"解离体验"青少年的焦虑感、培养他们的学习能力，以及训练他们情绪控制能力。

三、服务设计和介入行动

本小组的组员通过个案经验的积累和学校老师的介绍获得，5人组成小组。组员通过儿童失神性癫痫小发作检测、解离性失忆症测试、抑郁情绪测量，符合本小组"解离体验"的特征要求。在性别结构上，男3人，女2人。成员构成均为五年级小学生。

本次小组工作的目标：缓解组员焦虑、培养组员学习能力、培养组员的愉悦感。

小组属于治疗小组，活动方案设计如表5.3所示，活动介入计划如表5.4所示。

表 5.3　"神童"小组方案设计

主要框架	基本格式	要点
问题的陈述和分析	陈述	需求和问题（排序）——共同困境： 焦虑缓解； 学习能力提升； 增强愉悦能力
	分析	详见前文
方案设计	小组名称	"神童"小组
	小组性质	治疗小组
	小组成员	小学生 5 人
	小组目标	总体目标：学习能力提升
		具体目标： 缓解焦虑感，祛除"解离"的优势反应； 教授听课技巧，提高课堂效率； 提高青少年的学习愉悦感
	招募方式	个案积累和学校老师推荐

主要框架	基本格式	要点
方案设计	小组执行计划	第一节：加强熟悉、学会放松
		第二节："出神"的我，解离体验分享
		第三节：我能做得更好
		第四节：学习大神
		第五节：课堂实景模拟练习
	方案执行	整合资源： 小组社工与村委会干部、社工机构主任协商小组活动场地、小组活动时间和活动所需物资的准备工作等
		提供具体的服务： 在本小组中，社工要建立和青少年的合作伙伴关系，帮助他们学会通过放松等方式缓解焦虑，观察和分享"解离体验"，与现实保持互动，帮助青少年提高学习能力，更好地适应课堂学习
		监督执行： 根据小组工作的任务准备拉出清单，在每节小组活动之前检查落实，特别要根据以往的经验为"意外"做好预案 在每节小组活动结束后要进行总结和反思，确定组员发生的变化和小组设计相关； 及时调解小组中不合时宜的内容，确保小组活动按小组时间安排进行
		处理困难： 组员流失、组员严重阻抗以致活动不能继续
	方案评估	过程评估： 观察组员对小组活动的投入程度； 对组员进行心理和行为评估，与前测对比确定组员的变化； 对小组效果进行评价； 收集组员对小组效果的评价； 目标达成评估

表 5.4　"神童"小组介入行动（执行计划）

服务主题	服务目标	服务内容
第一节：加强熟悉、学会放松	加强组员之间的熟识度，促进组员开放自我，更好地表达自己和接受来自小组和组员的信息； 和组员达成共识，形成小组目标订立小组规范； 增强组员对小组的认同感和归属感，形成小组动力	游戏："我是谁"； 活动一："课堂上的糗事"； 活动二："真实的我"； 活动分享：轻松的心态更有利于学习
第二节："出神"的我，解离体验分享	协助组员了解并接纳自己的课堂表现； 协助组员了解自己的"解离体验"是压力的反应和适应； 协助组员表达自己的需求	游戏："空中课堂遨游"； 分享："出神"的体验； 社工的知识分享："解离体验"是压力所致； 勇敢地说出你的需求："老师，我没有听懂！"
第三节：我能做得更好	提高课堂听课效率； 帮助组员学会延迟满足； 提升组员体验学习愉悦感的能力	如何在课堂上做各种标记； 延迟满足训练； 游戏一："赞美的能力"； 游戏二："发现美"； 分享游戏的体验
第四节：学习大神	整合学习心态调整和学习能力训练的成果； 增强组员的学习自主性	游戏："神游——床上就是教室"； 活动："脑子里面看大片"； 分享：充分利用条件，正确"出神"可以大幅度提高学习成绩
第五节：课堂实景模拟练习	巩固小组训练效果： 检视自己的成长，总结和复制自己的成功经验； 将小组训练效果应用到真实的学习场景中； 评估小组效果	实景模拟： 教室听课、家长辅导、自学； 分享活动："我的变化""优点大轰炸""我的宣言"

第四节　青少年小组工作的注意事项

一、组员的年龄和小组服务的适用性

发展心理学致力于研究人一生的心理发展特点以及变化规律，认为人的体能变化和心理成长都遵循着近乎相同的发展脉络，并且难以脱离脉络的发展范围，因此需要根据不同的年龄段为青少年选择适合他们成长特点的小组工作类型。人际交往的距离、互动形式复杂程度、同一时间内互动的密度、小组活动的敏感度和参与度、交往的互动质量等一系列的变化与年龄的增长成正比。[①] 不同阶段人与环境之间的关系紧密度也存在一定的差异。

处于幼儿期（0～3岁）的孩子，注意力时间短且稳定性不强，容易受到其他事物的影响，而且这个时期的孩子大多数注意的范围较小，主要侧重于自我注意，很难同时进行两个及两个以上的注意，因此不适合对处在幼儿期的孩子开展小组工作。

学龄前（4～5岁）左右的儿童，经历第一个"心理断奶期"。这个阶段的儿童不仅在生活方面自理能力增强，而且自我表达能力和探索欲也有质的提升。虽然此阶段儿童依然有强烈的自我倾向，但是随着儿童的自我意识的发展，他们渴望独立，并且已经有"朋友"的概念，试图建立与他人之间的联系，因此对于此阶段的儿童，社工可以采用简单的团体协作活动，培养儿童的自主意识和独立能力，鼓励儿童尝试新鲜的事物。

9～10岁的孩子，自我意识开始成熟，逻辑推理和抽象推理能力不断发展，逐渐明确自我身份和角色的定位，他们能够感知到自己在小组中的存在

---

① 潘正德：《团体动力学》，心理出版社，1997，第117页。

感、归属感和自身的价值。通过与老师和同学的校园生活互动，他们学会感受他人的需求，尊重他人的差异，因此可以参与成长小组，借助社工的专业指导，使自我认知更加清晰和社会化属性更加突出。

11～13岁的青少年，他们的自我意识逐渐成熟，正经历人生中的个体化发展，他们的个人意识与父母的客体意识出现分歧，企图脱离父母的束缚，但是他们个人经验不足，能力欠缺，面对挫折时无法独自解决，渴望父母可以在他们需要的时候主动伸出援手。因此面对未来的不确定、自己能力的欠缺、角色定位的不清晰，他们感到焦虑、不安、躁动、困惑。于是他们寻求同龄人帮助以及利用周围环境资源的支持，通过依据固定的小组经验，参与社会性的小组活动，尝试多样的行为方式，在不断的互动交往关系中逐渐健全人格。因此青少年可以采用多种小组工作类型。

二、严格筛选组员

在开展小组工作前，社工需要对组员进行个案访谈，做好筛选组员的工作。通过访谈选出的组员需要具备两个特点：一是能从小组经验中真正受益的人；二是对小组工作有益的人。访谈的内容主要针对小组问题进行，采取的方式主要是对话沟通。访谈的过程中，社工需要向组员介绍小组的基本要素——小组目标、小组契约、小组工作者、小组成员、小组规模、小组时间、小组空间，以及小组工作的意义、每次小组工作活动的作用、组内原则。在实际的小组工作过程中，社工无法筛选组员，组员需根据相关机构的要求和规定随机分配。因此，现实情况是，作为小组工作中核心的因素——组员之间存在较大差异，从而造成小组服务的品质不尽如人意。

三、根据年龄特点进行性别安排

不同阶段的青少年对于异性的态度和关心程度存在一定的差异。因此在小组工作的性别安排上，需要根据不同的年龄特点进行合理的性别安排。11～13岁的青少年更适合安排在同一性别小组中，因其更清楚地体现此年龄段的青少年的心理发展特点。这个阶段的青少年比较冲动，情绪波动大，呈现两极化倾向。此阶段处于性心理萌芽期，组成混合小组容易产生矛盾，加剧性别之间的对立情绪。虽然此阶段的青少年都会对异性产生好奇，关注异性对自己的评价，但是不同性别的表现不同，如女生更愿意与女生讨论自己喜欢的男生，男生更倾向于远距离评价女生。因此即使是混合性别小组，组员也会形成独立的同性小组。14～15岁的青少年适合混合小组，这个年龄段的青少年，他们的关注点大多是在异性身上。女生关注男生对自己的评价，开始注意自己的外在形象。男生通过解读女生的反应，推断自己是否足够吸引异性注意。因此进行男女混合小组安排，更能够体现此阶段青少年的心理发展特点。

四、小组规模

小组规模最好在6～12人，组员的人数太多和太少都不适宜，人少的小组无法产生动力，人数太多又不能够实现充分的互动。青少年比较活跃和冲动，行动往往比较情绪化，增加了社工控制小组的难度。小组的规模要大到社工能够控制，小到组员可以充分地沟通互动；大到产生足够的小组动力，小到组员可以产生直接的联系。

五、与组员讨论并确定规则

青少年小组是一个让青少年自由表达自己的平台，但是青少年往往对自由有一个极端的理解，而不能够遵守互动的基本规则，从而降低了小组的效率。青少年自我意识蓬勃发展，亟需别人的尊重，将规则强加到他们头上，会遭到强烈的阻抗，因此小组的相关规则以及组内结构安排需要和组员一起讨论后进行商定。大多数青少年小组在实现小组工作的核心目标前面临如何营造组员在小组工作中的归属感的难题，只有当青少年在小组工作中有归属感，才能促进青少年自我意识的提升和对自我价值的强烈认同。在开展小组工作前，必须界定有效的小组规则，并且需要每一位组员明晰规则的内容。在活动开始前，需要安排一位组员宣读活动内容、方案设计、活动作用，使组员能够认真对待每一节活动。通过界定并时刻提醒遵守小组规则，强化小组组员在组内的归属感。

六、允许青少年使用他们的语言

在小组工作中，社会工作人员允许青少年使用一些他们自己的语言，甚至是一些可接受的粗话。当讨论的议题触及组员的情感深处，社工听到组员在不经意间说出饱含情绪的污言秽语时，不要加以制止和批评，不然受到批评的组员将会心生戒备，抗拒改变。参与小组工作的青少年，因为存在一些不符合主流的行为和意识，在进入小组之前，已经遭到很多成年人的批评和指责，其中不乏一些自以为是的无端指摘。这些青少年只有和不评价他们的成年人在一起，才能促进他们的转变。因此，在青少年的社会工作中，社工应该允许并接纳青少年在叙述自己的事情，表达自我感受时，使用他们熟悉的语言。但是，社工需要依据具体的情况进行判断，当青少年只是为了挑起事端而威胁他人时，社工有义务进行制止。

第六章　青少年社区社会工作

　　社区是社会治理的基石，也是人民群众幸福生活的港湾。社区不仅为人民群众提供了周到的生活保障条件，同时也为青少年的健康成长创造了广阔的空间。青少年是一个充满活力、充满希望的群体，是社区工作中最不容忽视且最容易调动的群体，因此青少年社区工作是青少年社会工作不可缺的重要内容之一。青少年社区工作是在专业社工的指导下，借助专业的理论知识，采用恰如其分的工作方法，根据青少年的生理发展特点、心理素质状况、行为习惯以及偏好倾向，帮助青少年群体树立正确的世界观、人生观和价值观，开展丰富多样的社区活动，了解青少年此阶段出现的整体问题以及个别案例，协助青少年构建良好的自我认识，从而帮助青少年面对问题，克服困难，解决问题，促进其社会性功能的发展。青少年社区工作的服务对象不只是青少年群体，还有其他社区居民。青少年社区工作需要采取专业的工作方法，调动一切可利用的社会资源，动员社区内的居民共同参与，最终以打造有利于青少年健康成长的社会环境和促进青少年与社会环境之间互动的正向反馈为最终目标的服务性活动和服务过程。[①] 由此可见，青少年社区工作是青少年健康成长路上的指向标，有益于改善青少年的生活质量与水平，对于社会发展水平的提升具有重要的意义。

---

① 陈世海：《青少年社会工作》，中国社会出版社，2011，第105页。

第一节 青少年成长的社区环境

社区不仅是青少年成长和活动的重要舞台，更是以其特有的方式对青少年的成长产生了种种影响，为青少年的发展提供了各种无限可能。对于青少年而言，学校教育、家庭教育在青少年的健康成长中固然重要，但在社区中组织好青少年开展各种活动并提供多元服务，帮助青少年增强对不良社会风气的抵御能力，亦是助力青少年健康成长重要的抓手。由此可见，开展青少年社区工作需要为青少年营造适宜青少年发展的良好的社区环境。

一、社区与社区环境的界定

青少年的健康成长与社区及社区环境的发展、完善休戚相关，这一点已成为大家的共识。但是，如何理解社区及社区环境、社区与社区环境又如何影响青少年的成长，大家又比较陌生。而这又是做好青少年社区工作首先必须要明确和厘清的问题。

（一）何谓社区

针对"何谓社区"这一问题，不同的社会学家有不同的答案。德国社会学家滕尼斯在《共同体与社会》中首次提出"社区"一词。社区是价值相同，同质性强的人聚合而成的社会群体。主要表现为有共同的信仰追求，有相同的风俗习惯，人们之间处于相互信任，友好和谐的互动关系中。滕尼斯认为，社区的产生因素中自然因素居于主导地位，如血缘关系的亲疏、地缘关系的远近、文化之间的相似性，而不取决于社会的分工。社区的外延受限于传统的乡村社区。反观，社会的产生与劳动分工以及社会契约之间存在密不可分的关系。社会中的人际关系特点体现为个人中心主义、利益钳制、感情淡漠、缺乏人文关怀。社会的外延是指人口异质性特征鲜明、价值取向多元化的城市社会群体。[①] 美国社会学家，芝加哥学派代表人物帕克（Park）最早界定"社区"的概念。他认为社区的基本特点是地域内有组织的人口、根植于生活的土地、生活往来中的邻里关系。同时帕克指出，社区不只是人口的汇集，也是组织制度的汇集。社区内的组织制度包括家庭、学校、教会、活动场所、影院、企业等。组织制度是社区与其他社会群体之间最显著、最具决定性的差异。[②] 社区作为一个外来词，是 20 世纪 30 年代，我国社会学家费孝通在翻译滕尼斯的著作《共同体与社会》时，将"community"译为"社区"，之后我国学者联系我国国情，将社区定义为一定地域范围内形成的社会生活共同体以及按地理位置划分的居民区。[③]

社区的构成要素可以从不同的纬度去理解，但是作为一个社区需要具备以下要素。第一，空间要素。任何一个社区都有其地域性要求，而这地域性最明显的体现就是每个社区都有其地理区域与边界的划定，如村落、集镇等。第二，人口要素。社区的存在也就意味着社区中有一定数量的人口，这是社区的核心要件，同时人口的密度、数量、分布地域情况以及人文素养等因素，也会影响社区的发展。第三，文化要素。社区中共同生活的人们往往会面临共同问题，进而会形成共同利益诉求，这就需要居民们团结起来开展共同的活动加以应对。在开展共同应对的活动过程中就会产生某些共同的认知、行为规范、社区意识与心理体验等联系纽带，如共同的文化传统、民俗、安全感、信任感、归属感等。第四，环境要素。环境要素即社区环境，它包括自然环境与人文地理环境两大部分。自然环境主要指社区的地形地貌、自然资

---

① 斐迪南·滕尼斯：《共同体与社会》，林荣远译，商务印书馆，1999，第 53—94 页。

② 帕克、伯吉斯、麦肯齐：《城市社会学》，宋俊岭、郑也夫译，商务印书馆，2012，第 104 页。

③ 陈辉：《社区治理》，南京师范大学出版社，2020，第 3 页。

源、面积形状等内容；人文环境则是指社区的人文景观，以及文化、教育、商业、学校等配套设施和基础设施。第五，结构要素。每个社区都存在着各种社会群体和组织，而且这些社会群体和组织存在各种有机的联系，这些社会群体和组织及其联系共同影响着社区的经济水平、文化素养等。

在社会经济发展的主流环境下，社区在社会建设与社会治理中显得越发重要，其所发挥的功能与作用更具有不可替代性。社区在政府、社会组织、居民等多元主体的协同治理下对居民个人及国家社会产生了深远的影响，充分彰显了社区强大的经济功能、政治功能、社会化功能、参与功能与服务功能。

（二）社区环境

社区环境是社区的构成要素之一，亦称社区的地域要素，属于物质空间的范畴，包括不可轻易改变的自然地理环境和后天人为建设的人文地理环境。社区自然地理环境主要指社区所在的地理位置、社区的生态资源、面积形状、气候状况等自然条件。社区总是在一定自然环境下得以产生和发展的，社区自然环境的优劣在某种程度上决定着社区发展的层次和水平，优越的地理位置、适宜的气候条件、丰富的生态资源等是有助于社区发展的基础条件。社区的人文地理环境则是指社区的基础设施、住房建筑、文化医疗条件、商业发展水平、交通工具出行、休闲娱乐设施等[①]。具体而言，它包含了社区的文化环境、治安环境、人文环境等方面的内容。社区的人文地理环境既是居民生产生活的产物，也反作用于社区的发展，因此社区的人文地理环境要随着社区的发展水平逐渐变化。社区人文地理环境的发展情况也是衡量社区发展层次与发展水平的一个重要指标。

在社区环境中，自然地理环境是比较难以改变的，而人文地理环境则会随着居民生产生活的发展而改变。在日常生活中，社区居民比较关注的人

---

① 吴鹏林、章友德:《城市社区建设与管理》，上海人民出版社，2007，第4页。

文地理环境主要有社区文化环境、社区治安环境、社区人文环境。社区文化环境包括文化基础设施的"硬件环境"，例如娱乐设施、场所、图书馆、活动室、运动场等和文化娱乐活动构成的"软件环境"以及社区组织的文化交流活动、公益讲座、扶贫帮弱的实践活动等；社区治安环境是社区物业管理部门以及社区居民自发地促进社区内部电力、交通、卫生、财产和人身安全等井然有序的社会生活环境；社区人文环境是指社区居民日常交往互动构建的人际关系。[①]

二、社区环境在青少年成长过程中的重要影响

社区不仅是"地域共同体"，也是"精神共同体"。社区在发展过程中居民个体之间所形成的"熟悉感""认同感"不仅是居民之间的心理纽带，更是成为一种社区内在的文化维系力，这种文化维系力在特定的社区环境中就会以其特有的文化氛围对社区居民产生潜移默化的作用，进而形成不同的社区生态。"十里不同风，百里不同俗"就是对社区生态多样性的客观写照。青少年正处于身心发展的关键时期，可塑性强，人生观、世界观、价值观正在形成过程中，因此社区环境对青少年的影响显得更为直接、深刻。我们必须高度重视社区环境对青少年个性塑造与健康成长的重要作用。

具体而言，社区环境在青少年成长过程中的重要影响主要表现在以下方面。

（一）社区环境为青少年的健康成长提供了肥沃的土壤

青少年的健康成长除了受家庭和学校环境的影响，社区环境也是不可或缺的重要因素。青少年成长过程中需要各种各样的资源，而这些资源单靠家庭和学校是无法满足其需求的，因此为青少年的健康成长提供必要的基础设

---

① 于晶利、刘世颖:《青少年社会工作理论与实践（第二版）》，上海人民出版社、格致出版社，2019，第102页。

施和资源也成为社区义不容辞的责任。在社区环境中，不仅有各种自然环境资源为青少年的成长提供了多彩的物质空间，而且在社区人文地理环境中的各种交通、娱乐、医疗、商业等基础设施为青少年提供了便捷高效的生活、学习、娱乐的条件；社区中的规章制度、文化习俗、先进人物、道德传统等为青少年的社会化过程提供了充分的养料。近年来，国家重视青少年友好型社区的构建，社区会客厅、社区阅览室、社区体育馆在各地社区建设过程中蓬勃发展，社区环境的不断丰富和发展为青少年的健康成长提供了肥沃的土壤。

（二）多元化的社区服务为青少年的健康成长提供了丰富的营养供给

"社区服务"是通过政府的政策帮助和资金支持，有专业的社工为需要帮助的社区成员提供科学的、专业的、公益的、有针对性的社会服务。[①] 当前各地在开展"五社联动"过程中充分整合了社会的各方资源，开展了形式多样、内容丰富的社区服务。这些举措在帮助社区解决居民"急、难、愁、盼"问题上发挥了重要作用，深受居民的欢迎。同时，社区居民参与社区治理的积极性也得到了有效调动。不仅社区服务的数量逐渐增加，而且社区服务的类型也越来越多样化，特别是专门针对社区青少年的需求，设计了一系列服务的项目，如福建省针对留守儿童和困境儿童关爱保护而实施的"福蕾行动计划"项目、福州市发起的为推动青少年参与社区治理的"青春家园"项目、各社区针对学龄青少年组织的夏令营与四点半课堂，为误入歧途的青少年开展社区帮教活动……这些多元化的针对青少年需求而开展的社区服务为青少年的健康成长提供了有效的物质与精神的支持，成为青少年健康成长路上的重要营养物质。

---

① 于晶利、刘世颖：《青少年社会工作理论与实践（第二版）》，上海人民出版社、格致出版社，2019，第 103 页。

（三）社区为青少年社会化构建了完整的支持体系

对青少年而言，社会化与青少年成长是相伴相生的过程。每个社会成员实现由自然人向合格社会成员的转变都必须经过早期社会化与继续社会化两个阶段，而青少年处于由儿童向成年人过渡的阶段，因此在青少年时期会经历在早期社会化和继续社会化两个阶段。早期社会化是个人模仿、接受、学习、应用社会中的行为方式及道德规范，进而形塑个性与人格发展、初步融入社会关系的体系。[1] 除了学校和家庭，青少年很大一部分时间是在社区生活中度过的。在青少年的社会化过程中，社区生活给青少年社会化提供了完整的社会支持，如在社区生活中青少年学会了与朋辈群体的互动、懂得遵守社区规章制度、积极参与社区公共事务、理解社区不同群体的交往规则等。青少年正是通过社区生活的耳濡目染，学习、理解了社会的道德规范、行为准则、价值理念，为他们正式步入社会提供了实践依据。社区作为区域性的社会生活共同体，为青少年的早期社会化与继续社会化任务的完成提供了完整的社会支持，社区对青少年的社会化过程尤其是早期社会化过程发挥着重要的影响作用。

三、营造青少年健康成长的社区环境

"近朱者赤，近墨者黑"，意味着人会受周围环境或人的影响，形成相应的习惯或行为，甚至认知的发展受到影响。因此，青少年社会工作的一项重要任务与要求是营造一个有利于青少年健康成长的社区环境。

---

[1]　于晶利、刘世颖：《青少年社会工作理论与实践（第二版）》，上海人民出版社、格致出版社，2019，第 103 页。

（一）阻碍青少年健康成长的社区环境因素

1.社区居民人际关系淡薄，阻碍青少年人际交往技能发展

社区是青少年塑造人际交往能力的重要场所。因此，社区的人际交往意识、方式会影响青少年的为人处世方式。当社区居民有强烈的社区认同感和社区归属感，社区人际关系展现出亲密互助和友好和谐氛围时，这种环境有助于青少年形成健康、积极的人际交往能力。随着我国城市化水平的提高以及经济的迅速发展，社区尤其是城市社区居民的异质性不断增强，城市社区住宅的单元化，使得社区居民的互动交往减少，居民之间的"陌生感"不断增强，从而使得社区里的"邻居"概念逐步弱化，社区居民的社区意识淡薄，甚至许多居民把社区仅仅理解为一个栖身之所，导致社区成员缺乏社区认同感和归属感，对社区公共事务漠不关心，社区人际关系疏远。社区的这种状况不利于青少年健康社会化的形成，青少年社区生活的不安全感大为增加，抑制了青少年的社会交往需求，缩小了青少年在社区的社会交往圈，不利于培养和锻炼青少年的人际交往技巧与能力，导致青少年容易产生"社恐"等后遗症。

2.社区青少年社团组织发展滞后，阻碍青少年形成同伴意识

在青少年成长的道路上，社区环境中的朋辈群体对青少年社会化的影响会随着青少年年龄的增长而不断增强。朋辈群体是志趣相投的同龄人自发组成的一种社会群体，也称为同龄群体或者伙伴群体。朋辈群体不仅在个体意识、价值观层面上相似，而且在客观外在的背景层面，如家庭经济情况、社会地位等近乎相同。青少年处于由儿童向成人过渡的阶段，正在进行客体分离，自我意识逐渐成熟，追求独立自主，更依赖朋友、同伴的想法、思维，因此当面对自己无法解决的问题或者挫折时，更多地寻求朋辈的帮助。朋辈群体根据功能属性可以分为消遣娱乐群体、知心友谊群体、兴趣爱好群体、学习互助群体，甚至是一些青少年犯罪小团体也是典型的朋辈群体等。他们

的关系不依赖利益的捆绑，而是将"恩、义、情"作为其关系的纽扣。朋辈群体有正式朋辈群体和非正式朋辈群体之分，对于青少年来说，比较典型也比较常见的正式朋辈群体就是各种青少年社团组织。在青少年社团组织中，青少年能够根据自己的兴趣、爱好去开展活动，而且在活动过程中青少年与同伴之间是基于互相平等的地位进行互动的，这点就与学校、家庭存在着很大的不同。在青少年社团中，青少年可以自由地谈论着与成年人不同的话题如偶像、电子游戏等，很容易形成具有相同趣味、价值标准、行为规范、生活方式等独特的青少年群体亚文化。青少年群体的亚文化能够进一步增强青少年对同伴的接纳与认可，在青少年社团中，青少年更容易满足其安全需要、尊重需要、社交需要、自我实现等多层次的需要，从而促进青少年的身心的健康成长。如果在社区中青少年社团组织的缺失或滞后则会给青少年健康成长带来不利影响。

3. 不良的社区内外部环境是诱发青少年不良行为的重要原因

青少年成长过程中每天都在与社区内外部的环境进行着信息和能量的交换，因此社区内外部环境的优劣也影响着青少年行为习惯的养成。"孟母三迁"就说明了这一道理。近年来，为了满足人民对美好生活的追求与向往，社区环境建设水平也迈上新台阶，在社区内部及周边开设了酒吧、歌厅、洗浴中心等各种休闲娱乐场所，光顾这些场所的不仅有成年人，也时常有青少年。这些场所人员流动性大、成员比较复杂，因此青少年也容易在这些场所中结交不良朋友。同时这些场所也是斗殴、酗酒等不良现象的高发之地，这些不良的社区内外部环境往往就成为诱发青少年不良行为的重要因素，对青少年的健康成长构成了严重威胁。

4. 对特殊青少年群体社区关怀与帮教不够

在社区青少年群体中其实还有一部分特殊的青少年群体需要引起社会各方的关注。这类特殊群体主要包括青少年弱势群体，如学习困难青少年、经济困难青少年、残障青少年等；还有问题青少年群体，如涉案青少年、网瘾青少年、暴力青少年等。从数量上看，这些特殊的青少年虽说并不多，但正是由于这些群体的特殊性，往往会给社区、社会带来诸多负面影响。针对这些特殊青少年群体，社区虽然有开展各种形式的关怀与帮教工作，但对这些特殊青少年群体的认知和接纳不够充分，从而给特殊青少年群体的社区融入带来一定的压力，增添了青少年社会化过程的阻力。

（二）营造有利于青少年健康成长的社区环境

社会工作"助人自助"的功能是通过两种途径来实现的：其一是通过对个人或群体的增权赋能，提升他们发现问题、分析问题及解决问题的能力，鼓励他们为解决问题而进行资源的整合与积累；其二是强调对环境支持体系改造与改变，实现社会环境中助人系统的完善与强化，进而形成有效的社会支持网络，能够有力应对社会生活中出现的各种问题。促进人的发展是社会工作的重要功能之一，为此，青少年事务社工不仅要充分挖掘青少年的内在的潜力和资源，而且也要善于联结和整合青少年外在的经济、社会支持网络等社会资源，并且将内在和外在的资源进行合理的整合和利用才能有效实现促人发展的目标。青少年社会工作通过开展服务，帮助青少年解决各种难题，满足其多元需求，从而使社会避免了社会成员的需求得不到满足而产生动荡的风险，因此对于维护社会的稳定与进步，构建和谐社会具有重要的意义。

充分发挥社区环境对青少年健康成长的积极功能，需要针对社区环境中对青少年发展的不利因素，从个体的增权赋能和环境的改造改变两个方面营造有利于青少年健康成长的社区环境，具体而言可以从以下方面着手开展。

1. 积极构建"学习型社区"

社区是集社区成员、文化、地形地貌、商业生产、生态景观等多种资源于一身的社会生活共同体。对青少年而言，社区不仅是其生活的场所，也是其学习的大课堂，社区应当充分利用社区里的丰富资源打造"学习型社区"，发挥社区教育的功能。具体来说，社区可仔细整合社区的物力、人力等特色资源，就地取材，充分利用社区里既有的社会组织、人文生态、文化习俗、场馆设施等各种资源，建成社区教育基地，组织社区青少年开展研学教育；挖掘和整合社区内的能人、专家、学者等各类人才资源，组建青少年社区教育师资团队，为社区青少年多元化教育提供智力支持；通过社区内居民的人脉资源积极联结社区外的各种优秀教育资源，为构建"学习型社区"提供全方位的支持和保障。

2. 打造社区青少年道德文化建设新高地

思想道德建设是社区青少年的一堂"必修课程"，在这节"必修课"中，除家庭教育、学校教育以外，社区教育也具有重要的意义。因此，把社区打造成青少年道德文化建设的新高地，引导社区青少年系好人生"第一粒扣子"是青少年社区工作的一项重要内容。开展社区青少年道德文化建设可探索和创新适合青少年实际情况且受青少年欢迎的有效载体，使青少年思想道德建设活动更具实效。例如，在社区中可组建一支由退休教师、党员干部、学校教师、律师、巾帼志愿者等组成的关爱社区青少年的志愿者团队，以党建赋能，大力发挥新时代文明实践站、社区道德大讲堂、社区党群服务中心、社区儿童之家等载体作用，开展亲职教育、普法讲座、贫困帮扶、家风建设等活动，打造积极向上的育人环境，引导青少年在参加社区教育活动过程中树立良好的道德风尚，不断提高个人道德修养。培育和孵化社区青少年社团组织，探索建立以社区青少年兴趣爱好和学习生活所需为纽带的社团组织，既为社区青少年创造同伴交流学习的平台，同时也给社区群众提供更多了解社区青少年社团的机会，从而把更多青少年纳入现有的社团和志愿服务队或者组成新的青少年队伍，积极参与社区治理与建设，为社区工做贡献青春力量。

3. 构建完善的社区特殊青少年群体的关怀保护体系

对于社区中所存在的特殊青少年群体应当给予更多的重视和关怀，认真倾听他们的心声和需求。对于特殊青少年群体存在的具体问题和困难，应当充分整合社区内外的各种资源，构建完善的关怀保护体系，通过多个层面、多措并举的方式加以解决，消除特殊青少年群体融入社区的压力和阻力。如社区可通过多方调查，对社区内青少年状况有详细的了解、对存在问题或迫切需要关怀帮助的青少年建档立卡，从而为有需要的青少年群体提供精准的关怀与服务。采用分级分类的办法对青少年特殊群体提供差异化的关怀与帮教，例如：对家庭监护存在困难的青少年，社区在了解具体情况之后，由社工提供资金支持；对于参与结对帮困的具有劳动力的家庭或社区成员提供各种形式上的支持，从而帮助困难家庭解决问题；对于存在不良行为的青少年，社工要予以理解和尊重，与青少年建立友好互信的关系，通过在社区内开展教育知识讲座进行规劝，针对不良青少年问题的原因采取针对性的帮教措施；对多次出现违法乱纪、行为严重不良的青少年，社区工作者根据相关的法律法规，由监护人或者司法机关进行处理。

4. 弘扬社区青少年的主人翁精神，建设青春家园社区

青春孕育无限希望，青少年可以创造美好未来。社区是基层治理的关键一环，青少年是社区治理的新生力量。因此，要大力弘扬社区青少年的主人翁精神，推动社区青少年积极参与社区建设，实现青春力量与社区治理和服务的融合发展，助力社区更好地开展政策通知的宣传活动、收集广泛且真实的民情民意、调解邻里矛盾纠纷、整治环境卫生，以及其他突发性或者社区自发性的工作，为社区成员提供更加具有针对性、年轻化、创新性的社区服务，建设更加美好的青春家园社区。

第二节　青少年社区工作

青少年社区工作是青少年社会工作的重要方法之一，也是实现社区社会工作综融发展的有力支点。虽然与其他的专业方法相比，它的发展成熟得比较晚，但这个工作方法的服务对象为社区青少年，且工作成效影响广泛而日益受到各方的关注，因此青少年社区工作已经成为社会工作的重要组成部分。

一、青少年社区工作的内涵

青少年社区工作需要采取专业的工作方法，调动社区资源以及包括青少年在内的社区居民的参与积极性，以构建青少年健康成长的环境和促进青少年与环境的正向互动为目标的社会工作。[①] 以下将从青少年社区工作对社会工作的意义、社会建设的作用、社会理念的价值追求三个方面，深度解读青少年社会工作的内涵。

首先，青少年社区工作是社会工作的一种独特的介入模式，即它注重通过调查研究了解社区的需求，并动员社区资源与外来协助增强青少年对社区的认同感和归属感，以及培养他们的民主参与意识和实践能力等。这种工作方式旨在提高青少年的生活质量，解决他们在成长过程中遇到的问题，从而推动社会的发展。

其次，青少年社区工作是综合社会建设的一种途径。它通过发动社区居民自身的力量和资源，为青少年创造一个安全、美好的生活环境。青少年社区工作的目标是提高青少年的生活质量，促进他们的健康成长和全面发展，

---

① 陈世海：《青少年社会工作》，中国社会出版社，2011，第105页。

但这一目标的实现也离不开社区整体的发展和进步，因此开展青少年社区工作同时也是一项推动社会整体发展和建设的过程。

最后，青少年社区工作也是对一种社会理念的追求。青少年社区工作不仅是一种工作方法，还承载着现代社会理念和青少年权利观念，旨在通过青少年的自助、互助行为和自觉精神，促进他们的发展和社会的进步。它强调青少年作为社区的一员，应当享有与成人一样的权利和机会，青少年有权参与社区的决策过程、表达自己的意见和需求，并得到相应的支持和关注。因此，青少年社区工作传递着一个重要的社会理念——致力于建立一个青少年发展友好型的社会环境，激发青少年充分发挥其无限的潜能，实现其理想抱负与自身价值。

促进青少年发展是青少年社区工作的首要目标。这意味着在社区工作中，强调青少年在社区中的地位和权益，体现对青少年的关注和关怀；同时也意味着在社区工作中，不仅仅关注青少年的物质需求，为青少年提供物质资源上的支持与帮助，更重要的是关注青少年的精神需求，关注青少年的心理健康、教育和职业发展、社交能力等方面的需求。

青少年社区工作计划的制订必须根据具体的社区和青少年生活场景进行考虑，不能一成不变地用旧有的模式来解决问题。不同社区内的青少年都是独立的个体，不以他人的意志为转移，他们所生活的家庭环境、个人成长过程中的需求以及所面对的挑战都不相同。因此，制订青少年社区工作计划时应该从实际出发，因地制宜，充分考虑青少年的具体生活情况和需求，以确保计划的针对性和可行性。通过这样的方式，能够为社区内的青少年提供更精准的服务与支持，进而促进他们的全面发展。

组织、教育和服务是青少年社区工作的一个根本原则。这个原则意味着，一方面强调社区居民、社区组织和相关机构应该合作起来，建立起一个支持和关注青少年的网络和平台。组织和动员社区资源，可以为青少年提供各种支持和服务，包括教育、职业指导、娱乐活动等，进而满足青少年的需求，帮助他们解决问题，促进他们的发展。另一方面也强调要激发青少年的参与意识和主动性，为他们提供参与社区事务的机会和平台。培养青少年的社会责任感、团队合作能力和领导才能，可以激发青少年参与社区建设和发展的积极性，从而推动社区整体发展、全面进步。

促进青少年参与社会工作的积极性和全面性是促进青少年社会工作的原则之一。社工需要宣传青少年事务社工的作用、开设适合青少年参与的活动或者社会性事务，激发青少年群体或者青少年家庭的参与兴趣。在参与的过程中，社工给予相应的指导和帮助，青少年通过在社区中的参与和贡献，可以感受到自己在社区中的价值和影响力，进而获得社会认可和尊重，这一过程有利于培养青少年的社会责任感、归属感、荣誉感和责任感；青少年参与社区事务过程中通过与成人和其他社区成员合作和协作，可以学习团队合作、沟通技巧、问题解决等社交技能，增强其社会能力；青少年参与社区事务也可以为社区注入新的思维、富有创新的想法和旺盛的活力，改变社区的总体综合环境，提升社区的发展和品质。

二、青少年社区工作的特征

基于青少年的年龄特点、行为特点及其群体性特点，社会工作者需要充分了解青少年成长的社区环境及其对青少年成长的影响，需要从青少年群体本身及其所处社区环境以及两者的互动过程中开展各类社会工作服务，这样的工作思路和想法，使得青少年社区工作呈现出鲜明的特征。

（一）具有广泛性的影响

众所周知，社区作为社会生活的基本单位，是青少年社会化的重要场所。青少年具有活泼、好学的特点，因此他们对社区活动也比较感兴趣，同时对参与社区活动的热情较高。他们渴望探索、学习和参与社区中的各种活动并且获得相应的经验。同时，社区也为青少年的社会化过程提供了丰富的物质支持和精神帮助，成为青少年成长和发展的重要载体。随着社区环境建设和社区活动的推进，社区在青少年问题的预防、解决以及青少年健康成长中的角色地位会越来越重要，产生的影响也越来越广泛。

（二）具有多样化的形式

开展青少年社区工作往往会通过团队建设、趣味运动会、志愿服务活动、夏令营等多样化的社区活动与社区服务来实现目标。这些活动不仅丰富了青少年的课余生活，还帮助他们培养了团队合作、交流沟通、领导能力等各方面的技能。青少年在参与社区活动中不仅可以结交新朋友，而且还能够学会倾听他人的观点、提升解决问题的能力，培养责任感和自信心，以及能够提供拓宽视野和认识社会的机会。通过参与志愿者活动，他们可以亲身体验帮助他人的快乐和成就感，增强对社会问题的关注意识和自身的社会责任感。这种经历和成长使得他们更有意识地回馈社区，为社区的发展和进步做贡献，并培养对社区的归属感和责任感。总的来说，形式多样的青少年社区工作不仅有利于帮助青少年发展各方面的能力，也为他们提供了与社区相联结、为社区服务的机会。通过这些活动，青少年能够更好地理解和认识社会，培养良好的价值观和社会意识，成为社区发展中不可或缺的一份子。

（三）具有常规性的内容

青少年社区工作都是在社区开展的，所关注的对象也是社区中的青少年，与社区工作有着天然内在的联系。与个案工作中关注服务对象以及小组工作中的团队协作不同，社区工作是以整个社区为工作对象。青少年社区工作需要关注社区中青少年的共同需要与共同利益，为解决社区青少年问题提供各种资源和支持服务。因此，青少年社区工作所开展的工作内容相对比较稳定，大部分事务都是与青少年学习生活相关的常规性事务，如青少年业余时间的使用、学习习惯的养成、青少年社团的培育等常规性的内容。

（四）具有充分的资源

社区作为一个相对小范围的社会结构，拥有丰富的资源和支持网络，可以为青少年提供充分的成长资源支持。社区可以提供文化娱乐设施，如图书馆、音乐学校、艺术工作室等，这些设施可以帮助青少年培养才艺，提高个人能力。社区的活动空间和场地可以为青少年举办各种活动和交流机会。比如，举办青少年俱乐部、文化节庆活动等，让青少年能够参与其中，增强社交能力、拓宽视野。社区中的非正式支持网络也非常重要。非正式支持网络包括邻里间的互助、志愿者组织、社区教育机构等。这些组织和个人可以为青少年提供学习辅导、生活指导、心理支持等方面的帮助。社区企业可以为青少年提供实习和就业机会，这可以帮助青少年获得实践经验，培养工作技能，为未来的职业发展打下基础。社区中的志愿服务也是非常有价值的。志愿者可以为青少年提供教育辅导、社交支持、职业咨询等方面的帮助。志愿服务不仅可以促进青少年的成长，还可以培养他们的公民意识和社会责任感。总之，社区内外的物质文化资源可以共同构建一个多层次的支持系统，为青少年提供全方位的成长支持。

三、青少年社区工作的基本类型

根据青少年社区工作所发挥的作用功能来看，青少年社区工作功能通常可以分为预防性、治疗性和发展性，因此青少年社区工作的基本类型也相应地分为预防性青少年社区工作、治疗性青少年社区工作，以及发展性青少年社区工作。

（一）预防性青少年社区工作

预防性青少年社区工作旨在通过社区层面提供资源、活动等方面的支持，早期发现和控制可能阻碍青少年社会功能有效发挥的条件和情境，预防青少年问题的发生。预防性青少年社区工作的目标是通过改善青少年的生活环境和提供各类教育机会，帮助青少年建立积极的生活方式、健康的人际关系和良好的心理健康。下文将根据预防性青少年社区工作的主要内容开展不同的改善和预防工作。

第一，改善青少年的家庭生活环境。通过提供家庭支持和辅导，帮助家庭改善亲子关系、加强家庭沟通和优化家庭功能，以增强父母在教育和引导青少年方面的技巧和能力。

第二，改善青少年的社区生活环境。社会各组织之间加强合作，整理社区内的可利用资源，为青少年提供多功能发展的娱乐休闲场地，给予青少年相应的社会支持，以创造一个安全、丰富的社区环境。

第三，探索学校、家庭、社区之间的良性互动。建立学校、家庭和社区之间的合作机制，共同为青少年提供支持和服务，确保青少年在不同环境中得到全面成长和发展。

第四，倡导有效的青少年服务和发展政策。通过政策倡导，推动社会各界关注和支持青少年成长，促进相关政策的制定和实施，提供更好的青少年服务和发展机会。

（二）治疗性青少年社区工作

治疗性青少年社区工作是指通过社会工作专业方法，以社区为基础，对已经出现问题或困扰的青少年进行干预和支持，帮助青少年恢复失调的社会功能。它的核心目标是为遇到困难和问题的青少年提供服务和帮助。根据青少年通常所面临的问题，如心理健康问题、家庭问题、学业问题和行为问题等，相应的治疗性青少年社区工作主要包括个体咨询、家庭治疗、群体辅导、心理支持和社会工作等。下文将根据治疗性青少年社区工作的主要服务内容，开展针对性的社区服务工作。

第一，提供学习或生活帮助。为在学习上存在困难的青少年提供学习和生活指导，引导他们培养正确的学习习惯和有效的学习方法，帮助他们解决学习和生活中的问题，提升他们适应社会的能力。

第二，提供保护服务。对于被忽视或虐待的青少年提供保护和支持，确保他们的安全和权利。

第三，提供安全保护、收容及安置服务。对于已经受到家庭暴力和家庭监护困难的青少年，社工为他们提供安全保护、收容和安置场所，帮助他们度过困难时期，并提供相对应的心理治疗和精神支持。

第四，提供治疗性服务。为不良青少年提供治疗性服务，帮助他们纠正不良行为，改变错误的价值观和态度，重新融入社会。

第五，提供矫正服务。为犯罪青少年和过失青少年提供矫正服务，通过教育和改造，帮助他们认识错误，纠正行为，重新回归正轨。

（三）发展性青少年社区工作

发展性青少年社区工作是社工通过专业的知识和运用科学的技术，借助社区内可利用的资源，发掘和激发青少年蕴藏的巨大潜能，引导青少年确立人生目标，完成个人成长跃迁。它的目标是培养青少年的能力，增强他们的自信心和自主性，并为他们未来的职业选择和面对生活做好准备。发展性青少年社区工作包括职业指导、领导力培养、创业支持、社会参与和志愿服务等。下文将根据发展性青少年社区工作的主要内容，开展相对应的活动。

第一，提供文化、体育、娱乐场所。社工需要为青少年提供基础设施，如图书馆、文化馆等，让他们有机会参与各种活动。通过这些平台，青少年可以发展自己的兴趣爱好，激发自身的潜能进而提升综合能力。

第二，设计或举办社区活动。组织各种社区活动，如义工服务、社区文化节、青年志愿者培训等，让青少年参与其中，培养合作与交流能力，增强社区归属感。

第三，提供知识辅导。青少年正处于生理和心理急剧变化的阶段，亟须正确的知识输入和引导，因此需要社工在此阶段为青少年提供关于青春期生理和心理变化的客观、科学的知识，帮助他们形成对异性的正确态度，学会接受情绪变化，构建健康积极的人际交往关系。此外，社会还应传授必备的法律常识，提升青少年的社会适应能力。这些举措旨在帮助他们了解和掌握更多的知识，提升他们的自我认知和发展能力。

第四，提供就业信息和就业辅导。为青少年提供就业信息和就业辅导，帮助他们规划职业发展，如提供职业指导、技能培训、岗位推荐等支持，帮助他们顺利就业。

四、青少年社区工作的过程与技巧

青少年社区工作作为专业社会工作的一个分支，同其他各类专业社会工作一样，在工作过程中也需要专业方法与技巧加以支撑，确保工作的顺利完成。

（一）青少年社区工作的一般过程

青少年社区工作不仅是一种专业工作方法，同时也是一个工作过程，这个过程主要可以分为社区情况调查、建立专业关系、制订工作计划、组织实施和成效评估成效五个阶段。

1. 社区情况调查

社区情况调查是指社工进入社区，围绕社区类型、青少年面临的问题和可用资源三个方面掌握社区的一般情况及青少年所面临的问题。

首先，社区类型调查分析。社区按不同的标准可以分为多种类型的社区，且不同类型社区给青少年所带来的影响也存在着很大的差别，由此而导致青少年在社区所面临的问题及其解决措施也会有很大的差异。调查、分析青少年所在社区的类型，是开展青少年社区工作的第一步，具有重要的意义。

其次，要调查和分析社区青少年所面临的问题。青少年在社区中所面临的问题是多方面的，分析并掌握青少年所面临的具体问题是开展青少年社区工作的基本要求。常见的社区青少年问题有：贫困家庭的子女面临教育资源匮乏、生活条件差等问题，需要提供经济援助和教育支持；身体或精神上有残疾的青少年，需要提供医疗、康复和社会支持服务；失去父母或无人抚养的青少年，需要提供安全稳定的家庭环境和心理支持；青少年可能面临家庭暴力，需要提供庇护、法律援助和心理咨询等支持；青少年可能遭受虐待、歧视、剥夺权利等问题，需要提供法律保护和教育宣传；社区环境中存在不良的价值观、文化影响，可能对青少年产生负面影响，需要提供正面的文化教育和引导；在社区中，可能存在青少年的文化、学习和娱乐需求得不到满足的情况，需要提供相关资源和活动。

最后，调查社区可运用的资源。社工需要了解和整合社区内的资源，为青少年提供各种支持和服务。学校作为青少年最主要的学习和教育场所，为青少年提供教育资源、课后辅导、咨询服务等；图书馆是为青少年提供图书、资料和学习空间的场所，为青少年提供阅读和知识获取的机会；青少年活动中心是专门为青少年提供各种娱乐、文化和体育活动的场所，可以促进他们的健康成长和发展；社区健康中心提供基本的医疗、健康咨询和预防保健服务，为青少年提供身体健康支持；社区中可能存在一些专门为青少年服务的非营利组织或社团，可以为青少年提供各种培训、志愿服务和社交活动；社工机构提供社会工作和咨询服务，可以为青少年提供心理辅导和支持；政府机构和社区服务中心提供各类社会福利、法律援助和家庭保障等服务，为青少年提供支持和保护。

2. 建立专业关系

建立专业关系是为了更好地了解青少年和社区，为双方奠定信任和合作的基础。社工可以通过组织各种针对青少年的社区活动，如运动比赛、文化艺术展示、社区清理活动等，与青少年和社区居民互动，了解他们的需求和意见。家庭是青少年成长的第一课堂，社工可以通过提供家庭服务活动，为家庭提供针对性的支持和服务，如为困难家庭提供物资援助、家庭咨询和教育支持等，进一步与家庭建立联系。探访社区重要人物和组织机构，与社区居民、社区机构和社会组织进行交流和合作，了解他们的观点和资源，共同为青少年提供支持和服务。与其他社区合作伙伴一起组织和参与社会行动，如运动会、志愿者活动、研讨会等，通过共同的目标和合作，建立互信和合作的关系。

在这些交往和合作中，关键是要尊重和倾听青少年和社区的声音，建立平等和互惠的关系，同时也为青少年提供专业的支持和服务。通过建立专业关系，社区工作者可以更好地理解和满足青少年的需求，共同推动青少年的发展和提升福祉水平。

3. 制订工作计划

工作计划是开展社区青少年社会工作的行动纲领。在制订工作计划的过程中，需要考虑以下问题。在制订计划前需要了解社区内青少年面临的问题和需求，可以通过调研、问卷调查、访谈等方式收集数据和意见，以便明确优先解决的问题和服务需求。在明确青少年问题和需求后，根据调研结果，确立计划的目标和重点。目标可以包括提供全面的教育支持、促进青少年的身心健康发展、提供就业培训和创业支持等。确保目标具体、可行，并与社区整体发展目标相一致。整合社区内各方资源和力量，包括学校、社会组织、志愿者、家庭等。建立合作伙伴关系，确保资源的充分利用和共享。同时，与相关机构合作，争取政府的支持和资金。前期的准备工作完成之后，可以根据目标以及利用所有资源，制定具体的项目和策划实施一系列活动，以满足青少年的需求。例如，开展教育培训、心理咨询、职业规划、文化艺术活动、体育竞赛等。确保项目和活动的多样性和灵活性，能够吸引青少年的参与和激发他们的兴趣。最后，建立监督和评估机制，定期评估计划的效果和成效，及时调整和改进计划。这包括收集反馈意见、统计数据和定期评估报告等。当计划制订完成后，为了扩大项目的影响力，可以通过社区公告、社交媒体、宣传册、家庭会议等方式进行宣传推广，提高社区内青少年和家长的知晓度和参与度。

制订计划时要考虑到社区内不同群体的需求和特点，确保计划的包容性和可持续性。同时，要密切与社区居民、青少年和家长的沟通和合作，共同推动计划的实施和发展。

4. 组织实施

组织实施是青少年社区工作计划的落实与执行阶段。组织实施青少年社区行动时需要考虑青少年的特点和参与方式。在实施过程中，要与青少年保持良好的沟通和互动，尊重他们的意见和建议。同时，提供必要的支持和指导，确保行动计划的顺利实施和取得预期效果。

一般组织实施的过程需要制订明确的行动计划，即明确行动的目标、内容、时间表和责任人，从而确保计划可行、具体，并与社区内青少年的需求和特点相符合。建立青少年参与决策的机制，让青少年能够参与和影响行动计划的制订和实施过程，例如，可以组织青少年代表参与决策会议，或设立青少年志愿者团队，让他们在行动中发挥积极作用。青少年群体此时的交际能力和团队协作能力较为薄弱，因此，可以通过组织培训班、工作坊、导师指导等方式为青少年提供必要的培训和支持，旨在培养他们的领导能力和技能，帮助他们提升自信心和综合能力。当每小节活动完成后，通过激励机制和奖励措施，调动青少年的积极性和参与度。可以设立志愿服务奖励制度，表彰参与行动的青少年，并提供相应的权益和福利。在组织实施的过程中，采用"服务学习"的方式，将实践和学习相结合，让青少年通过参与社区行动来获取知识和经验，如组织社区调研、开展社区服务项目、进行反思和总结等环节，以促进青少年的综合发展。通过多种渠道和方式宣传行动的意义和目的，鼓励更多青少年参与。

5. 成效评估

社会工作进行全面、具体、客观的成效评估，是检验社会工作实际效果的主要方法。通过对社会工作中的服务满意度、服务的质量、社工的执行能力、成本效益的测算评估，发现在社会工作过程中出现的问题以及总结工作中的创新点和意外收获，形成发现问题—讨论问题—解决问题—创新改变的底层工作逻辑，有助于在后续工作中提高工作效率，从而能够有效地促进青少年社区工作专业化水平的提升，为青少年的发展提供更加适宜的活动方案设计，调动社区内居民参与的积极性，助力社区其他方面的发展。因此，成效评估是青少年社区工作的必要环节。

工作任务完成评估是对具体工作任务完成的数量与质量的总结分析，涉及工作任务的主要功能、服务容量、财务支出等方面的考察评价。通过这一评估可以了解项目的实际成绩和运行情况，为改进和优化工作提供依据。

对社区整体青少年发展状况的影响评估，实际上是考查青少年社区工作项目在整体上对社区青少年发展产生的综合效应。除了直接影响和长远影响的鉴定，还可以考虑使用量化或定性的方法，如问卷调查、访谈等，来了解项目对社区青少年发展的具体影响和改变。

评估青少年社区工作对社区其他方面的影响，实际上是评价青少年社区工作如何对社区内的其他相关工作产生影响，从而最大限度地发挥其效能，更好地整合和利用社区资源。

（二）青少年社区工作的技巧

1.调查分析的技巧

调查和分析是了解社区问题和获取资源的重要手段，对于指导青少年社区工作的发展和实施具有重要意义。调查和分析是开展青少年社区工作中不可或缺的技巧。通过精确的调查目标、合适的调查方法和工具，以及综合分析和解释数据，可以为社区工作者提供准确的信息和数据支持，从而更好地服务青少年群体。

在进行调查前，确定想要了解的具体社区问题、青少年需求或资源情况等。根据调查目标和问题，选择适合的调查方法和工具。例如，可以使用问卷调查、访谈、焦点小组讨论等方法，以收集青少年和其他相关人群的意见和反馈。通过合理的样本选择方法，确保调查样本具有代表性，提高调查结果的可靠性和可解释性。在进行数据收集和整理过程中，要注意数据的质量，确保数据的准确性和完整性，避免数据的失真和偏差。在进行数据分析时，要进行综合分析，将不同来源的数据进行整合和比较，从而得出更全面和客观的结论。同时要注意数据的解释，避免产生片面和误导性的结论，将调查结果与实际工作和决策相结合，制定合理的干预措施和改进方案。调查结果应成为指导社区工作的重要依据，以促进社区青少年的全面健康发展和问题的有效解决。

2.建立关系的技巧

建立关系是青少年社区工作中至关重要的技巧。青少年社区工作开展过程中需要接触包括青少年在内的社区居民、家庭、政府部门及社会群团组织等不同的对象，与这些不同的对象进行接触并建立关系所需要的技巧也各有差异。但是在接触过程中，通过尊重、关心、包容、诚恳、倾听、合作、支持、建立网络、保持沟通和持续关注等技巧则有助于建立起良好的社区关系，为青少年提供更好的服务和支持。

在与社区居民和青少年接触时，尊重他们的个人和文化差异，倾听他们的意见和需求，并尊重他们的决策权。关注社区青少年的情感和需求，并提供支持和帮助。接纳不同背景和能力的社区居民和青少年，尊重他们的差异，不歧视或排斥任何群体。在与社区居民和青少年交流时，保持真诚和坦率的态度，以诚信为基石，建立彼此信任的关系。倾听社区居民和青少年的意见和想法，尊重他们的声音，并将其纳入决策过程中。与政府部门和社会团体建立紧密合作的关系，寻找共同目标和利益，并协作解决问题。了解社区居民和青少年的需求，并提供适当的支持和资源，如提供信息、建议、培训、咨询等。与其他社区工作者和青少年工作者建立联系和合作，分享经验、资源和最佳实践，共同推动社区工作的发展。与社区居民和青少年保持良好的沟通，及时了解他们的需求和问题，并及时回应和解决。建立关系不仅仅是一次性的接触，而是需要持续关注和跟进。保持定期的联系和交流，确保关系的持久性和可持续性。

3. 介入技巧

青少年社区工作的介入是影响工作效果的关键，介入的好坏甚至在某种程度上左右着社区工作的成败。当前在青少年社区工作中常见的介入技巧主要有：知情介入，通过了解社区的需求和问题，为青少年提供适当的信息和支持，以帮助他们解决问题和实现发展；资源介入，发掘和整合社区内外的资源，为青少年提供适当的教育、培训、就业和其他支持服务，以促进他们的综合发展；参与介入，通过组织各种青少年参与活动或项目，鼓励他们主动参与社区事务和决策，培养他们的自主性和责任感；网络介入，利用现代科技手段，通过社交媒体、在线平台等方式与青少年建立联系，提供在线咨询、培训和支持，为他们提供便捷的服务；协同介入，与社区内外的相关机构、组织、学校、家庭等建立合作关系，共同推动青少年工作，实现资源共享和互补，提升工作效果；教育介入，通过青少年教育活动和课程设计等方式，向他们传授知识、技能和价值观，提升他们的综合素质和自我管理能力。

综合运用以上介入技巧，并根据具体的社区情况和需求进行灵活选择和调整，可以有效提高青少年社区工作的效果和影响力。

4. 动员、组织活动的技巧

开展青少年社区工作的过程也是动员包括青少年在内的社区居民，通过组织开展活动以解决青少年面临的问题，从而促进青少年和社区发展的过程。因此动员、组织活动与青少年社区工作是相伴相生的。动员、组织活动也是一项系统的工作，为了更出色地完成动员、组织活动，可以从以下方面提高工作技巧：在动员和组织社区居民参与活动之前，可以通过调查、座谈会等方式收集信息，了解他们的真正需求，以确保活动能够满足他们的期望和利益；在策划活动时，确保有明确的目标和主题，这样可以更好地引导活动的内容和形式，并确保与青少年的需求和兴趣相符，此外，还确保活动的可操作性，使参与者能够真正从中受益；动员和组织活动需要调动各种资源，建立与社区内外的合作伙伴关系，如学校、社会组织、志愿者团体、当地政府，可以获得更多的支持和资源，共同协作推动活动的顺利进行；为了增加青少年的参与度，活动应该具有足够的吸引力和趣味性，可以运用游戏、竞赛、团队合作等方式，激发他们的兴趣和参与热情，在活动中给予他们一定的自主权和责任，让他们感受到被重视和尊重；动员青少年参与活动并组织活动不仅需要他们的积极性，还需要一定的技能和知识，为此，需提供培训和支持，帮助他们提升组织、协调、沟通和领导等方面的能力，以便更好地参与和组织活动；活动结束后，及时进行评估，了解活动的效果和反馈，根据评估结果，进行必要的改进和调整，以提高活动的质量和影响力。

通过合理利用以上技巧，可以更好地动员和组织社区居民，策划和实施具有吸引力和影响力的活动，进而提高青少年社区工作的效率和推动其可持续发展。

五、青少年社区工作的实施策略

青少年社区工作的实施策略是为了有效实现青少年社区工作的目标，根据青少年群体及青少年所处的社区环境特点制订相对应的方案，并在实施过程中根据形势的发展和变化动态调整方案，最终实现目标。实施策略如果运用得当，就会大大提高青少年社区工作的效率，达到事半功倍的效果。具体而言，青少年社区工作的实施策略可以从以下方面着手进行。

（一）加强社区青少年事务管理，促进青少年健康成长

有效加强社区对青少年事务的管理，促进青少年的健康成长，重点是建立有效的管理档案，关注特殊青少年群体的需求，完善评价体系，确保社区对青少年的支持和帮助能够及时且落到实处。定期进行调查和收集社区青少年的信息，建立全面准确的青少年管理档案；对于残疾、失业以及因家庭原因无法获得正常监护的特殊青少年群体，要提供相应的帮助和服务；通过记录青少年在社会活动中的表现以及他们所参与的志愿服务内容等方式，不断完善青少年参与社区活动的激励机制。

（二）完善社区服务内容，满足青少年成长的基本需求

青少年的健康成长离不开社区所提供的各种完善的服务，青少年既是社区服务的受益者同时也是社区服务的提供者。开展青少年社区工作的一项重要内容就是根据青少年成长的需求，不断完善社区服务的内容，提高青少年的福利水平。具体服务内容主要包括以下方面。

第一，社区青少年培训类服务。社区可以与学校、共青团、科技馆等部门及社会组织合作，开展多种类型的培训活动或咨询等服务，为青少年所面临的问题提供知识与技能的支持。

第二，社区青少年文化休闲类服务。文化休闲类服务已成为青少年最热

衷的活动。举办社区群众性文体活动，如竞技体育、文化娱乐活动能够有效满足青少年的休闲娱乐需求；开展社区文化建设、志愿服务活动等社区参与活动，鼓励并吸引青少年积极参与社区活动，推动社区文化建设。

第三，社区青少年心理健康类服务。针对青少年普遍存在的生理及心理发展特点，邀请有关专家进入社区开展青少年身心健康知识教育普及，帮助青少年形成健康的人格。

第四，青少年权益维护类服务。针对青少年存在的权益侵害现象建立社区维权平台，大力开展青少年权益保护宣传教育，增强青少年权益保护意识，联合妇联、共青团、学校、教育、司法等多部门建立青少年维权联动体系，在事前、事中及事后建立完整的青少年权益维护机制。

（三）净化社区青少年成长环境，消除青少年违法犯罪的诱因

社区环境对于一个人的影响是潜移默化又至关重要的。从古至今，皆是如此。良好的社区环境更有利于青少年的健康成长。为了给青少年营造良好的社区环境，改善和优化青少年的成长发展环境，可以从社区环境的整治、建立青少年成长评估以及预警机制三个方面着手，消除青少年成长违法犯罪的诱因。

第一，加大社区环境整治力度。青少年成长的社区环境也是成年人生活的环境，因此存在良莠不齐的现象。针对社区内的网吧、书店、会所等存在影响青少年身心健康的娱乐环境，需要加大整治力度，采取有效的清理整顿措施，构建健康、和谐、积极向上的社区环境。

第二，建立青少年成长环境的评估体系。了解社区环境对青少年成长的影响，评估影响青少年成长的环境因素，形成对应的评价系统，调整和优化社区内影响青少年成长的环境。

第三，建立青少年成长环境的预警机制。跟踪了解青少年成长的社区环

境，尤其要重点了解社区环境中对青少年成长影响较大的因素，及时发现并分析造成青少年问题的根源，通过预警和控制，及时消除隐患。

【案例分析】

案例 6.1　"追寻红色记忆　凝聚红色力量"
——培养"红色"青少年 [①]

一、案例背景

福建省永春县玉斗镇地处永春县西南部，玉斗镇辖内 9 个行政村都是革命老区村，具有丰富的红色文化资源，是永春县佛手茶的主要产地之一。截至 2022 年末，玉斗镇总人口 2.2 万人，常住人口 1.07 万人，其中低保 174 户 327 人，特困 10 户 10 人，事实无人抚养儿童 11 人，残疾人 344 人，80 周岁以上高龄老人 358 人，"五老人员" 2 人，党员 652 名。

为此，玉斗镇社会工作服务站结合玉斗镇革命老区的优势，发掘红色资源，追寻红色记忆，凝聚红色力量，培养"红色"青少年，打造"红色玉斗"特色服务品牌。在前期需求调研的基础上，社工站通过党建引领，以红色教育为主题，通过"学习＋激发青少年主观能动性＋实践"的方式，开展了解读红色精神、了解红色故事、观看红色影片等"六红"系列服务，让青少年了解什么是红色精神，引导青少年去学习和发扬伟大的红色革命精神，做一个熠熠生辉的"红色"青少年。

---

① 案例来源于永春县启航社会工作服务中心 2022 年优秀工作案例。

二、分析预估

2022 年 1 月，玉斗镇社会工作服务站服务前期开展需求问卷调查，针对青少年及其家长发放了 100 份问卷，问卷回收率 100%，并对问卷进行了分析。经过需求调研和综合分析，青少年有以下期望需求：希望社工站丰富其课外生活，促进其健康成长；希望社工站能够提供综合性服务，开展知识讲座、手工艺制作等课程，促进其全面发展；希望社工站多开展红色文化相关活动，他们表示愿意参加红色文化志愿活动。

根据收回的问卷调查显示，大多数青少年有较强的参与社区活动意愿，但是适合他们进入社区的公共空间、基础设施等仍然较少。因此，青少年多数时间选择在室内使用电子设备等进行文娱活动。

三、服务计划

（一）理论分析

通过对服务对象特点以及期望的了解和分析，本次服务将采用班杜拉所提倡的社会学习理论。社会学习理论强调通过观察他人的行为或者规范，进而接纳、学习并运用在生活中，以此来优化调节自我的行为；强调人与环境的相辅相成、相互影响。因此，增强服务对象对辖区红色文化的认识与互动，可以激发服务对象对红色文化的兴趣和增强他们对红色文化的认同感、归属感。

（二）服务目标

第一，青少年通过与老一辈革命家之间的交流与分享，形成直面现实、克服困难、勇往直前、坚定不移的理想信念，并增强文化自信。

第二，利用社区内资产和资源，丰富青少年的娱乐生活，发掘青少年身上的优点，帮助他们树立自信心，进而提升青少年的综合素质，促进青少年整体发展、优先发展和充分发展。

第三，充分发挥基层党组织的引领和统筹协调作用，联结更多的社会资源，发扬红色文化，增强爱国主义教育效果，让"红色文化"发挥出教化育人、凝心聚力的作用。

（三）服务策略

第一，社工依托玉斗镇社会工作服务站，整合各类资源，实施培养"红色"青少年项目方案。

第二，社工在服务过程中应着重强调社会工作价值理念和专业内涵。

第三，在服务过程中，社工不仅要关注青少年本身，而且需要在得到青少年及其监护人同意的情况下，借助主流媒体的推广宣传作用，让更多的青少年了解当地的"红色文化"，从而获得更大的网络力量的支撑，不断拓宽社会支持网络。

四、服务实施过程

（一）前期：增强青少年对红色文化的初步认识

社工要与社区内的组织建立初步关系，并在此基础上加强联系、增进了解。针对社区青少年及家长开展需求调查，初步确定服务方向。

根据服务需求，社工制订培养"红色"青少年项目方案，共同动员和组织青少年及其家长参与系列服务。

1. "游红址——参观玉斗乡村振兴馆，了解玉斗红色文化"

社工组织青少年参观永春县玉斗乡村振兴主题馆，了解玉斗的红色荣光。青少年可以在这里感受自身生长地方的历史带来的触动。青少年在活动结束后，也能与家人朋友分享玉斗镇的红色文化。

2.“听红音——聆听革命故事，学习‘五老’精神”

社工邀请玉斗镇革命“五老”人员回顾往昔亲自经历的艰苦岁月与不朽的英雄事迹，青少年也分享出自己所了解的红色故事，主动询问革命“五老”那段光荣岁月里发生的感人事迹。

3.“观红影——红色经典，浸润童心”

社工走进辖区小学组织青少年观看红色革命电影，使参与的青少年真切地感受红色电影的魅力，增强青少年的自豪感和家乡归属感。

（二）中期：加深青少年对红色革命文化的认识

社工通过党建引领，链接资源，举行“书红词——书写红色诗词，传承红色经典”“剪红花——红色剪纸，百年印记”等系列活动，将红色革命文化融入和渗透其中，营造良好的传承红色文化的氛围。活动结束，收集青少年的作品，在作品区进行集中展示。

（三）后期：鼓励青少年参与到红色文化传承和志愿服务活动中

在这个阶段，社工先进行阶段性评估，查找问题，发现不足，及时进一步优化调整服务内容。后期，社工主要开展“献红心——培育‘红色’青少年，唱响志愿服务”的活动，鼓励青少年积极参与到红色文化的传承和志愿服务中。

社工以“弘扬革命文化，传承红色基因”为主题在辖区内开展红色文化宣讲活动，让青少年成为主讲人，讲述革命故事。

社工积极组织青少年进行志愿服务活动，鼓励青少年参与到基层社区治理中，先后开展了关心革命“五老”人员、玉斗乡村振兴馆环境维护、关爱“乡村美容师”玉斗环卫工等志愿服务活动，当好“红色文化”代言人。

项目后期，社工也组建由青少年、党员等组成"五老"关爱志愿服务队，定期探访慰问革命"五老"人员，奉献爱心。通过青少年的互动交流与社工的引导，逐步建构与强化青少年的朋辈等社会支持系统。

五、总结评估

（一）服务对象层面

通过多种多样的活动满足青少年的需求，增强了青少年对玉斗镇红色革命文化的认识，帮助广大青少年树立正确的世界观、人生观、价值观。青少年在参加红色文化活动过程中，掌握了相关的红色文化知识后，学以致用，以青少年喜闻乐见的方式传递红色文化。青少年内部交流增多，加强了同伴之间的亲密关系，增强了他们面对生活的信心和勇气，提升了参与社会建设的能力和动力。

（二）社区层面

青少年社区服务活动的开展一方面让服务对象本身受益，另一方面促进本乡镇红色精神的传承，增强红色力量的传递，在辖区内营造学习红色文化的良好氛围，从而打造共建共治共享的社会治理新格局。

六、专业反思

（一）注重结合当前时代发展需求和青少年群体的现实需要

在实现中华民族伟大复兴的关键时期，结合当前的时代发展需求和青少年群体的现实需要，将红色文化转化成青少年普遍认可的文化资源，对于强化青少年群体的政治认同、传承红色基因，以及培育"红色"少年具有重要的现实和实践意义。社工将红色文化融入青少年成长成才的教育活动中，考虑到青少年的成长规律和特点，借助先进的教育理念和心理发展理论，在红色文化内涵发掘与青少年全面发展的内在需求之间搭建起坚实的桥梁。

（二）注重青少年自主性的挖掘

社工发现青少年身上蕴藏的优势，因此，在开展服务过程中，注重服务对象的自主能动性挖掘，让青少年从被动学习红色文化知识转变为主动宣传与倡导红色文化，并且发展成为志愿者。

第三节　青少年社区服务

青少年社区服务是以社区服务机构为主体，为包含青少年在内的社区成员提供公共服务以及生活基本的物质、精神、心理等服务，其服务目标是构建和谐友爱、互帮互助的社区环境。[①]青少年社区服务的内容会随着社会发展及青少年成长需求的变化而变化，但大体上青少年社区服务可以分为由青少年提供的社区服务和为青少年提供的社区服务两大类。常见的为青少年提供的社区服务有教育培训、娱乐活动、心理咨询、就业指导等服务内容，这些服务可以由政府、非营利组织、社会志愿者等提供。随着社会需求的增加和专业化的要求，政府制定相应的政策和目标，为专业服务机构和人员提供资金支持，由他们提供青少年社区服务，这将有助于提高服务质量和专业水平。同时，青少年社区服务并非仅仅是针对青少年的组织活动，它同样需要社区内居民的共同参与，通过利用社区内可调用的一些资源，建设健康的、舒适的青少年成长环境。

---

① 陈世海：《青少年社会工作》，中国社会出版社，2011，第213页。

一、青少年社区服务的内容

由青少年提供的社区服务是指通过引导和培养青少年的助人意识和公民责任，激发他们参与社区服务的热情。他们通过为社区居民提供各种类型的服务，如义务劳动、社区活动组织等，从而促进社区的发展和青少年的个人成长。这种形式的社区服务可以培养青少年的社会责任感、团队合作能力和领导能力，同时也有助于提高他们的社会参与度和社交技能。为青少年提供的社区服务是指社区组织各类活动，包括教育、文化、体育、艺术、职业培训等，目的是通过不同的活动，为青少年提供他们所需要的知识，如为学习困难的学生提供学习方法和学习内容方面的指导和帮助、为失业或待业的青少年提供就业创业指导培训、为青少年提供丰富多彩的兴趣活动、挖掘青少年的优点和特长，从而创造和谐的、有助于青少年健康成长的社区环境。这些服务包括青少年俱乐部、社区图书馆、艺术培训班、青少年社团等，旨在为青少年提供学习、娱乐和交流的场所和机会，促进他们的全面发展和成长。通过这些服务，社区可以为青少年提供支持和指导，帮助他们树立正确的认知和思想意识，培养积极向上的品格和行为习惯。

具体而言，目前青少年社区服务的主要内容体现在以下方面。

（一）社区青少年教育服务

社区教育在当前的教育政策背景下承担着新的使命和责任。《教育部等九部门出台关于进一步推进社区教育发展的意见》指出，社区教育机构利用社区内的教育资源，开展丰富多彩、生动有趣的教育讲座活动、课外科普活动、社会实践活动等校外教育活动，与学校的校本教育、课内教育建立有效的衔接和补充，多层面促进青少年的成长。开展社区教育，可以根据社区青少年的特点，有针对性地进行教育。如对于由于家境贫困，或者个人学习能力缺失等问题，未完成义务教育或高中教育的失学青少年，社区教育机构针对青少年的具体情况为其开展相对应的教育活动,一方面使这些青少年树立正确的世界观、人生观和价值观,另一方面提高青少年的道德素质,加强法治教育,培养正确的职业观念以及形成良好的身心健康发展;对于智力正常,但是无法达成教学目标的学业不良青少年,社区教育机构需要了解学业不良产生的原因。通过改善青少年的学习方法和策略、充分挖掘他们的学习潜能、培养良好的学习习惯等,使学业不佳青少年逐渐树立起学业自信,达到其至超过基本的教学目标能力水平。在实施社区青少年教育服务的过程中,社区教育工作者和家长需要密切合作,共同为学业上遇到困境的青少年创造良好的社区和家庭氛围,推动学习型家庭和学习型社区的发展。

通过科学合理的社区青少年教育服务,可以促进素质教育的均衡发展,提高青少年的综合素质和个人能力,助力他们更好地适应社会发展的需求。

(二)社区青少年就业服务

青少年就业问题对于社会的稳定和发展至关重要。社区青少年由于缺乏工作经验、职业技能水平较低、适应社会生活的能力弱等原因,面临着就业方面的困难。解决社区青少年就业问题需要个人、家庭、政府和社会多方面的共同努力。社会工作可以通过协调各方资源,帮助社区青少年积极面对挑战,发挥个人潜能,为失业和就业困难的青少年提供再就业的机会。社区根据青少年面临的失业和就业困境,组织开展相关的技能培训课程、创业就业发展指导讲座。首先,帮助青少年了解和分析现阶段的就业现状,改变青少年就业时"高不成、低不就"的就业心态;其次,引导青少年具备丰富理论知识的同时,加强对实际操作和解决问题能力的培养和锻炼;再次,社区之间建立高效且多元的就业信息网络平台,社区工作者可以整合社区内的资源,采用社会化运作的方式,为青少年就业和创业提供更多的机会和选择;最后,鼓励和支持青少年自主创业,以创业拉动就业的发展,促进青少年就业活动方案的实施。社区内部开展创新社会服务的相关工作，增加社区工作岗位，为青少年实践锻炼提供平台支持。

社区工作者在此过程中起着重要的作用，他们需要深入了解青少年就业困难存在的主客观原因，然后根据具体的情况为失业和待业的青少年提供机会和平台，并且在此过程中帮助青少年树立良好的就业心态，鼓励和支持青少年积极面对生活。他们可以提供职业咨询、就业指导和资源支持，帮助青少年制定职业规划，提升就业竞争力，实现就业目标。同时，社区工作者还可以促进政府、企业和社会组织的合作，共同为社区青少年提供更多的就业机会和资源支持。

（三）社区青少年心理援助

青少年时期是个人心理发展的关键时期，青少年常常面临着许多心理困境和挑战。由于青少年时期成长的复杂性和特殊性，他们面临的心理困扰尤为突出。这些困扰包括认知偏差、情绪困扰、人格障碍和人际交往障碍等方面。为了帮助社区青少年应对这些心理困境，提供心理援助是非常必要的。社工根据服务对象的不同特点和需求，为他们提供精准且专业的心理咨询援助。

社工通过心理咨询、心理教育等方式，了解青少年存在的问题，引导青少年正确理解自己和社会的关系，形成积极健康的自我认知。通过认真聆听青少年的心声并予以理解，帮助青少年了解并有效管理自己的情绪，培养健康的情绪智力，同时建立合理的自我评价机制，从而提高心理健康水平。当青少年已经出现人格障碍时，可采用个别心理治疗或心理训练的，及时进行矫正，帮助青少年克服人格障碍，恢复正常的社会功能。社工需要联系家长或者社区内的其他成员帮助社区青少年发展良好的人际关系，也可通过为青少年提供人际交往技巧培训、亲子关系修复等形式帮助青少年建立和谐的人际关系，使他们获得社区、家庭和同伴资源的支持。

通过这些措施，可以为社区青少年提供全面的心理援助，促进他们的心理健康发展，提高社区青少年的生活质量。同时，社区工作者在心理援助中扮演着重要角色，他们应具备相应的心理知识和技能，以便积极引导、支持和协助社区青少年的心理发展。

（四）社区青少年行为修正

青少年时期，心智不成熟、社会经验不丰富，往往容易受到同伴影响，并处于追求他人认可的社会化阶段。因此，青少年面对复杂的社会环境，容易出现偏差行为，成为社区中的问题青少年群体。

社区工作者在面对社区青少年时，可以采用个案工作辅导、家庭服务、小组辅导和社会工作等方法进行干预与修正青少年的行为。

针对社区青少年的个别问题行为，通过个案工作辅导的方式，帮助他们认识问题行为的危害性，并培养他们适应社会规范的能力，促进行为的转变。青少年出现偏差行为，大多数与家庭之间有密不可分的联系，因此需要进行家庭服务，将家庭作为干预的对象，通过改善家庭环境、提升家庭的教养能力等方式，从根源上帮助社区青少年解决问题行为，促进家庭和谐。青少年正处于客体分离阶段，在这个过程中他们逐渐形成社会化的个体。因此，他们与同伴的关系更为密切。鉴于此，社区工作者可采用社区青少年小组，开展小组辅导，通过小组内部的互动、支持和合作，帮助他们解决行为问题，并培养他们积极健康的行为习惯。社区的环境影响青少年的发展，和谐友好的社区环境促进青少年积极正向的人际关系的形成，因此将整个社区作为干预对象，通过社区资源整合、社区教育宣传等方式，为社区青少年提供良好的成长环境，这样不仅有助于推动社区文化的建设，还能助力他们实现自己的人生目标。

通过这些措施，可以帮助社区青少年纠正不良行为，促进他们心理健康的发展，并为他们提供更好的成长环境。社区工作者在行为修正中发挥着更重要作用，他们应具备专业的知识和技能，与社区青少年建立积极的关系，积极引导和支持青少年实现行为转变。

（五）社区青少年的相关政策倡导

作为社区青少年工作者，除了直接提供服务，倡导相关政策也是其重要工作目标。通过参与政策制定和提出建议，为社区青少年的成长提供更好的政策背景支持。可以通过以下方式开展社区青少年的政策倡导工作。

第一，参与完善青少年教育法。积极参与相关政策的制定，推进青少年教育选拔机制的改革和完善。其中包括推动公平的教育资源分配、减轻学业负担、关注青少年心理健康等方面的政策倡导。

第二，提出保障青少年劳动就业权利的政策建议。与实践相结合，为保障青少年的劳动权益，提出相关政策和法规的建议。这包括推动健全青少年劳动保护制度、加强劳动合同保护、提供职业培训等方面政策制度的完善。

第三，推进社区青少年就业援助措施。倡导政府推动社区青少年就业援助的行动措施，包括提供就业信息、加强职业培训和提供创业支持等。这有助于为社区青少年提供更多的就业机会和发展空间，增强他们的社会适应能力。

通过这些政策倡导与建议，可以为社区青少年提供更好的成长环境和机会，帮助他们顺利实现社会化，成为和谐社区的一员，并激励他们为社区建设做出贡献。同时，社区工作者应积极参与政策倡导的过程，通过专业知识和经验，为政策制定提供有益的建议。

（六）社区青少年的相关福利制度建构

要帮助青少年顺利走出困境还需要构建适当的青少年社会福利制度。鉴于当前我国青少年社会福利制度正处于逐渐完善、健全的过程中，因此构建适当的青少年社会福利制度也是青少年社区工作的重要组成部分。构建青少年社会福利制度时，需明确社区青少年的福利需求，包括教育、健康、心理支持、就业等方面的需求，确保福利制度能够全面覆盖。社区工作者需要建立专门的福利服务机构或机构部门，负责为社区青少年提供福利服务，包括设立青少年活动中心、青少年健康咨询站等。通过政府、社会组织和学校等多方参与的福利协调机制，确保福利资源的合理配置和协同作用，避免资源浪费和重复。政府应拨款或设立专项基金，用于支持社区青少年福利事业的发展和运行，确保福利服务的可持续性。建立科学的评估体系，定期评估福利制度的实施效果，及时调整和改进制度，确保福利服务能够持续地满足社区青少年的需求。通过开展宣传教育活动，增加社区居民对青少年福利的了解和支持，提高社会共识，形成社会广泛关注和积极参与的氛围。

建构适当的青少年福利制度需要政府、社区工作者、学校、社会组织等多方面的合作和努力。只有通过长期稳定的支持和努力，才能保障社区青少年的福利权益，推动他们积极向上地成长和发展。

二、青少年社区服务的特征

青少年社区服务的服务对象、服务性质、服务方式等内容，决定了它具有以下特征。

第一，福利性。青少年社区服务的福利性是指为青少年提供福利帮助，不以谋利为主要目标的服务。这种服务的主要目的是为社区青少年提供支持、帮助和关怀，促进他们的健康成长和全面发展。这些服务主要是以无偿或低偿的形式向社区青少年提供全面的支持和关爱。

第二，互助性。青少年社区服务的互助性是指社区单位、居民和社区青少年应该互相帮助、互相支持，共同为社区青少年提供所需的支持和服务。通过互助性的社区服务，可以发挥社区的集体力量，形成社区共同关注和支持青少年的良好氛围。同时，青少年也能够获得更多的帮助和支持，这不仅有助于提升他们的福利水平，更能显著提高他们的生活质量。

第三，群众性。青少年社区服务的群众性一方面是指动员社区全体青少年，以及社区成员共同参与；另一方面是指社区内的青少年不仅是社会工作的服务对象，也是服务工作的参与者和执行者。在群众性的青少年社区服务中，社区成员、社会组织、学校、家长以及青少年本身都扮演着重要的角色，共同参与和推动社区服务的开展。

第四，综合性。青少年社区服务的综合性一方面是指社工需要有丰富且专业的知识，不仅需要熟练掌握社会工作的知识，也需要了解大量的有关青少年发展特征的知识，以及需要极强的思辨能力和熟练运用专业知识的技能；另一方面是指青少年社区服务是一项需要政府与社会各方力量相协调的工作，需要参与部门和组织的共同支持，才能推动青少年社区工作者的顺利发展。

三、青少年社区服务的原则

第一，共同关注、共同参与的原则。青少年个体之间存在差异，社区内青少年的需求呈现出多样化特点，所面临的问题也各具特色。因此，需要得到多个部门和专业人员的关注和支持。在社区服务中，不仅是为青少年提供服务，也需要青少年参与其中，形成互助共赢的局面。在青少年社区服务中，各机构、部门和专业人员需要共同参与，形成合力。他们可以通过建立联合工作机制、开展跨部门合作、共享资源等方式，共同关注和解决社区青少年的问题。

第二，服务—学习的原则。服务—学习（Service-Learning，SL）兴起于美国 20 世纪 80 年代，它强调学生通过参与社区服务来学习和应用所学的知识和技能，同时也关注学生的公民参与和社会责任。在服务—学习的实践中，学生不仅是为了完成学业要求而参与社区服务，更重要的是通过服务活动来提升自己的学习成果和发展个人素养。在服务过程中，学生有机会将课堂学习所获得的知识应用到实际情境中，与社区成员共同解决问题，提供切实有效的服务。

第三，重视过程性目标的原则。过程性目标是指服务过程中社工和服务对象所产生的改变，相较于结果性目标更强调服务过程中的深层次影响。在青少年社区服务中，青少年通过参与社区服务，可以感受到社会的关怀和支持，从而增强他们的自尊心和自信心。同时，他们还可以培养同理心、合作意识和团队精神，建立积极的人际关系。青少年通过社区服务，能够加深对社会问题的认识和理解，增强对公共事务的参与意识。他们能够意识到自己作为公民的责任和义务，积极参与社会建设。

第四，资源整合的原则。资源整合是指协调和整合各种资源，使其能够有效地支持和促进社区服务的实施。这些资源包括资金、人力、物资、场地、专业知识等。在开展青少年社区服务项目时，资源整合可以确保项目有足够的资金支持、物资设备和场地使用，以及人员参与。通过资源整合可以保证项目顺利进行，并提供高质量的服务；通过资源整合，可以联系专业机构或专家，获得相关领域的专业知识和技能，有助于提升项目的专业水平；通过资源整合还可以促进各部门和组织之间的合作和协作，可以实现资源的共享和互补；资源整合可以帮助项目建立稳定的合作伙伴关系，确保项目能够持续开展，并为青少年提供长期的服务和支持。

四、青少年社区服务可利用的资源

开展青少年社区服务，实质就是充分挖掘和整合社区内外各种资源，调动社区内外多方力量，为青少年的健康发展提供福利服务的项目和过程。因此挖掘和整合社区内的可利用资源是青少年社区服务的重要环节。

（一）政府

政府在青少年社区服务中扮演主导角色。作为社会管理者和公共服务提供者，政府有责任和义务为青少年提供全面的服务和保障。政府可制定相关规划和政策，统筹规划社区青少年服务资源，确保资源的合理配置和有效管理；政府通过协调社会各方资源，包括财政、土地、设施等，为社区青少年建设提供必要的物质条件和经济支持；政府通过建立健全监督机制，监督社区青少年服务项目的质量和效果；政府通过搭建平台，促进政府部门、社会组织、企事业单位以及家庭、学校等各方的合作与联动；政府通过加强社会宣传和教育，提高社会对青少年问题的关注和重视。通过政府的主导作用，社区青少年服务资源得以更好整合和利用，并为青少年的全面发展和健康成长提供了保障。

（二）社区

社区是青少年生活的重要场所之一，其重要功能是为社区青少年提供多元化、针对性的服务和活动。在社区中可以根据青少年的兴趣爱好和特长来组织、成立青少年社团，如文学社团、音乐社团、艺术社团、科技社团等，为社区青少年提供一个自我发展和交流的平台。青少年社团的发起和组织可以由社区青少年中心来负责，并在社区青少年中心的指导和支持下开展活动，如夏令营、露营、实地考察等，这样既可以培养青少年的自我教育和自我管理能力，又可以加强他们的团队合作和社会交往能力，同时也能够增进社区的凝聚力和促进社会和谐。

（三）家庭

家庭对于社区青少年的成长起着至关重要的作用。作为青少年最重要的社会环境，家庭对于他们的教育和引导起着决定性的影响。家庭作为青少年社会化的第一场所，是孕育情感的摇篮，父母更是青少年的启蒙老师，因此家庭及家庭教育在青少年成长中是不可缺位的。家庭也是青少年最重要的防护所，家庭可以提供安全感和归属感，帮助青少年建立良好的价值观和行为习惯，增强他们的自信心和适应能力。目前，青少年中产生的如自卑、冷漠、抑郁等问题与家庭暴力、家庭经济困难等家庭问题有着直接或间接的关系。因此，社区工作者需要联合家庭成员，通过解决家庭问题，缓解青少年与家庭之间的矛盾，帮助青少年缓解心理问题。社区可以与家庭密切合作，共同关注和支持青少年的成长，为他们提供更好的成长环境和支持。

（四）社会工作者

社会工作者在社区青少年工作中发挥着独特的作用，他们的专业知识和技能可以为青少年提供全面的支持和帮助。他们通过发挥社会工作价值观、价值理念和助人技巧，与社区青少年建立良好的关系，为他们提供支持和指导，帮助他们面对困境并寻求解决问题的途径和资源。社工以同理心、尊重和理解为出发点，与青少年进行有效的沟通和交流，帮助青少年建构自己的人生目标和正确的价值观。社工努力发掘和激发青少年的潜力，培养他们的社会责任感和公民意识，使社区青少年成为独立自主的个体，并积极地参与社会建设。

（五）社会服务组织

社区青少年服务的主要承载者是社会服务组织。在处理社区青少年工作时，政府一般从全局的角度出发，为青少年的发展方向制定方针政策，借助社会服务组织的专业运行机制将资源传递给青少年。一个专业的社会服务组织不仅要具备专业的服务提供机制和运作机制，还需要具备一支专业的团队，包括社工等专业人员，他们拥有相关的专业知识和技能，能够提供全面的服务和支持。社工在社会服务组织中发挥着服务核心力量的作用，因此社会服务组织和社工之间的协作运行是确保社区青少年服务有效供给的关键。

（六）青少年朋辈

朋辈关系对于青少年的成长起着非常重要的作用。在青少年阶段，他们开始建立并依赖同龄人之间的关系，而朋辈关系的价值取向往往受到年龄和文化背景的影响。良好的朋辈关系可以为青少年提供支持、理解和共享，帮助他们发展自我认同和建立积极的社交网络。良好健康的朋辈关系可以促进青少年积极学习、提升道德素质、遵守社会规范。因此，我们需要合理重视社区青少年的朋辈关系，并引导他们发展健康、积极的朋辈关系。这可以通过提供社交技巧和交往能力的培训，鼓励他们积极参与群体活动和提供促进友谊的机会来实现。同时，家庭、学校和社会都可以发挥作用，为青少年提供支持和指导，帮助他们建立良好的朋辈关系。

（七）学校

学校作为教育资源的重要来源，在青少年的教育中扮演着重要的角色。学校不仅是知识传授的场所，还是培养道德品质之所。在学校需要通过系统的、有效的、科学的教育政策对青少年进行德育培养。社区青少年教育中，学校应主动承担对社区失学青少年的后续教育责任，通过提供全面的教育内容和培养综合素质，学校可以帮助失学青少年重新融入学校环境，并为他们在其他方面的成长和发展提供坚实的支持。对于社区中学习产生困难的青少年，学校也应不断通过了解青少年问题产生的原因，改变教育方式以及更新教育思想，切实地帮助青少年解决学习问题。通过帮助学生调节学习方法，提高学习能力，并激发他们的学习兴趣。此外，学校还可以加强与家长和社会资源的合作，共同为学业不良的青少年提供支持和帮助。在教育中，学校应该注重培养青少年的创新思维、团队合作能力、沟通技巧等综合素质，同时注重对道德教育和价值观的培养，使青少年能够成为有道德、有责任心、有创造力的社区成员。

五、开展青少年社区服务需要注意的问题

社区功能的多样性和发展的现代性，不仅为青少年社区服务提供了崭新机遇和广阔前景，同时也对青少年社区服务提出了更高的要求。因此，要提高青少年社区服务成效，还必须注意以下方面的问题。

（一）从社区青少年特点入手，尊重青少年的价值和尊严

只有从社区青少年的特点出发，尊重他们的价值和尊严，建立与他们的良好关系，社区工作者才能真正有效地帮助青少年解决问题、激发自身潜力，并促进他们的全面发展。

首先，了解社区青少年的特点是提供有针对性服务的基础。不同年龄段的青少年在身体、心理、认知和社交方面都有不同的特点和需求。通过深入了解和关注社区青少年的具体情况，包括他们的成长环境、家庭背景、兴趣爱好等，我们可以更好地定制针对性的服务和支持，从而满足他们的需求。

其次，将青少年视为独特的个体是提供服务的关键手段。每个青少年都有自己的想法、潜力和价值。我们应该给予他们足够的尊重和关注，让他们感受到自己的重要性。这要求我们倾听他们的意见和需求，尊重他们的个人选择和决策，并提供他们需要的支持和指导。青少年一旦感到被尊重和重视，就可以激发他们的自信心和积极性，促进他们的成长和发展。

最后，与青少年建立良好和谐的关系是提供服务的保障。社区工作者需要与青少年建立信任和互动的纽带。为此，需要通过真诚的关怀、倾听和理解青少年的需求、兴趣和问题来实现。同时，社区工作者需要运用专业的价值观和技巧，在提供服务的过程中保持专业性和适当的边界。只有与青少年建立起良好的关系，我们才能更有效地理解他们的需要，并提供合适和有益的帮助。

（二）排除问题标签，发掘社区青少年自身优势

优势视角在现代青少年社会工作中已经越来越受重视。排除问题标签，发掘青少年自身优势是非常有意义的做法。通过与青少年共同挖掘潜在的优势，可以帮助他们发现自身的优点和特长，并引导他们积极地影响其同伴群体。同时，我们还可以倡导社区资源的有效利用，为青少年提供更多的发展机会和支持。通过这些措施，社区青少年的现状将会得到改善，并且他们的个人发展目标也将逐渐得以实现。

（三）倡导"五社联动"来为社区青少年提供服务

倡导"五社联动"来为社区青少年提供服务是青少年社区工作的创新和发展。社区青少年是社会的未来，为他们提供有效的服务对于实现社会和谐进步至关重要。在这个过程中，我们可以通过以社区为平台、社工为支撑、社区社会组织为载体、社区志愿者为辅助、社区公益慈善资源为补充的"五社联动"机制来更好地服务社区青少年。这一机制可以鼓励社会各种力量积极参与社区青少年服务，确保他们能够获得全面的教育和培养。同时，以党建为引领，能够确保服务的目标和方向与党和国家的政策要求相一致。通过这样的措施，我们能够更好地关注社区青少年的需求，并为他们提供更加全面和有效的支持和服务。

（四）将预防与发展相结合，促进社区青少年和谐发展

促进社区青少年的和谐发展必须将预防与发展相结合，这已成为青少年社区工作者的共识。将预防与发展相结合开展青少年社区工作应该重视青少年所处的环境对他们行为的影响，并努力改善和调适他们的生活环境。这包括提供有利于青少年健康成长的资源，如教育、文化、体育等方面的支持和机会。同时，还应帮助青少年顺利实现社会化，帮助他们培养良好的价值观、道德观念和社会参与能力。通过这些措施，我们可以有效预防青少年涉入不良行为，并为他们创造和谐的社区环境。最终，我们可以为社区青少年提供一个积极成长的环境，助力他们实现和谐发展。

【案例分析】

案例 6.2 "风雨彩虹·铿锵少年"富华社区青少年社工服务项目 [①]

一、项目介绍

"风雨彩虹·铿锵少年"富华社区青少年社工服务项目是由福建省三明市梅列区民政局依托富华社区"四点半课堂"，以对留守儿童、外来务工人员随迁子女及处于其他困境青少年的陪护关怀和社区融入为切入点，通过"服务—增能—巩固"推进项目实施。

二、项目背景

富华社区居民大多以本地户籍和外来务工人员为主，收入和教育水平较低。父母往往因工作时间忙、学习机会匮乏、教育观念薄弱等原因，普遍存在生活困难、学习压力大、家庭氛围较压抑等困境，甚至家庭的不健全造成

---

① 资料来源于福建省社会工作联合会 2021 年十佳案例评选项目。

家庭教育督导及引导的缺失，使孩子得不到充分、正确的关爱和照顾，导致个体出现行为偏差、心理问题、个性异常等问题。这些情况背后所隐藏的家庭困难、心理健康发展和成长教育的实际问题需要得到支持和解决。

三、需求分析

了解富华社区青少年的基本情况之后，对青少年的需求进行分析。青少年主要有以下需求：情绪调节，自我认知调整，深切感知到家人的无私关怀；获得来自同伴的关心和陪伴以及爱心人士的帮助；矫正自我的不良行为，从而与家人、同学和老师更好地相处；调整自己的心态，逐步改变自己的个性，增强自信心，提升与人交往的能力；学习之余有能够娱乐交往的场所以及发展探索自我兴趣爱好的机会；了解、熟悉自己生活与学习环境的意愿。

四、项目计划

依托彩虹驿站"四点半课堂"开展常态化服务，发挥社工专业优势开展预防与矫正；联合社区、社会组织等力量助力青少年能力的发展与提升；壮大志愿队伍，开展常态化"扶青"志愿服务。

（一）预防与矫正

通过咨询性个案，协助困境青少年本人及家庭解决学习、生活上的困难；通过辅导性个案，协助矫正青少年偏差行为、改善不良情绪、端正学习态度、改善亲子关系等；通过小组社会工作，提升青少年的人际交往能力，培养良好的学习和生活习惯，进行性教育等。

（二）发展与提升

通过社区活动，营造温馨的氛围，创造互动交流的机会，鼓励大家积极参与，促进社区成员之间的融入，提升社区居民的归属感；通过彩虹学堂兴趣班，拓宽青少年视野；通过智慧家长讲座，纠正家长在家庭教育中常见的误区，帮助家长提升家庭教育能力。

（三）联动与孵化

探索同当前社区社会组织的互动合作方式；壮大志愿者队伍，挖掘居民志愿者，培育志愿者骨干，提升志愿者服务能力，组织志愿培训，助力青少年反哺社区。

五、组织实施、成效

项目主要通过彩虹学堂、彩虹驿站、社区活动、夏令营、小组、个案等开展服务。项目服务至今，开展了包括传统文化、剪纸、书法、绘画、国学、手工制作、辩论、创意美术等各类兴趣课共 58 次，服务总人数为 1720 人；开展 105 次"四点半课堂"，服务人数为 1855 人，有效解决了四点半放学后家长无法照顾的问题；开展瑞云山、动物园、六一、国庆、中秋、冬至、重阳、春节等各类社区活动、户外活动共 14 场，服务总人数为 670 人；2 次夏令营，服务总人数为 920 人。在项目运行中，项目不仅为社区困境儿童带来服务，还辐射到社区居民、列西小学 1000 多名学生。

中华传统文化博大精深、源远流长，是全人类最珍贵的宝藏。作为中华民族的后代，青少年有责任有义务将中华传统文化传承和发扬下去。项目社工积极联动非遗研究工作者、民间艺人、书法家等为青少年带来传统文化兴趣课，以增强他们的爱国情怀，提高文化素养；富华社区大多是外来务工人员，通过一堂有趣的地方课程，引导孩子们从了解到融入热爱，提升他们的社区归属感。彩虹学堂通过各类兴趣课的开展，致力于挖掘和培养青少年的兴趣，特别是对一些困境青少年，帮助他们增强自信心，更好地融入群体，并与他们进行有效的沟通与交流。

　　"四点半课堂"解决了社区双职工家庭、外来务工人员、困境家庭的孩子四点半放学后无人照顾、陪伴以及学业辅导的难题。项目社工积极联系一些大学生志愿者、家长志愿者、居民志愿者、退休或在职老师参与到服务中，并在服务中对一些孩子的不良习惯、偏差行为提供预防与矫正。社区开展亲子节日活动，不仅有效拉近了家长与孩子的距离，还让家长停下忙碌的脚步，给予孩子更多的陪伴与关注，让孩子又一次感受父母温暖的怀抱与真情的关爱，同时学会了感恩长辈们的辛勤付出；邀请社区居民、社区社会组织积极参与，有效发挥联动效应，促进社区融入，提升归属感与幸福感，真正地从区域共同体转向情感共同体、精神共同体，促进社区的和谐发展。

　　"垃圾分类新时尚"项目社工带着社区青少年开展一系列的环保课程，通过理论学习、动手制作、户外宣传、实践体验等多种形式，使青少年增强环保意识，深刻体会到弯下腰、低下头拾起的是一片美丽的世界。以此为切入点，通过带动每一个青少年来联动每一户家庭，从而影响并号召更多的居民参与到社区环境治理中。

　　"读万卷书，行万里路。"作为课本知识的补充，社工带领社区内的青少年走出学校和社区，真实地感受课本之外的知识。通过对接，得到三明电视台、科技馆、银行、武术馆、动物园等爱心单位的大力支持，这些单位的参与使青少年开阔了眼界，增加了学习机会、丰富了课余生活、提高了团队合作能力，在区域、人群、环境变化中提高了社会实践活动能力。

　　青少年社区服务工作不是仅仅停留于青少年群体本身。一个家庭的幸福与社会的和谐，是构筑青少年健康的基石。只有家庭幸福，社会和谐，才能为青少年提供一个健康良好的学习生活环境，从而提升青少年的幸福感。为此社工联系到国家二级心理咨询师，定期为社区居民开展智慧家长讲座和沙龙活动，旨在改变家庭教育观念，提升亲子沟通能力，通过改变家庭环境来服务青少年。

困境青少年的帮扶工作，除了日常入户走访、电话沟通、暖心关怀、心理疏导、节日慰问，也得到了团区委的大力支持。在团区委的指导下，为帮扶对象联系到青年爱心企业家，开展"一对一"结对帮扶，同时联动社会各界爱心人士开展微心愿认领活动，帮助他们完成微心愿，并且与洋溪镇、三路社区青少年儿童有效联动，开展手拉手活动。

六、总结项目问题以及反思

经过一年多的努力，项目取得一定进展，同时也遇到一些问题。

一是志愿者队伍建设不完善。在服务过程中，社工培育组建了志愿者团队，有社区志愿者、大学生志愿者、老师志愿者、家长志愿者，还有一些接受服务的学生志愿者，但是这个队伍还不完善，参与人数有限，积极性有待提高。富华"四点半课堂"在实施过程中，因社区外来务工流动人口居多，导致服务需求较为庞大。但目前志愿者队伍不够强大，只能服务一部分有需求的家庭。之后，如果有更多志愿者加入，相信一定能更好地服务更多的社区青少年。

二是社会资源整合不全面。一个人可以走得快，但是一群人才能走得更远。社工本身势单力薄，不能凭一己之力保证服务的持久性，只有动员和整合社区中蕴藏的各类资源，才能为有需求的个人和群体提供更有效的服务。例如，在开展个案工作中，遇到个别问题少年，不仅需要了解案主的个人情况、家庭背景、社会环境等信息，而且需要寻找资源，包括非正式资源（朋友的帮助）、正式资源（政府的救助）、人力资源（亲人家庭、群体组织）以及物力资源（国家政策、慈善资源）。社会工作以"助人自助"为理念，因此在服务过程中不能孤芳自赏，而应成为青少年服务对象的同行者，陪伴者，与他们共同成长。在之后的工作中也需要大家协同整合有效资源，将社会资源与社区需求匹配，使资源得到充分利用，使服务对象享受到有效服务。

下 篇

青少年社会工作实务选篇

第七章　青少年常见心理健康问题的介入

　　青少年是人生发展过程中的重要阶段，是从童年到成年的过渡阶段，是生理和心智均逐渐迈向成熟的阶段。青少年在这一过程中，面临生理、心理的重大变化，面临充满不确定性的未来，面临关键的人生挑战，需要适应从家庭到学校的新环境转变，需要解决较为重大的问题（学业问题和开始踏入社会），还需要担负社会对他们的期望。结束无忧无虑的童年生活，青少年开始面临一些较大的人生困扰。这一人生阶段值得加以探讨。近代学术兴起以后，经过多代学者（包括心理学家、人类学家、社会学家和青少年工作者）的持续努力，青少年在学术上成为具有独立地位和特定研究价值的一个人生阶段。

第一节　青少年心理健康问题的特殊性

　　人们很早就发现青少年时期的特殊性。总体而言，古代对青少年的评价以负面为主，青少年大多以负面形象呈现。中国古代较多以乳臭未干、黄口小儿、少不更事、年少轻狂等负面词汇来形容青年人。在两千多年前的古希腊，苏格拉底对青少年的评价是行为不端、没有长幼尊卑的秩序感、自制力差、追求热闹。亚里士多德（Aristotle）在《尼各马可伦理学》（*The Nicomachean Ethics*）的第三卷"行为"中认为青年群体在性行为方面缺少自我约束和节制的能力，他们充满激情所以很容易冲动。不过，亚里士多德也感慨青春期对朋友的重视程度是人生中任何一个阶段都不能超越的。从亚里士多德的表达中，可以看出他认为青春期突出的特点是情感倾向的两极化。[1]

1975年，联合国阿姆斯特丹会议上提出，青少年时期是工业革命的产物。青少年成为一个复杂的社会性概念。[2]1985年，在联合国设立的"国际青年年"中，"青年"被界定为年龄介于15～24周岁的人，联合国随后关于青年的统计信息均以此为据。世界卫生组织将青春期定义为人生的第二个十年。我国情况则略有不同。在2017年4月，中共中央、国务院向全社会首次发布《中长期青年发展规划（2016—2025年）》。在我国的第一个青年发展规划中，青年的年龄范围界定在14～35周岁。由此可见，我国官方界定的青年年龄范围比联合国标准更加宽泛。在法律上，我国将18周岁作为未成年人和成年人的分界线。在民法上，已满8周岁可视为有民事行为能力的人。在刑法上，已满12周岁可以承担刑事责任[3]。通常而言，12周岁可以视为青少年的年龄起点。在国外的青少年研究中，一般将12～25周岁的人当作研究对象，25周岁以上即为成年人。

各国对青少年的年龄界定有所差异，影响这一年龄段人群的生理因素大体近似，而社会因素各异，但这并不意味着青少年是社会建构的后果。原因大概有两个：青少年特有的行为在历史上就有迹可循，在不同的文化中也均出现，古希腊时期的苏格拉底和亚里士多德已有论述。通过动物实验，发现

---

[1] 贝蒂娜·霍恩、简·吉尔摩、塔拉·墨菲：《不可思议的青少年大脑》，任静译，中国青年出版社，2020。

[2] 陆士桢、王玥：《青少年社会工作（第3版）》，社会科学文献出版社，2017，第9页。

[3] 《中华人民共和国刑法修正案（十一）》（2021年3月1日起施行）将《刑法》第十七条修改为：已满十六周岁的人犯罪，应当负刑事责任。已满十四周岁不满十六周岁的人，犯故意杀人、故意伤害致人重伤或者死亡、强奸、抢劫、贩卖毒品、放火、爆炸、投放危险物质罪的，应当负刑事责任。已满十二周岁不满十四周岁的人，犯故意杀人、故意伤害罪，致人死亡或者以特别残忍手段致人重伤造成严重残疾，情节恶劣，经最高人民检察院核准追诉的，应当负刑事责任。

在动物身上也具有类似青春期所特有的行为。① 处于青春期的生物和人类有明显的行为变化：对冒险、新奇的行为和事物更加敏感和好奇，更重视同龄的人陪伴、帮助，因此比较依赖同伴，情绪容易受到来自同伴的影响。当认识和理解青春期的典型行为变化时，就能以更理性、更自然的态度来面对和适应这一阶段的青少年。②

1904 年，美国心理学家霍尔（Hall）开启青少年研究的先河。他在《青春期：它的心理学及其与生理学、人类学、社会学、性、犯罪、宗教和教育的关系》（*Adolescence: Its Psychology and Its Relations to Physiology, Anthropology, Sociology, Sex, Crime, Religion, and Education*）③ 两卷本、共 1300 余页的著作中，将青春期的年龄范围界定为 14 ～ 24 岁。霍尔提出，青春期是一个充满着变化的发展性阶段。

霍尔早年至欧洲留学，师从德国实验心理学家威廉·冯特（Wilhelm, Wundt），后将欧洲的心理学引介进入美国。1882 年，他创办美国心理学学会，并担任第一届会长。他当时深受达尔文进化论和恩斯特·海克尔（Ernst Haeckel）重演论的影响，将个体的发展阶段视作是人类文明演化阶段的重演或复现。在儿童期，个人成长与环境相适应，对应于人类文明的蒙昧与野蛮阶段。在青春期，这种和谐关系被打破，是"风暴与压力并存"（该比喻用语借鉴自德国狂飙运动）的时期。霍尔此后又出版《青春期：青少年的教育、养成和健康》（*Youth: Its Education, Regimen, and Hygiene*）一

---

① Sarah-Jayne Blakemore, *Inventing Ourselves: The Secret Life of the Teenage Brain*(New York: PublicAffairs, 2018).

② 贝蒂娜·霍恩、简·吉尔摩、塔拉·墨菲：《不可思议的青少年大脑》，任静译，中国青年出版社，2020。

③ Granville Stanley Hall, *Adolescence: Its Psychology and Its Relations to Physiology, Anthropology, Sociology, Sex, Crime, Religion, and Education*(New York: D Appleton & Company, 1904).

书①，深化对前一本书的研究。霍尔的学生格塞尔强调青少年时期是个体走向成熟的重要阶段。

美国人类学家玛格丽特·米德（Margaret Mead）1928 年出版《萨摩亚人的成年：为西方文明所作的原始人类的青年心理研究》（*Coming of Age in Samoa:a Psychological Study of Primitive Youth for Western Civilisation*）一书，通过在南太平洋萨摩亚群岛的田野调查，她得出一个迥异的结论。霍尔所概括的青春期的一些生物特点，实际上是独特的文化现象，而不是生物现象②。青春期并不是设想中的那么"波澜壮阔"，大多数人都是平稳度过的。米德随后又出版《新几内亚儿童的成长》（*Growing Up in New Guinea*）（1930）和《三个原始部落的性别与气质》（*Sex and Temperament in Three Primitive Societies*）（1935）。20 世纪 30～40 年代，一些欧洲心理学家移居美国后，在青少年心理领域进行了开创性研究。后来形成了颇多理论建树，如库尔特·勒温（Kurt Lewin）的青少年生命空间边界模糊理论、埃里克森（Erik Erikson）的认同理论和青春期角色混乱理论。

第二次世界大战之后，心理学的专业性和科学地位获得承认。欧美各国开始大量资助心理学研究，学者由此开展了观察、跟踪一批人从出生或儿童进入成年的多项纵贯研究。1966 年，正式创办第一本专注于青少年的英文学术期刊《青春期》（*Adolescence*）。20 世纪 70 年代以后，对青少年的研究进一步深化，科学性继续提高③。青少年阶段进一步细化为青春期早期（12～14 岁）、青春期中期（15～18 岁）和青春期晚期或成人期早期（19～25 岁）。

---

① Granville Stanley Hall, *Youth: Its Education, Regimen, and Hygiene*(New York: D Appleton & Company, 1907).

② Kent Baxter, *The Modern Age: Turn-of-the-Century American Culture and the Invention of Adolescence*(Tuscaloosa: The University of Alabama Press, 2008).

③ Judith Semon Dubas, Kristelle Miller and Anne Petersen, "The Study of Adolescence During the 20th Century," *The History of the Family* 8, no. 3(2003):375–397.

詹姆斯·马西亚（James Marcia）利用埃里克森的认同理论，通过对 86 位访谈对象进行半结构访谈，区分出了年轻人的四种认同形成方式：认同推迟、认同封闭、认同形成和认同扩散[①]。肯尼思·凯尼斯顿（Kenneth Keniston）用青少年（youth）这个词来指称青春期和成人期之间的过渡阶段[②]。丹尼尔·莱文森（Daniel Levinson）借鉴埃里克森的认同理论，将 17～33 岁定义为人生发展的新阶段[③]。杰弗里·阿内特（Jeffrey Arnett）首次提出"成人初显期"（emerging adulthood）的概念[④]，指出 18～25 岁这一阶段——由青春期向成人期过渡的阶段。尽管西方关于青少年的理论不断推陈出新，但仍然没有凝聚成独立的学科意识。

20 世纪 80 年代，以黄志坚、金国华等为代表的中国学者开始提出创建青年学，80 年代末达到一个高峰，并坚持不懈努力至今。黄志坚在 1988 年主编出版的《青年学》专著中，提出"生理学把青春期又称为青春发育期，指的是人的生殖器官开始发育和性技能成熟的过程，也就是人生由童稚之年到发育成熟的过渡年龄"。[⑤] 经过将近 40 年的努力，中国关于青少年的研究已不断深入，但青年学的独特学科地位尚待确立。

[①]　James Marcia, "Development and Validation of Ego-identity Status," *Journal of Personality and Social Psychology* 3, no.5 (1966):551–558.

[②]　Kenneth Keniston, *Youth and Dissent: The Rise of a New Opposition*(New York: Harcourt Brace Jovanovich,1971).

[③]　Daniel Levinson, *The Seasons of a Man's Life*(New York: Ballantine,1978).

[④]　Jeffrey Arnett, "Emerging Adulthood: A Theory of Development from the Late Teens Through the Twenties, " *American Psychologist* 55, no. 5(2000):469–480.

[⑤]　陆士桢、王玥:《青少年社会工作（第 3 版）》，社会科学文献出版社，2017，第 4 页。

第二节 青少年心理健康问题类型

在青春期这一快速成长时期，如果青少年的心理发展水平以及认知水平没有跟上生理的快速变化，容易出现大量的心理健康问题。青少年的问题主要体现在情绪问题和行为问题。情绪问题主要体现在各类心理问题，行为问题主要体现在各类偏差行为和危险行为。情绪问题主要是内化障碍（internalizing disorders），行为问题主要是外化障碍（externalizing disorders）。

常见的青少年心理健康问题包括：抑郁症（major depressive disorder，MDD）、社交焦虑障碍（social anxiety disorder，SAD）、体象障碍（body dysmorphic disorder，BDD）和进食障碍（eating disorder，ED）等。青少年常见的情绪困扰主要包括焦虑、忌妒、抑郁、浮躁、自卑、恐惧、沮丧和愤怒等。青少年行为的突出问题主要表现在四个方面：学习障碍、人际交往障碍、婚恋与性爱困惑、偏差行为。[1] 青少年偏差行为（也称为不良行为或越轨行为）主要包括攻击性行为（如打架斗殴）、网络成瘾问题、物质依赖问题和自杀问题等。

英国学者凯特·萨宾（Kate Sapin）将青少年的发展问题分为确认（自我定位）、健康、关系和家庭安排四大领域。其中，在健康领域可能出现的问题包括：厌倦、生气、失望、羞辱和孤独的情绪，药物成瘾和药物滥用，饮食不规律、自我伤害、焦虑、抑郁、丧亲之痛，残障歧视、损伤、生病等。[2]

2023 年完成的儿童青少年精神疾病流行病学调查数据显示，6 ～ 16 岁儿

---

① 许彩丽：《青少年社会工作》，中国人民大学出版社，2022，第 28—33 页。

② 凯特·萨宾：《青少年社会工作基本技巧》，赵凌云、陈元元译，华东理工大学出版社，2015，第 105 页。

童青少年学校人群的精神障碍的患病率是 17.5%。在最常见的五大疾病中，排第一位的是注意缺陷多动障碍（attention-deficit/hyperactivity disorder，ADHD），第二位是焦虑障碍（anxiety disorder），第三位是对立违抗障碍（oppositional defiant disorder，ODD），第四位是抑郁障碍（depressive disorder），第五位是抽动障碍（tic disorder，TD）。[①]

焦虑常常是对未发生的事情产生害怕、不安、紧张的情绪，同时伴随的躯体症状表现为心跳过速、头疼、四肢抽搐、出冷汗等。焦虑是一种很常见的情绪，但是当焦虑情绪持续时间过久，并且影响日常生活工作时，那么就需要及时就医，由医生判断是否为焦虑症，并及时治疗。青春期学业压力大、青少年生理和心理发生巨大变化、对他人看法的极度关注，致使青少年极易产生焦虑情绪。常见的青春期焦虑症有分离性焦虑、适应性障碍、社交恐惧症、选择性缄默症、广泛性焦虑障碍。其中社交恐惧症在青少年中更为普遍。青春期是青少年建立自我人际关系的重要时期，此阶段的青少年也在进行客体分离，因此需要有良好的人际关系作为其面对挫折和困难的支撑。如果青少年在此阶段的人际关系，没有处理恰当，那么青少年会产生严重的焦虑情绪，影响青少年的学习和生活，如果不加以干预，会产生厌学、抑郁的倾向。

根据黄悦勤《中国抑郁障碍患病率及卫生服务利用的流行病学现况研究》，经过加权调整计算，我国成人抑郁障碍终生患病率为 6.8%。[②] 抑郁障碍已成为我国重大的疾病负源。2023 年，抑郁研究所发布《2022 年国民抑郁症蓝皮书》显示，抑郁症发病群体呈年轻化趋势。18 岁以下的抑郁症患者占总人数的 30%，其中 50% 的抑郁症患者为在校学生。[③]2023 年，《中国国民

---

① 来自 2023 年 3 月北京安定医院郑毅教授接受 CCMTV 精神频道《超级访问》栏目的访问直播。

② Lu, Jin, Xu Xiufeng, Huang Yueqin, et al. "Prevalence of Depressive Disorders and Treatment in China: A Cross-sectional Epidemiological Study," *Lancet Psychiatry,* 8 no.11, (2021):981–990.

③ 抑郁研究所：《2022 年国民抑郁症蓝皮书》，https://mp.weixin.qq.com/s/Bn6aiBNijp-HVI-ihGQHNw，访问日期：2024 年 1 月 30 日。

心理健康发展报告（2021—2022）》发布，结果显示，参加调查的青少年中有14.8% 存在不同程度的抑郁风险。青少年群体的抑郁风险超过成人群体。[1]

根据《国际疾病分类》（International Classification of Diseases，ICD），抑郁障碍发作的典型症状是：心情低落、悲伤的情绪不随着环境的变化而改变，并且一般持续两周及以上；兴趣感减退，愉快感丧失；极易出现疲惫感。一般抑郁障碍发作时，附加症状体现为：缺少自信心，常常感到自卑；感到自责；注意力下降，思维反应速度降低；情绪不稳定，表现为激动和反应迟滞；出现自杀的想法，产生自毁倾向的行为。

一般情况下，抑郁症初期常被认为是情绪问题，不被重视，最终演变为重度抑郁。抑郁症的发作分为单次发作和反复发作，90% 的抑郁症患者是反复发作且终身抑郁。抑郁症的发病率难以估算，但是反复发作的抑郁症会越发严重，现在抑郁症已成为诱发青少年自杀的主要精神病。据统计，在15 ～ 19 岁的青少年中，4.1% 的男生和 9.9% 的女生产生过至少一次重度抑郁的发作。而且女生的抑郁症更容易发展为复发性和终身性抑郁。[2] 若青少年时期有患过抑郁症，进入成年后再患抑郁症的风险，相较于青少年时期没有类似经历的更高。

根据《精神疾病诊断与统计手册》第 5 版（DSM-5），重度抑郁发作的基本特征包括：长时间处于低落、消极的情绪中，行动力迟缓，对生活没有希望，甚至想要自杀。少数患者认为自己只是对曾经热爱的活动失去了兴趣。但是所有的患者都会承认存在的问题是疲劳，不能集中精神，感到无价值或负罪感，以及存在死亡愿望或自杀想法。此外，睡眠、食欲、体重，以及精神活动与正常情况相比存在异常减少或增加的现象。[3]

---

[1] 傅小兰等：《中国国民心理健康发展报告（2021 ～ 2022）》，社会科学文献出版社，2023，第 30—69 页。

[2] 罗贝尔·库尔图瓦：《青少年期冒险行为》，费群蝶译，上海社会科学院出版社，2016，第 158 页。

[3] 詹姆斯·莫里森：《实用 DSM-5》，王雨吟译，天津科学技术大学出版社，2020，第 133 页。

在临床心理学和精神学上，通常会运用多维数据集学习统计函数，对个体进行普遍性的预测，这种诊断方法是机器学习。通过机器学习的生物学数据可以预测出影响青少年朋辈关系的因素。其中比较重要的影响因素有：未成年人饮酒、拒绝与他人说话、患有医学未知原因的身体疾病、攻击他人、对任何事物都提不起兴趣、对他人小气、宁愿孤独一人、有负疚感、宁可与年纪更大的孩子待一起、与喜欢冒险的人当朋友、感到困惑等。[①]青少年易受朋辈关系影响，若朋辈关系处理不佳，会进一步加剧原有的心理健康问题。

运用机器学习的一项跟踪研究发现，青少年 10 岁时的内化行为可以预测其 13 岁、17 岁的内化行为。在青少年 10 岁预测 13 岁内化行为的关键解释变量中，按照重要程度划分，依次包括：青少年 10 岁时母亲的内化行为、青少年自身的外化行为、父亲的内化行为、父亲的个人主义、母亲的外化行为、母亲的社会胜任力、母亲的温情程度、性别、母亲的逆境生活体验、母亲的行为控制、父亲的忽视、青少年自身的亲社会行为、父亲的社会胜任力、青少年自身的青春期发育、父亲对孩子的体罚。该研究同样发现，青少年 10 岁时的外化行为也可以预测其 13 岁、17 岁的外化行为[②]。

---

①　Ali Farhan, Rebecca Ang, "Predicting How Well Adolescents Get Along with Peers and Teachers: A Machine Learning Approach," *Journal of Youth and Adolescence* 51, no. 1(2022):1241–1256.

②　W. Andrew Rothenberg, Andrea Bizzego and Gianluca Esposito, et al., "Predicting Adolescent Mental Health Outcomes Across Cultures: A Machine Learning Approach," *Journal of Youth and Adolescence* 52,（2023）: 1595–1619.

第三节　青少年心理健康的社工干预方法和案例

针对青少年心理健康问题，可以综合运用个案工作、小组工作和社区工作等社会工作直接方法和社会行政、社会政策和社会工作研究等间接方法。针对特定需要的介入方法包括：危机介入、家庭治疗、外展服务、历奇辅导、朋辈辅导和向导服务。[①]

青少年心理健康干预最常用的具体疗法是认知行为疗法。认知行为疗法是经受过长期检验的、广泛运用的干预方法。认知行为疗法包括贝克（Beck）的认知疗法（CT）、艾里斯（Ellis）的理性情绪治疗（REBT）、麦克安波姆（Meichenbaum）的认知行为疗法（CBT）等主要流派[②]。

艾里斯的理性情绪治疗强调，认知、情绪、行为三者有明显的交互作用及因果关系，认为情绪困扰（包括悲伤、懊悔和挫折的感受不同）主要是非理性思考的产物。艾里斯的理性情绪治疗又称为ABC疗法。A（activiting events）是外界诱发事件，B是（beliefs）观念或信仰，C（consequences）是结果或后果。同一件事因为每个人的认知不同，因此对事情的判断也不相同，由此产生的结果也不同。因此理性情绪疗法认为，个人的情绪问题或者做出的行为判断，是源于个体对待事物的看法和个体的解释，并不是外界事件造成的。因此，如果要改变事情的结果，那么可以试着改变看待问题的观念以及个人的信仰。治疗技术包括认知技术、情绪技术和行为技术。认知技术包

---

① 国家市场监督管理总局、中国国家标准化管理委员会：《青少年社会工作服务指南》，http://c.gb688.cn/bzgk/gb/showGb?type=online&hcno=223A8EC8286260C3D6930F937583687B，访问日期：2024年1月10日。

② 许莉娅：《学校社会工作》，高等教育出版社，2009，第101页。

括驳斥非理性信念、认知的家庭作业、改变自我等。情绪技术包括理性情绪心象、角色扮演、羞恶攻击演练、强力与气势的使用。行为技术包括操作制约、自我管理原则、系统减敏感法、松弛技术和示范。[①]ABC疗法的本质是不去设法改变A，而是去设法改变B（观念或信仰，特别是非理性的观念或信仰），进而达致更好的C（结果或后果）。

ABC理论建立的理性情绪治疗可用"ABCDE"作为其整体模型[②]：遇到诱发事件（A）由此引发对诱发事件的无意识的评价信念（B），由于信念对事件的判断进而产生最终的行为或者情绪（C），与合理的信念进行辩论（D），通过治疗产生新的情绪及行为效果（E）。

【案例分析】

案例7.1　丧亲之痛引发的案主性格问题 [③]

一、案例背景

2021年6月，小庄的好友与他人在学校门口发生矛盾，小庄见状赶紧冲上去与对方进行拉扯。在拉扯过程中，小庄受到对方的强势攻击，遂捡起路边的砖头砸对方脑袋，导致对方送至医院缝了7针。

二、预估

（一）家庭背景

小庄父亲两年前因病去世，现在和外公、外婆生活在一起，母亲在外打

---

① 许莉娅：《学校社会工作》，高等教育出版社，2009，第102页。
② 许彩丽：《青少年社会工作》，中国人民大学出版社，2022，第206页。
③ 案例资料来源于闽侯小伙伴青少年事务社工服务中心。

工，维持一家人的生计。小庄以前是一位乖巧的女生，成绩优秀。自从父亲去世、母亲外出打工以后，小庄的性格变得非常叛逆。每当母亲打电话与她沟通时，不是不愿搭理，就是和母亲发生激烈争执。当母亲几个月回来一次看她时，她甚至因为一点儿小事就与母亲发生肢体冲突。外公、外婆年纪较大，只能给予小庄生活上的基本照顾，无法给予情感支持。

（二）案主情况

小庄身体健康，性格较为安静，在其父过世前，平日与人进行正常沟通，之后性格越来越孤僻，不愿与人打交道，也不愿意参与任何活动。目前学习成绩与以前相比有所下降。

三、服务计划

第一阶段（接案）：与服务对象建立良好的专业关系，同时对服务对象进行心理疏导。第二阶段：通过面谈，化解服务对象与其母亲之间的矛盾，加强服务对象的家庭支持系统。第三阶段：邀请服务对象及其母亲参与校园反欺凌主题宣传活动，增强其法律意识，激发自身动力，纠正不良行为。第四阶段（结案）：邀请服务对象与其母亲一同为其制订成长计划，协助家长提升监护能力，恢复家庭职能。

四、案例评估与反思

服务对象马上面临初三毕业考试。暑假过后服务对象已回校上学，同时主动寻求受伤者的原谅。情绪也变得较为稳定，性格也从孤僻变得开朗一些。遇到不懂的问题敢于请教同学、老师，同时也开始参与班级的各类团体活动。在家里与母亲虽然仍有争执，但次数与之前相比少了一些，平日与母亲也能进行较为良好的沟通。

服务对象的家庭是第一个切入口，关注服务对象的家庭、生活和人际关系等多个方面。本案中，家庭沟通占有很重要的位置，如不能及时知道服务对象内心的真实想法，或不理解服务对象，就会导致服务对象产生消极的态度和焦虑的情绪，甚至会用极端方式保护自己和朋友，最终走上犯罪道路。因此，社工以社工站为依托，利用社会的资源对接服务对象，更便捷、及时地了解服务对象及家人的真实想法和需求，预防其思想和行为上产生偏差，协助服务对象重新步入人生的正轨。

案例 7.2 "逆流而上"困境青少年抗逆力提升的个案服务 [①]

一、案例背景

服务对象 T 是社工在福州市 Q 小学驻校时通过老师转介的个案。T，男，老家湖南，11 岁，五年级，单亲家庭，父母离异，和母亲生活在一起。父亲在香港做厨师，和 T 一年见面一次。母亲小学毕业就走上了打工之路，目前在一家卖茶店上班。T 的母亲和 T 来到福州市生活，是因为 T 的外公外婆和舅舅也在此地务工。接案时，T 有退学的想法，他在班上很少与同学进行交流，作业几乎也完不成。回家之后就沉迷于游戏世界，和母亲也缺乏沟通。T 的母亲曾经带案主看过心理咨询师，但效果不佳。社工通过老师转介，开始接触案主。老师在案主资料上写"非常内向，学习态度不端正"。社工对 T 利用抗逆力水平测试量表进行了测量，得出分数为 2.3 分，说明 T 的抗逆力水平较低。

T 所在的 Q 小学，位于福州市晋安区鼓山镇 Q 村。Q 村是较为典型的城中村，这里聚集了大量进城务工人员，他们的子女也大部分跟随他们一起生活。Q 小学总人数为 700 余人，流动儿童 400 余人，占总学生人数的 57%，

---

① 感谢福州市小桔灯社会工作服务中心符燕姣女士提供案例。可参见：符燕姣：《抗逆力提升模式的流动青少年个案应用研究》，硕士学位论文，福建师范大学，2021。

是一所流动儿童占比较大的学校，也是福州市教育局挂牌认可的外来工子女重点学校。

二、预估

（一）资料收集

第一，服务对象个人方面。一是个人生理层面。T皮肤偏黑，因为经常坐着打游戏，缺乏运动，体型偏胖。而服务对象开始步入青春期，体重有更明显地增加，这使得T在外形上稍显笨重。二是个人心理方面。开始步入青春期的T，变得更加内向寡言。加上在学校不受老师、同学欢迎，在家里母亲关爱较少，感到无人在乎、关心和理解自己。这种孤独感导致T产生了严重的厌学情绪，流露出退学的想法。同时，由于T在家里缺乏归属感和安全感，导致他变得沉默寡言，甚至内心充满了压抑和忧郁。

第二，服务对象家庭方面。服务对象父母离异，和母亲生活在一起。T的母亲工作繁忙，经济比较紧张，不仅在生活上对T的照顾比较少，情感和精神上的支持也较少。T的母亲因为单亲母亲的身份很敏感脆弱，安全感不足，导致服务对象在家里也比较压抑，缺乏安全感，在学校遭受同学欺负也不和母亲沟通。父亲远在香港，和T互动也十分有限，并且父亲只会粤语，而T并不擅长粤语，语言沟通也存在一定的障碍。T对父亲也是避而不谈。另外，服务对象的外公、外婆和舅舅也在福州市生活、工作，外公、外婆虽然从事着酒吧清洁工这样辛劳的工作，但一有空闲，他们都会尽量抽出时间陪伴T。T的舅舅家庭离异且患有抑郁症，这导致他暂时无法上班。

第三，服务对象的朋辈方面。服务对象的朋辈关系生疏，主要表现在T在班上基本不沟通，和同学没有互动，班上的同学也不愿意和他待在一起，在学习上没有办法获得有力的支持，导致他在班上被边缘化，甚至成为被欺凌的对象。即使 T 被人欺负也无人倾诉,在学校也没有交到朋友,这导致他内心非常排斥来学校。而放学以后 T 大多选择待在家中,沉浸在游戏的虚拟世界中,生活上也缺乏可以陪伴他玩耍的伙伴。服务对象不仅没有办法从他人身上获得情感支持和工具支持,甚至产生了与人交往的抗拒心理。

第四,服务对象的学校方面。服务对象和老师关系紧张。因为 T 上课走神,作业不做不交,考试成绩糟糕,各科任课教师认为 T 拖欠作业,不尊重老师,学习态度不端正,对 T 颇有微词,班主任老师经常收到其他老师对 T 上课情况的反馈。

第五,服务对象的社会层面。服务对象社区支持因素薄弱。T 和他的母亲与邻居及村委会几乎没有任何互动,T 的母亲在福州也鲜有可以倾诉和分享的朋友。

(二)需求分析

第一,提升对自我认知的需要。随着步入青春期,T 变得越来越内向和自卑,不爱说话。对自己的评价极低,自我认知出现了严重偏差。

第二,改善家庭关系的需要。T 的母亲在教育方式上存在偏差,对 T 也疏于关心和照顾。由于缺乏有效的亲子沟通和互动,T 感受不到来自家人的关爱,使得他的内心更加缺乏安全感。

第三,改善朋辈关系的需要。T 在班上和同学们基本没有沟通和互动,由于被班级同学欺负过,甚至导致 T 对人际交往产生了强烈的抗拒心理。

第四,改善学习状态的需要。T 在学校因为学习状态不佳、拖欠作业,导致和老师关系较为紧张,学习的压力和挫败感被放大,有退学的想法。

第五,加强与社区联系的需要。T 放学后都是自己在家里一个人玩手机、打游戏,T 和母亲与附近的家庭尤其是朋辈群体家庭没有交流和互动。T 觉得老家的生活更好,有同伴一起玩耍,因此想回老家。

三、服务计划

（一）服务目标

总目标：引导服务对象正确认识青春期的特点，挖掘服务对象的优势和潜能，正确认识自我，树立自信心，改善母子的亲子关系。培养服务对象的人际交往技巧，提高人际交往的能力，构建有利的外部支持环境，融入学校和社区交际环境。

分目标：引导服务对象学习青春期的知识，纠正错误认知，增强自信心，正确认识自己；促进母子沟通，协助服务对象的母亲提升亲子沟通互动的能力，改善家庭氛围；提升沟通能力，改善服务对象人际关系；改善学习状态，适应学校的生活；挖掘服务对象和家庭的社区资源，增强其同社区的联系；鼓励服务对象自己解决问题，提升效能感。

（二）服务策略

优势视角理论强调服务对象拥有的资源和能力，需要看到服务对象和其存在的家庭环境、学校环境以及社区环境对服务对象的成长存在的有利之处，社工需要通过活动以及与服务对象之间的交流发现服务对象的潜能。同时，此理论也认为困境也有可能是一种资源和机遇。优势视角理论的核心信念之一是"抗逆力"。抗逆力理论有三个构成要素：外部支持因素（I have）、内在优势因素（I am）以及效能因素（I can）[①]。外部支持因素是指，对外在支持环境（如朋辈、家庭、学校、社区等）的归属感。内在优势因素主要指正确的自我认知，客观地理解和面对挫折。效能因素是效能感，侧重于解决问题的能力，以及自我目标制定的合理性。社工结合深圳督导制定的青少年

---

① 田国秀：《抗逆力研究——运用于学校与青春期的青少年社会工作》，社会科学文献出版社，2013，第 21 页。

抗逆力水平测试量表，依据抗逆力构成的三要素，确定青少年抗逆力水平问卷。评分 2 分以下表示抗逆力水平很低，2～3 分表示抗逆力水平较低，3～4 分表示抗逆力水平中等，4 分以上为高抗逆力水平。评分标准为数据均值。

抗逆力理论的培育方法是运用"抗逆力轮"模式进行培育，包含如下六个方面的内容：第一，提供关怀与支持，如社工对服务对象给予关注和倾听，帮助服务对象增强自己的积极力量，树立正确的自我意识，明确自我的角色定位，从而增强内在优势因素；第二，增加亲社会联结，协助服务对象和家人建立亲密的联系，强化家庭系统的外在支持因素；第三，教授生活技能，如帮助服务对象如何处理人际关系、解决问题、情绪管理等技巧，建立良好的人际关系，加强朋辈支持网络；第四，建立清楚一致的边界，让服务对象在学校明确是非界限，避免问题行为，鼓励教师对服务对象多多关心和爱护，提出对学生的期待，帮助服务对象更好地配合教师和学校的工作，加强服务对象对学校的归属感；第五，提供有意义的参与机会，让服务对象能获取社区的资源和增强服务对象与社区的联系，强化对社区的归属感，融入社区；第六，建立和表达高期望，挖掘服务对象优势和资源，激发改变的动机，鼓励服务对象自主解决问题，学会制定目标，提升效能感，从而达到抗逆力水平的提升。

（三）制订服务计划

根据服务对象正处于青春期的特点和对家庭背景的分析以及服务目标的制定，社工决定采用个案工作方法进行介入帮助。如表 7.1 所示。

表 7.1   个案工作介入计划表

服务阶段	目标	主要内容
第一阶段：提供青春期阶段需要的关怀与支持	引导服务对象学习青春期的知识，纠正错误认知，提升自信心，认可自己和正确认识自己	收集资料做好需求评估工作，明确 T 的问题和需求； 社工帮助 T 正视自己青春期的变化并接纳自己，将自身"去问题化"； 挖掘优势和资源，增强自信
第二阶段：促进母子沟通，增加亲社会联结	促进母子沟通，协助服务对象的母亲提升亲子沟通互动的能力，改善家庭氛围	建议 T 的母亲重视青春期给 T 带来的生理、心理变化和需求，引导其采用适合青春期特点的正确教育方式，搭建亲子交流和彼此成长的平台； 邀请 T 的母亲参加家长减压工作坊
第三阶段：教授生活技能，掌握人际关系技巧	提升沟通能力，改善服务对象的人际关系	一方面教授 T 青春期的相关知识和人际交往的知识和技能，另一方面提供交友机会，构建和加强朋辈支持网络
第四阶段：建立清晰的边界，适应学校	改善学习状态，适应学校的生活	帮助 T 纠正错误观念，消除厌学情绪，改善学习状态，努力提高学习成绩，并在老师的支持下帮助 T 慢慢走出学习上的困境
第五阶段：提供有意义的社区参与机会	挖掘服务对象和家庭所在的社区资源，增强同社区的联系	提供 T 参加社区活动的机会和平台，在活动中结交同类型家庭的朋友，增强 T 及其家庭的社会支持
第六阶段：建立和表达高期望，提升效能感	鼓励服务对象自己解决问题，提升效能感	社工通过游戏体验和经验分享的方式帮助 T 找到积极体验并巩固下来，并运用暗示和强化的方式，增强解决问题的能力和信心
第七阶段：结案，巩固效果	回顾服务过程，巩固效果，处理离别情绪	社工与 T 确认服务目标达成，处理离别情绪，最后请 T 填写服务反馈表和抗逆力问卷的后测

四、服务实施过程

（一）提供青春期阶段需要的关怀与支持

社工对和 T 的第一次面谈，印象非常深刻。因为 T 全程都保持低头沉默，甚至连点头摇头的示意都没有，人显得呆滞。在尝试多次言语沟通失败后，社工邀请 T 玩拼图和魔方，T 非常专注，社工发现 T 动手能力也非常强。社工在本次面谈结束前多次表扬 T，T 虽然没有说话，但是表情放松了很多。

第二次面谈，社工向 T 请教玩魔方的秘诀，T 惊讶地抬头，接过社工手里的魔方，并且用很低的声音开始告诉社工玩魔方的秘诀……于是 T 开始和社工有了互动和交流。在这次交流过程中，T 告诉社工，他想退学，因为他觉得在学校学习成绩不好，还有同学欺负他。社工详细询问事件经过，了解到 T 虽然看着高大，但是因为在班级沉默寡言，被班上一个调皮的男生 H 盯上，他觉得 T 不敢反抗，于是在下课的时候跑过来无故踢打 T，甚至还抢走了他的零花钱。T 没有去和班主任反馈情况，回家也没有告诉妈妈，这件事给 T 留下了心理创伤。

第二次面谈结束后社工找到了 T 的班主任，告知班主任这件事情的经过，班主任也很重视，并和社工透露学生 H 性格暴躁，喜欢恐吓和打骂班级同学，大多数被 H 欺负过的同学都会及时向自己反映情况。班主任老师跟进这件事情后，让 H 的妈妈特意来了一趟学校，和 H 的妈妈好好沟通了 H 的问题，并让 H 的妈妈出面，劝 H 向 T 道歉，并将抢走的零花钱也归还给 T。

第三次面谈，一见面 T 低垂着头就小声问社工："你为什么对我这么好？"社工告诉他："你没有做错什么，他欺负你是不对的，你受委屈了。"接着，社工建议他以后遇到这种事情一定不要忍让和沉默，要学会保护自己。社工因为这件事获得了 T 的极大信任和认可，T 还主动和社工分享自己的烦恼：讲述自从进入青春期以来自己发生的变化以及困惑……

接下来社工找了与青春期相关的视频播放给 T 看，帮助他正确认识青春期的生理和心理变化，还运用"优势大轰炸"帮助他发现和肯定自己的优点和长处，消除错误的自我认知，从而树立正确的自我意识，正视并接纳自己。

（二）促进母子沟通，增加亲社会联结

第一次入户时，T 的母亲告诉社工，T 平时在家里基本不和母亲沟通，都是抱着手机玩游戏，如果不让他玩游戏他就在地上撒泼打滚。T 对于单亲家庭的身份感到十分敏感，因此不喜欢提起他的父亲。T 的母亲希望案主能多出去认识新朋友，但是 T 并不愿意。这次见面 T 在旁边，T 的母亲刚讲完，T 便告诉社工，他母亲半夜还在玩手机。T 的母亲也向社工表示自己的无奈，不知道怎么管教孩子，觉得孩子越来越不喜欢讲话，一言不合就发脾气……而且她作为单亲妈妈，自身就缺乏安全感，经济压力还大，在 T 的教育成长上感到有些力不从心。

社工建议 T 的母亲重视孩子各个阶段的身心变化规律，这样可以更容易理解孩子的一些行为和想法。社工还和 T 的母亲分享了亲子间的良性沟通方法，也趁机向 T 的母亲介绍社工在社区儿童之家开展的"智慧6+1"家长减压工作坊，并邀请她参加，希望帮助她在轻松愉快的氛围中学习找到教育关爱孩子的好方法。T 的母亲很爽快地答应参加工作坊，并加了社工微信，在线上保持联系互动。在随后的两次入户中，社工为 T 的母亲讲解关于青春期的知识以及青春期的孩子在此过程中心理和生理的需求。学习过程中 T 的母亲很受触动，态度也非常谦虚认真，T 的母亲当即检讨自己过去不当的行为。社工看到低着头的 T 眼中含泪……随后社工趁着 T 去外面平复心情后，社工与 T 的母亲深入交流了 T 在学校被校园霸凌的经历，强调事件虽然已经过去，但是对 T 的影响暂时不会消除，要多重视关心 T 的感受和需要，尽量不要让 T 留下心理阴影，影响 T 接下来的学习生活。

T 的母亲通过多次与社工线上交流及信息反馈，开始反思她对 T 的教育方式和相处方式，也反省自己以往的关心和互动不足，让 T 感受不到来自母

亲的关爱和呵护，也导致 T 在她面前越来越沉默寡言，和她的关系逐渐疏远；另外通过参加家长工作坊及参加线上家长课堂，不仅帮她释放了压力，还获得专家和其他家长分享的实用教育方法，也得到了其他家长的支持和理解，有助于 T 的母亲自身的成长。随着参加工作坊的影响，T 的母亲和 T 的互动沟通越来越频繁。T 的母亲脸上的笑容日益增多，对 T 的关心和陪伴也越发增多，让 T 拥有了一个更温暖和有安全感的母亲。

（三）教授生活技能，掌握人际关系技巧

通过前几次的交流，T 对社工非常信任和认可，主要表现在社工去 T 所在班级开展共 5 节"我和青春有个约会"的青春期成长班会，T 都会非常主动跑过来和社工打招呼。但是社工发现 T 在班会活动的前两节中从来不说话，在上课时会动来动去，而需要他配合体验游戏时，他便开始回避。不过 T 在别的同学回答问题时，他会很认真地倾听并鼓掌。但是下课了以后和同学也没有互动交流。所以在第 3 节班会开始前，社工和 T 进行了一次面谈。社工将在课堂中观察到的 T 的表现给予正面反馈，对其进行表扬与鼓励。社工也鼓励 T 平时在上课时多多发言，多表达自己，让同学们多了解自己，学会向他人表达自己的感受，相互尊重，交到真正志同道合的朋友。

在社工的积极引导和鼓励下，T 从青春期成长班会第 3 节中开始慢慢参与活动，并且也愿意积极发言，主动参与体验游戏和互动，逐渐与同学建立起亲近的关系。T 开始尝试建立自己的朋辈支持网络，并且在社工的"找朋友"游戏中，T 和班上一个同学因为都有玩魔方的爱好，开始建立了更多联系，后来开始互换喜欢的书籍，结下了深厚的友谊。还和同学组建了一个魔方学习小组，共同学习提升玩魔方技巧。社工看到 T 的脸上开始出现了笑容。

（四）建立清晰的边界，适应学校

社工在会谈中告诉 T，班主任很关心他，其实是班主任找到社工，希望通过社工的参与能帮助 T 实现更好的成长。班主任也知道 T 的兴趣爱好，并且经常夸奖 T 很机灵，对此 T 感到十分诧异。社工建议班主任和各科老师们针对 T 目前的学习进度和成绩，制订相应的教学计划，让各科老师对 T 的教育方式达成共识：单独给 T 布置作业，使其慢慢跟上学习进度。另外，建议老师们适当关心和鼓励 T，理解处于青春期阶段的学生对于老师的评价和认可非常在意和重视，希望老师们多关注 T，多给予正向表达，适时进行表扬和肯定，让 T 感受到支持，T 也会因为被老师重视而努力学习……而老师们在和社工进行多次交流后，也接纳了社工的部分建议，并且在了解到 T 的家庭情况后，对 T 有了更多地理解和包容。班主任也和 T 的母亲有了更多的互动和沟通，T 的母亲也表示非常感谢老师们的支持理解，也会和 T 共同配合学校的学习安排。T 开始在老师的关照和母亲的陪伴下完成作业，一步步开始改变学习状态。老师们也及时肯定了 T 在学习上的改变。

（五）提供有意义的社区参与机会

邀请 T 参加社区儿童之家的自信心提升小组，在社工的积极引导和鼓励下，T 开始慢慢参与小组，和组员开始建立起深厚的友谊，T 开始尝试建立自己的社区支持网络。在社区开展的季度生日会上，T 不仅是寿星，也是表演嘉宾，在大家面前展示了他的魔方技巧，获得了大家的阵阵掌声；在社区开展的素质拓展活动中，T 第一次拿起笔写活动反馈，并多次用"开心"表示对素质拓展活动的满意，还从同伴身上学会了"耐心"；在社区开展的冬令营活动中，社工欣喜看到 T 结交了两位好友；在社区开展的课业辅导中，T 开始在一对一的课业辅导志愿者的鼓励下做作业；T 在社区开始结交了一位朋友，两人共同学习魔方技巧，他们日常分享彼此钟爱的书籍，放学后也会在一起学习和娱乐。

（六）建立和表达高期望，提升效能感

社工通过"盲人过桥"的体验游戏和经验分享的方式鼓励 T 自己解决问题。同时社工根据 T 目前的情况，以及对 T 优势的发掘，表达对他的期望，以及相信他可以通过改变和努力，能够不断提升自我，实现自己的目标。社工以此鼓励 T 勇敢地、客观地面对以后生活中的问题。社工鼓励 T 在解决问题的过程中，熟记那些积极的体验，以及寻求正确的归因，通过不断地自我强化，形成对事件的客观认知评价。经过社工和 T 多次的交流和互动，T 对于挫折和困难的看法也发生了改变，并在行动上证明了自己有能力克服困难，提升了他的效能感，形成了对自我的正确认识。

五、结案和评估

（一）结案，巩固效果

社工和 T 一起回顾服务的过程并分享感受，共同交流目标的完成情况。T 反思这一路的过程，他改变了很多，不仅不再有退学的念头，而且在学校有了自己的好朋友，学习上有了进步，还获得了老师的表扬，同时现在和母亲之间的交流越来越多，感受到了家庭的温暖和关爱。他越发觉得生活充满了欢乐与满足……社工也对 T 这段时间的表现进行了肯定和认可，也非常感谢他的努力和坚持，并为他感到开心。社工在快结束的时候很明显地感受到了 T 的不舍。

（二）结案评估

1. 问卷评估

介入前，T的抗逆力水平测试量表得分为 2.3 分，抗逆力水平较低。在个案介入服务之后的得分为 3.9 分（见表 7.2），很明显内在优势因素，效能因素，外在支持因素得到优化。经过社工介入之后服务对象在抗逆力水平方面有了提高。

表 7.2 抗逆力水平测试量表介入前和介入后的各项得分

项目	得分（介入前）	得分（介入后）
内在优势因素	2.46	4.15
效能因素	2.37	3.31
外在支持因素	2.07	4.24
抗逆力水平	2.3	3.9

2. 访谈评估

T：觉得这几个月自己变了好多，越来越喜欢笑了。现在很喜欢和妈妈出去玩，也会和她说自己每天发生的事情。也不排斥来学校了，还交到了朋友，而且还会教他们玩魔方，老师也表扬我魔方玩得很好！

T能够接纳自己，对自己有了更客观和正确的认识。学会了交往沟通的技巧，亲子关系和人际关系有了很大提升，增进了亲社会联结，较好地融入学校等集体生活中。

T的母亲：T现在会主动和我分享学校里发生的事情，偶尔我也会主动问他在学校过得开不开心。他现在在家里还会帮我干活做家务，感觉到他像长大了一样，而且现在看他在学校里交了那么多朋友，去学校也不会不乐意，我很开心。

可以看出服务对象和其母亲的相处越来越愉快，情感互动越来越多，并且服务对象已经学会体谅母亲的辛苦和付出，从而使得亲子关系越发融洽。T的母亲的亲子沟通能力和情绪管理能力也有明显提升，他们彼此之间共同成长，相互支持。

T的同学：T以前都低着头，没啥表情。现在活泼多了，还会听到他在教室里大笑。而且T玩魔方真的很厉害，同学们都在向他学玩魔方，他也挺有耐心的，谁愿意学都会教。班上也没有同学欺负他了。

T的班主任：T改变很大，学习态度有所改变，现在作业能够按时交，语文学习成绩也有了一点儿提升。观察发现，他在学校和班上同学交流越来越多。偶尔也会就不懂的问题跑来向我请教，我上次在班上特意夸了他，看到他一整天都很开心。

班主任也认为服务对象改变很大，并且学习态度已经有了明显的转变，也在积极融入班集体。

社区儿童之家骨干志愿者：看到T现在经常在社区儿童之家微信群里报名参加我们的周末活动，表现得非常积极，现在还会和来参加活动的同学去旁边的操场玩球，还会主动和我说感谢。我觉得他以前都不怎么说话的，真的让我很惊讶。

骨干志愿者认为服务对象对社区儿童之家活动的参与度和积极性都有了

提升，T 更好地融入了社区。

3. 社工自评

在社工的个案介入服务中，T 不仅正确认识了青春期的发展特点，树立了自信心，对自我有了更清晰的认识，而且改善了和母亲的亲子关系，提高了人际交往技巧，构建了一个有利的外部支持环境，更好地融入了学校和社区的生活。与此同时，他的抗逆力得到了显著提升，从被动变为主动，从沉默寡言到勇敢表达自己的想法，从自卑内向变得充满活力且更加自信。值得一提的是，T 在抗逆力水平后测的分数明显高于前测的分数。

六、专业反思

第一，社工通过积极倾听和共情，让服务对象感受到自己被理解和尊重，使得服务对象从一开始的防备少言，到后来主动分享自己的心事烦恼，沟通慢慢进入正轨。社工还运用自我披露等技巧帮助 T 正视自己青春期的变化、接纳自己。帮助 T 将自身"去问题化"，并通过关注、倾听和鼓励，挖掘 T 的优势和资源，从而增强他的自信心，激发 T 内在的积极力量，慢慢增强他的内在优势因素。社工用心，用智，用情，获得了服务对象的极大信任和认可，为个案介入提供了非常大的助力，极大提升了服务成效。

第二，相较于社工以往接触的案例，本案例更具有挑战性。一方面是因为服务对象较为封闭自我，社工缺乏足够的技巧和经验，内心承受着压力。另一方面是服务对象的母亲其实也是一个潜在的服务对象，让社工深感压力。但是庆幸的是服务对象在社工的真诚陪伴下，愿意敞开心扉。这说明对青少年而言，爱和陪伴对他们的健康成长至关重要。

第三，社工在制订目标时需要量力而行，切不可过于理想化，否则非常容易陷入焦虑和无力感中。针对此服务对象，学校希望社工能帮助其提升成绩至每科及格，但是在实际评估过程中，社工发现这个目标对于 T 来说难度很大，给了 T 和社工非常大的压力，随后社工及时进行调整，才让 T 的个案工作服务得以继续有效开展。

愿社工用真诚陪伴和专业服务，让更多身处困境的青少年能逆流而上，向阳而生。

第八章　流动青少年城市融入问题的介入

改革开放以来，我国经济社会获得迅猛发展，作为现代化重要标志的城镇化呈现大规模快速推进的态势。1978—2022 年，我国新增城镇人口 7.3 亿人，平均每年增加 1737 万人；常住人口城镇化率经历了从 17.92% 提升至 63.89% 的过程，平均每年增长 1.09 个百分点。[①] 2013 年，中共十八届三中全会在将中国特色城镇化与新型城镇化有机结合时，明确提出要"坚持走中国特色新型城镇化道路，推进以人为核心的城镇化"。2022 年，中共二十大提出了"从现在起，中国共产党的中心任务就是团结带领全国各族人民全面建成社会主义现代化强国、实现第二个百年奋斗目标，以中国式现代化全面推进中华民族伟大复兴。"[②] 同时，为促进区域协调发展，深入实施新型城镇化战略。新型城镇化正好呼应了城镇化发展的阶段变革，旨在推动以人为核心的新型城镇化进程，实施城市更新行动，不仅包括城市生态修复和功能完善工程，还要统筹城市规划、建设和管理，并合理确定城市规模、人口密度和空间结构，促进各类城市和小城镇协调发展，尤其是推进县城作为重要载体的城镇化建设。以人为核心的新型城镇化正是适应中国式现代化进程需求的一种城镇化模式。推进以人为核心的新型城镇化不仅要改善农民生活、缩

---

① 邱海峰：《中国常住人口城镇化率首次突破 65% 仍处在快速发展区间》，http://henan. China. com. cn /finance/2023-03/29/content-42312812.htrn，访问日期：2024 年 1 月 24 日。

② 习近平：《高举中国特色社会主义伟大旗帜 为全面建设社会主义现代化国家而团结奋斗——在中国共产党第二十次全国代表大会上的报告》，https://www.gov.cn/xinwen/2022-10/25/content_5721685. htm，访问日期：2024 年 1 月 25 日。

小城乡差距，还要提升农业转移人口的市民化质量，确保常住人口都能享受到义务教育、就业服务、基本养老、医疗卫生和住房保障等城市基本公共服务，新型城镇化有力增强了国内大循环的内生动力和可靠性，同时促使流动家庭和流动人口规模不断增加。在流动人口群体中，应对环境变迁能力相对较弱的流动青少年成为社会关注的重点。

第一节　流动青少年及其城市融入的现状

随着我国城市规模的不断扩大，城市吸纳外来流动人口的能力不断增强，一个城市对外来流动人口的吸纳与融入的能力，在一定程度上反映了该城市的健康指数和发展水平。

一、流动青少年

伴随着我国新型城镇化的逐步推进，大量的青壮年劳动力由乡村进入城市，成为城市建设和产业发展的生力军。与此同时，跟随青壮年父母迁入城市学习生活的未成年子女，他们形成了庞大的特殊社会群体。这一群体在不同时期、不同区域有着不同的称谓。改革开放40多年间，他们曾被指称为"进城务工人员随迁子女""外来打工人员子女""农民工子女""流动人口子女""城市流动儿童""流动儿童"和"流动青少年"。这一群体迁移到城市后面临的学习适应能力、生活适应能力和社会交往适应能力等问题，不仅影响着他们自身的身心健康发展，而且影响着他们父母融入城市的工作生活，甚至在一定程度上影响着城市的社会治理。

本章着重从社会工作角度探讨流动青少年城市融入问题的介入实务，因此我们必须厘清"流动青少年"的研究所指对象。本章主要从户籍和年龄来界定"流动青少年"这一范畴。世界卫生组织 2014 年发布的《全球青少年健康问题》报告显示，他们把青少年群体界定为年龄在 10～19 岁。国内学者普遍认为，年龄在 6～17 岁，处于义务教育和高中教育阶段的男孩和女孩，活动场所以学校为主，这样的群体称为青少年。因此，本章的"流动青少年"是指跟随父母或亲友离开原户籍地来到城市求学、打工和生活的，年龄在 6～17 岁的男孩和女孩。

教育部 2022 年 9 月发布的《2021 年全国教育事业发展统计公报》相关数据显示：截至 2021 年 12 月 30 日，我国高中阶段教育的在校生（含普通高中和中等职业教育）共 3916.84 万人，义务教育阶段教育的在校生（含初中阶段和小学阶段教育）共 15818.44 万人。其中，义务教育阶段在校生中进城务工人员随迁子女①有 1372.41 万人。其中，在小学就读 984.11 万人，在初中就读 388.30 万人。由此可见，仅仅是义务教育阶段在校生中，进城务工人员随迁子女就占到全国的 8.7%，而占全国城市义务教育阶段在校生人数的比例将高出许多。

二、流动青少年城市融入的现状

在学界，关于城市融入有着不同的提法，有的称为"城市融入"，有的称为"社会融入""社会适应"和"社会融合"，它们既有共性，又有一定的差异性，这些范畴存在着交叉性。本章研究认为，这些范畴可以看作是社会化的下位范畴。社会化是一个人学习掌握社会文化、社会知识和技能，成为社会成员的过程。②马克思主义认为："人的本质不是单个人所固有的抽象物，

---

① 指户籍登记在外省（自治区、直辖市）、本省外县（区）的乡村，随务工父母到劳务输入地的城区、镇区（同住）并在校接受义务教育的适龄青少年。
② 《社会心理学概论》编写组：《社会心理学概论》，高等教育出版社，2021，第 100 页。

在其现实性上，它是一切社会关系的总和。"[①] 一个人的社会化必然会受到家庭、学校、同伴、职业、传媒以及社会文化的大环境影响。英国学者吉登斯（Giddens）认为，"融入"着眼于对新环境的适应并成为其中一员，表明社会成员不仅在形式上，而且在生活中拥有相应的民事权利、政治权利以及相应的义务，意味着有机会参与公共事务的权利。[②] 融入不仅仅强调融入主体的主动性、社会大众的包容性，更强调社会秩序的公正性，以及促进整体的和谐稳定。因此，流动青少年城市融入可以界定为流动青少年进入城市后，通过与城市文化、习俗、环境及社区生活等方面的社会互动，在心理、社会交往及学习层面适应新环境与新文化的过程。

我国经历改革开放 40 多年的发展，在面向中国式现代化的进程中，政治、经济、文化、社会和生态文明"五位一体"迅猛推进。城乡二元结构的影响至今仍未根除，流动青少年进入城市必然会受到相应的社会制度、经济环境、文化环境和家庭环境的影响，因此流动青少年城市融入遭遇各种压力。

第一，城乡经济发展不均衡，流动青少年家庭收入往往偏低。家庭经济状况是流动青少年城市融入的重要社会基础。流动青少年父母主要在城市的私营企业、个体经济或外资企业工作，甚至是临时短工。因此流动青少年家庭收入少、社会经济地位相对较低，不仅无法充分保障流动青少年的日常生活、教育培训以及娱乐的开支，而且不利的经济地位影响了流动青少年的交往空间和交往方式，对于流动青少年学习和适应城市的生活方式、价值观念形成一定的阻碍，甚至因社会经济地位低而产生自卑心理，对于城市融入产生抵触。

第二，流动青少年父母的文化程度一般不高，在子女的学业辅导上未给

---

① 卡尔·马克思、弗里德里希·恩格斯：《马克思恩格斯文集（第一卷）》，中共中央马克思恩格斯列宁斯大林著作编译局译，人民出版社，2009，第 505 页。

② 安东尼·吉登斯：《第三条道路——社会民主主义的复兴》，郑戈译，北京大学出版社，2000，第107 页。

予充分投入。流动青少年父母在城市里大量的时间常常忙于生计,对流动青少年的陪伴和教育时间相对较少。由于自身的文化程度不高,不仅无法辅导子女的学业,而且很难成为子女在文化学习上的榜样,因此流动青少年学习动力不足、学习热情不高。有关研究表明,在教育融入方面,父母在交流和辅导方面的关注度越高,流动青少年的学习融入越好;教师关注度高、同伴数量多和对教师的喜爱度高都十分有利于流动青少年的学习融入。同时居住环境也会影响流动青少年的学习融入。由于流动青少年家庭的居住条件欠佳,大都是聚居在城市郊区的"村落型"民居,或者分散于城市的廉价租房中,在一定程度上影响了他们的学习。

第三,由乡村进入城市的流动青少年与本地朋辈群体的交往不顺畅。由于城乡经济环境、文化环境和社区环境的差异,流动青少年在城市融入的过程中,对城市社区的认同度低,对自我及家庭评价不高,心理适应能力较低,学习成绩大多不佳,容易出现一系列的适应性问题,如朋辈关系不和谐就是一个典型的表现。流动青少年感受到不利的社会地位和陌生的周遭环境,容易产生被边缘化、被疏离的自我认知及行为,因此呈现出社交主动性不强、容易情绪紧张、交往方式不当等问题,在朋辈群体人际交往中缺乏稳固的朋辈关系,正向情感联结也相对缺乏。有关研究表明,流动青少年在社会交往方面,不仅会受到父母文化程度的影响,而且会受到父母对子女的关注度、父母是否公开给予肯定的影响。此外,在学校对教师的喜爱度以及同伴数量的多少也会影响流动青少年的社会交往。

第二节　流动青少年城市融入的需求及支持系统

当前流动青少年城市融入的现状并不令人乐观。为了促使流动青少年充分健康地融入城市，我们既要了解流动青少年城市融入的各种主观合理需求，又要促进社会制度、经济环境和文化环境的改善，推动城市社区及公民友善吸纳流动青少年的融入。通过流动青少年在城市环境、教育、朋辈群体和心理等方面全方位的融入，建立起和谐、互动及便于流动青少年健康成长的城市社区。

一、流动青少年城市融入的需求

人是社会性的动物，无论是马克思主义经典理论，还是当代社会学的研究，都普遍认为社会性是人的根本属性。需求是人类个体赖以生存和发展所必需的条件，既有物质性的，又有精神性的。1943 年，美国心理学家马斯洛提出按照生理需求、安全需求、归属与爱的需求、尊重需求以及自我实现的需求，依次由低层次需求到高层次需求排列的五类需求层次理论。按照马克思主义理论，这些需求与人类的生存与发展息息相关，但在不同的历史时期、社会条件和社会文化的背景下，人类需求的满足与调节会呈现出不同的形态。流动青少年在城市融入过程中的需求是多方面的，本节将从社会支持、家庭环境、学校教育和个体方面阐明流动青少年的需求层次理论。

（一）关于社会支持的需求

流动青少年通过社会互动逐步实现城市融入的社会化进程，他们在家庭与父母兄弟姐妹，在学校与教师和同学，在社区与玩伴及其他社区成员的社会互动中，能够逐步体会到他人对个体自身的看法，也在互动中了解自己与他人的关系。换言之，流动青少年在融入城市社区过程中，家庭、学校、社区、政府和社会组织的支持与资源是其必要的需求。原有的城乡二元体制及其衍生问题是制度层面阻碍流动青少年城市融入的重要因素。良好的社会政策和社会福利资源是流动青少年融入城市社区的重要客观条件。只有在支持个体基本的心理需求和物质条件前提下，流动青少年才会产生改变原有生活方式、社交方式及思想观念的主观动机和需求。因此，社工应当通过强化社会支持网络，拓展社会资源路径，促进流动青少年增强适应新环境、新生活的信心和能力，增强对融入城市的认同感和归属感，以及激发他们与城市社区居民产生社会交往的需求。

（二）关于家庭环境的需求

家庭是个体成长的摇篮，也是人类社会的基本单元。流动青少年跟随父母由农村转移到城市生活，随着生活区域的转变，家庭成员间的关系也会发生微妙的改变。由农村转移到城市，父母的工作性质、工作条件和工作时间都产生了变化，无论是从事个体经营还是从事体力劳动，流动青少年父母陪伴子女、与子女交流以及辅导子女课业的时间变得十分缺乏，甚至父母子女间交流的内容和方式也变得单一，因此容易导致亲子关系的疏离。在相对陌生的城市里，对于流动青少年来说，亲子关系是他们可以依靠的最重要的人际关系，改善亲子关系有利于降低流动青少年对陌生环境的无助感和不安全感。与此同时，父母对城市新环境的认知和融入的状态对于流动青少年城市融入也有着重要的影响。父母融入城市的认知和经验，通过亲子之间的互动与沟通能够促进流动青少年适应城市的学习生活方式。显然，家庭环境是流动青少年获得亲情支持最便利、最重要的场所。因此，社工应该协助其父母增强对城市新环境的认知和融入，努力增进亲子关系，满足流动青少年对家庭环境的需求。

（三）关于学校教育的需求

6 ～ 17 岁的流动青少年正值受教育的年龄，学校是他们在城市生活活动的重要场所，也是其融入城市的重要平台。随着城市逐步放宽暂住和落户的条件，不同地区的政策不同，流动青少年在城市的入学问题有所缓解。虽然多数的流动青少年都能进入城市的私立学校（非优质校、贵族校）或公立学校学习，但是几乎难以进入优质学校。学校的教学设施和教学质量欠佳，有的私立中学的师生流动性很强，这些都不利于流动青少年的教育成长。流动青少年是随父母工作、生活地点的改变而改变居住地，因此居住地和入学的学校都存在着较大的不稳定性。加之流动青少年学籍管理存在无法可依的状况，给流动青少年的转学和升学带来很大的麻烦，甚至有些流动青少年被各类学校拒之门外。流动青少年游离于城市学校教育的边缘，使他们对城市学校教育缺乏信心，对他们学习和生活所在的城市缺乏认同感。在学校教育中，教师是主导，学生是主体。教师对学生的关注与否、认可与否对学生的影响是极其重要的。因此，社工应当充分发挥社会倡导者的职能，从社会政策和社会资源方面积极推进流动青少年受教育环境的改善；通过学校教育平台提升教师对流动青少年的关注度和认可度，保障流动青少年公平地接受学校教育，满足他们的需求。

（四）关于个体方面的需求

地域的变迁，促使流动青少年在学习、生活和人际交往等方面的环境发生变化，导致流动青少年出现诸多的不适应症状。相较于流动青少年原来的乡村生活环境，城市的生活环境相对复杂，尤其是人际关系。流动青少年人际关系交往除了家庭关系之外，最主要的是学校和社区里朋辈群体的人际交往。之前是邻里相熟、乡里乡亲、足够信任的乡村朋友圈，朋辈群体可以在乡邻之间任意地奔跑、玩耍，无所顾忌。然而，脱离了原有的朋友圈随父母进城以后，流动青少年的朋辈群体主要局限于同学和社区的一些玩伴，朋辈交往圈比较狭窄。由于生活环境不佳且不稳定，流动青少年容易产生孤独感和自卑感，影响他们的人际交往。特别是流动人口聚居的地区，流动青少年更乐意与自己具有相同迁移经历的"老乡"交往，他们不愿意去认识、交往本地朋辈群体，缺乏与本地朋辈群体交往的主动性，这在一定程度上是受到父辈的影响。他们的父母往往觉得自己的老乡比较可靠，沟通更加顺畅，因此更乐意与老乡建立联系。任何人进入新环境都需要一个自我调适心理和行为的过程，流动青少年也不例外，这便是流动青少年城市融入过程中个体方面的需求。因此，社工在流动青少年融入城市的进程中，不仅要为流动青少年创造更多的人际交往平台，提升其人际交往能力，培养其人际交往的技巧，而且要增强他们的抗逆力，学会勇敢面对新生活环境的挑战，在不利的情境中展现积极的心理品质，以健康的态度去面对逆境。

二、流动青少年城市融入的支持系统

个体在不同时期总会出现需求得不到满足的状态，流动青少年在城市融入的过程中，他们各种需求的满足程度直接关系到融入的状况。从社会工作角度来看，链接和强化各类支持系统或资源，对促进流动青少年的城市融入意义重大。

（一）国家政策资源

随着国家政策的鼓励和城市发展吸引力的不断增强，在促进流动青少年融入城市获得学习机会、改善学习条件、适应学习环境和提升学习能力等方面，实现教育公平的政策法规陆续出台。1996 年，国家教委制定了《城镇流动人口中适龄儿童少年就学办法（试行）》；2001年，国务院发布了《中国儿童发展纲要（2001—2010年）》，把流动人口中的儿童基本能接受九年义务教育作为保障儿童受教育权利的重要目标；2010年，国务院审议并通过《国家中长期教育改革和发展规划纲要（2010—2020年）》，提出坚持以输入地政府管理为主，切实解决进城务工人员子女平等接受义务教育问题以及参加升学考试的办法；2017年，国务院印发《国家教育事业发展"十三五"规划》，要求做好随迁子女和留守儿童教育工作；2021年，国务院印发的《中国儿童发展纲要（2021—2030年）》提出，坚持促进儿童全面发展，保障儿童平等发展，鼓励儿童参与。农业转移人口随迁子女受教育权利要得到根本保障，让儿童享有更加均等和可及的基本公共服务，享有更加普惠和优越的福利保障，享有更加和谐友好的家庭和社会环境。2022年，我国17部门联合印发《关于开展青年发展型城市建设试点的意见》，加大基础教育投入力度，完善免试就近入学制度，逐步实现进城务工青年随迁子女入学待遇同城化。实现公平教育是流动青少年城市融入的重要保障，也是社会支持系统的重要组成。社工要充分扮演好倡导者的角色，从流动青少年城市融入的需求角度对国家政策法规的出台提供积极合理的建议，在国家政策层面为流动青少年这一特殊群体提供更多的福利和保障。

（二）社会组织及志愿者资源

社会组织是我国社会建设的重要力量，社会组织资源对流动青少年的城市融入作用重大。党的十八届四中全会通过的《中共中央关于全面推进依法治国若干重大问题的决定》指出："建立健全社会组织参与社会事务、维护公共利益、救助困难群众、帮教特殊人群、预防违法犯罪的机制。"2017年发布的《中共中央 国务院关于加强和完善城乡社区治理的意见》明确指出，"统筹发挥社会力量协同作用""推进社区、社会组织、社会工作'三社联动'"。随着我国社会组织的规范发展，大量的社会组织参与到社会服务和社会治理中。近年来，我国许多地区提出社区、社会组织、社工、社会资源及社区自治组织的"五社联动"，进一步肯定社会组织是服务社会建设的重要服务载体。社会组织可以发挥其机制灵活、反应及时的优势，有效整合和利用各种社会资源。社工依托社区基础平台，充分发挥社会组织服务载体功能，利用社会组织的相关优势，可以更加积极地服务于流动青少年的城市融入。

2017 年 12 月 1 日，国务院发布的《志愿服务条例》开始正式实施。截至 2022 年 12 月 30 日，我国注册志愿者已逾 2.3 亿人。依托一定的社会组织，参加相关团体，致力于免费、无偿地、有组织地助人，参与社会公益责任活动的志愿者群体，是我国助困扶弱的一支重要力量。因此，社工在介入流动青少年城市融入过程中，应努力引导一部分具有一定专业性、技能性的志愿者组成志愿者服务团队，长期服务于流动青少年这一特殊群体。

（三）家庭资源

家庭是青少年生活的重要场所，因此家庭在青少年完成个体社会化过程中发挥重要作用，流动青少年能否顺利地实现城市融入，在很大程度上取决于家庭支持。在个体的青少年成长阶段，在社会行为模式上会更加强调个体之间相互情感的满足，尤其渴望来自家人和亲人的支持。从家人和亲人那里获得的情感支持对流动青少年融入集体、融入社会具有重要的、积极的影响。有关调查说明，父母融入的状况直接影响着流动青少年的城市融入，父母在城市中有着稳定的工作和收入，朋友圈中有着大量的城市本地人，这一类流动青少年的城市融入较为顺利。因此，社工应当帮助流动青少年家庭获得更多的社会支持。在此前提下，积极引导流动青少年的父母落实抚养、教育和保护子女的责任，借助家庭资源拓宽流动青少年视野，认识新的学习和生活环境。通过增强亲子互动，建立平等和谐的亲子关系，尊重流动青少年的主体地位，保障流动青少年平等地参与自身、家庭和生活社区的有关事务。随着我国构建覆盖城乡的家庭教育指导服务体系的进程逐步展开，在协助地方政府和社区加强家庭教育指导服务方面，社工将大有可为。

（四）学校资源

学校是个体的知识和能力习得的重要场所。在现代文明社会，个体在学校不仅要掌握一定的社会文明知识和技能，而且还要学习特定的文化交往方式，从而使个体逐渐融入社会环境，成为社会中不可或缺的一员。流动青少年的城市融入也是这样一个过程，其中，学校与教师资源提供了重要的支撑。学校的人文环境、教育理念和教师的知识技能是重要的学校资源：和谐健康，积极向上的校园文化环境是流动青少年融入校园的道德基础；平等友爱和教学相长的师生关系、同学关系是流动青少年融入校园的重要支撑；教师关爱学生，尊重学生的认知和学习发展规律，发现学生的差异并且进行因材施教是流动青少年融入校园的有力保障。学校是社工介入流动青少年城市融入的重要平台，应该依托学校与教师资源发现流动青少年在学习和生活中的问题，了解他们的相关需求，与学校、教师协作，改善流动青少年的学习生活环境，提高流动青少年学习和生活的适应能力，促进流动青少年的城市融入。

（五）朋辈群体资源

朋辈群体的交流、模仿和价值观的相互影响对于个体的成长作用显著，尤其是在青少年成长阶段，这种影响有时候比父母或学校老师对个体短期的影响更为重要。流动青少年的社会化很大程度上是在学校和社区进行的，朋辈群体的交流、模仿是其行为方式和价值观念形成的重要力量。流动青少年个体的自身原因以及外部环境条件的影响，许多流动青少年的朋辈群体总是囿于聚居区域的老乡群体，与流入地城市朋辈群体的交往状况并不乐观。流入地城市的朋辈群体之间的有形帮助与情感支持，尤其是具有积极向上、正能量的朋辈关系，可以显著推动流动青少年的城市融入。因此，社工应该帮助流动青少年提升与朋辈群体交往的意愿，增强交往的信心，改善交往的技巧，在此基础上充分利用流动青少年朋辈群体资源，为他们分享信息、学习娱乐、交流情感观念等活动提供便利。通过流动青少年与朋辈群体的有效互动，增强其自我价值感，缓解在学习和生活中遇到的困扰，更好地融入学校与城市社区生活。

（六）社区资源

社区除了青少年，也是其他居民生活的空间载体，而且是各类社会组织开展活动的重要平台。社区内的居民通过接触和互动，在行动上、语言上，乃至思想上具有相似的特质。社区联结政府、家庭与个体，是社工介入流动青少年城市融入的重要阵地，同时为社工服务家庭和个体，提供资源、场地设施、人力物力以及必要的社会组织支持。社区资源的多样性和丰富性为流动青少年城市融入发挥着极其重要的作用。尤其在当前服务青少年的社会工作中，融合社区、学校和家庭的资源十分必要。社工可以依托社区资源、家庭资源和现有各类机构设立的青少年教育指导服务中心，通过家长学校、城市社区中心、妇女之家、儿童之家、"四点半课堂"社区课堂等服务站点，鼓励流动青少年参与社区活动，拓展社会交往，引导形成良好的行为规范和提供必要的看护服务，从学习、生活和心理健康各方面服务于流动青少年城市融入和健康成长。

第三节　流动青少年城市融入的社会工作介入

流动青少年城市融入问题是社会关注的重要问题，流动青少年城市融入过程中的需求具有多层次、个性化的特点，流动青少年城市融入的支持系统涉及领域广、类型多。因此，社工介入流动青少年城市融入的专业服务，不仅需要相关的社会工作理论指引，而且必须明确相应的实务目标，强化各类支持系统或资源的链接，通过社会工作介入流动青少年城市融入，从而实现从预防和消除流动青少年城市融入问题扩展到促进服务对象的全面健康成长。

一、社会工作介入流动青少年城市融入的理论支撑

从社会工作角度来看，在综合研究流动青少年城市融入现状、需求与必要的支持系统的基础上，开展社会工作介入流动青少年城市融入的实践中，必须依托生态系统理论与增能社会工作理论的指引。

（一）社会生态系统理论

20世纪60年代，社工通过反思弗洛伊德精神分析学派理论，认为其只重视个体的心理结构而忽视环境对个体的影响，这是一个重要缺陷，因此他们利用一般系统理论来弥补这一不足，产生了系统视角的社会工作理论。系统视角的社会工作理论强调，人类的社会生活是非常复杂的，人类社会中的不同子系统之间相互关联、相互影响，并且形成互动的整体。个体与各种子系统建构起来的环境存在联系，且人类社会中的家庭、邻里、亲属和社区等子系统与个体的关系紧密，对个体的影响也较为复杂。社工在开展实践活动过程中，应该改变治疗者和指导者的角色，与服务对象协同应对由不同子系统

构成的环境。社工与服务对象既是重要的合作者，也是彼此存在的重要环境因素。

20 世纪 80 年代，系统视角的社会工作逐步融入生态视角，出现系统视角和生态视角相互结合的社会工作理念。在发展心理学中，美国心理学家布朗芬布伦纳（Urie Bronfenbrenner）提出了著名的生态系统理论，他认为人作为个体嵌套在系统中，个体与环境之间是相互影响的关系。他把人类生存的环境划分为微观系统、中观系统、外在系统、宏观系统和时序系统。微观系统是直接影响个体的系统环境，如流动青少年的家庭、所在的学校；中观系统是微观系统之间的联结纽带，如家长与老师、学校之间关于流动青少年的沟通交流；外在系统是间接影响个体的环境，如流动青少年父母的工作环境和人际交往环境；宏观系统是指个体所处的大环境以及亚环境，如我国城乡存在着不同的生活方式，或在一定区域内存在相似的文化观念；时序系统主要是指在以上四个系统中嵌入时间维度，凸显社会生态环境中的各个系统是不断变化的，而且对个体的发展具有影响。

社会生态系统理论是社会工作的基本理论，得到了社工的普遍认同。该理论要求社工要把个体与环境始终连接在一起，关注个体与环境的互动影响，强调个体与环境在相互适应的过程中会产生不断的变化，同时这种变化呈现出多样性的特点。因此，社工在开展社会工作实践过程中，成为与服务对象一起面对生活困难、解决问题的合作者。在该理论指导下的社会工作介入流动青少年城市融入的方法应该遵循：一方面，要全面把握服务对象自身以及环境动态发展及现状；另一方面，采用个案、小组和社区方法以及社会政策改变等多种工作手法对各个支持系统进行必要的干预，促进相关支持系统有效地服务于流动青少年的城市融入。

（二）增能社会工作理论

由于长期的种族冲突和争取权利平等的呼声高涨，西方在 20 世纪 70 年代兴起了民权运动。因此，社工通过小组社会工作以及社区社会工作的方式，改善了由种族文化歧视带来的社会不平等问题，以此拉开了将社会与个人改变相结合的社会管理模式的序幕，这也是增能社会工作理论的缘起。20 世纪70 年代，增能社会工作实践的正式概念由芭芭拉·所罗门（Barbara Solomon）首次提出，她认为生活中的不平等来自社会的直接影响和个人的间接影响，一方面是制度导致的资源分配不均衡，另一方面是受到不平等待遇的个人认知偏差固化。

增能社会工作理论认为，社会层面一定会对个体的生活生态系统产生影响，而且在社会结构的作用下，社会弱势群体的个体问题常常会表现为社会问题。因此，增能社会工作通过资源的协调与个人、家庭以及社区建立有效的联系，并且整合个体和社区环境之间的改变。增能社会工作的介入成效不仅体现在个体的成长这一转变上，如除了增强个体自己的能力、信心，还体现在社会层面的改变，如社会公平观念的确立、社会资源分配方式的调整和社会互助方式的建立等，是个体和社会层面的共同改变。

20 世纪 90 年代之后，增能社会工作作为一种崭新的服务理念和有效的服务方式得到了快速地推广。增能社会工作不仅通过临床取向的服务，以同伴和辅助者的支持方式，帮助个体克服由贫困所带来的困扰，重塑个人认知和提高个人自我效能感；而且还通过社区取向的服务促进个体的社区参与和环境改善。增能社会工作确信任何人都无法脱离环境而存在，个体既是环境的一部分，也是环境的改造者。增能社会工作实践的核心就是帮助服务对象学会了解和把握自己在周围环境中的资源，最大限度完成自己的个人目标，挖掘个人的优势和潜能。流动青少年在城市融入的过程中，依托个体的努力，他们有足够的能力摆脱孤独感、无助感，积累起与他人交往合作的经验。同时，依托社工的介入，改变环境层面阻碍流动青少年城市融入的制度和规则。

二、介入流动青少年城市融入的社会工作目标

流动青少年城市融入过程中面临着教育政策的不完善、身心成长的不稳定、学习生活转型的不适应、融入环境的欠友好以及家庭环境的自身弱势等问题。社会工作介入流动青少年城市融入的主要实务目标有以下方面。

（一）促进保障政策落实

社工积极参与流动青少年权益保障现状调研，推动流动青少年权益保障立法；助力健全以居住证为载体的流动青少年服务机制；流入地根据国家规定保障流动青少年享有公平的教育、医疗卫生等基本公共服务；社区社工关注流动青少年家庭，做好困难流动青少年家庭的评估帮扶和福利保障工作；家庭、学校、社区共同构建成长空间友好、发展环境友好的流动青少年友好城市，不断改善流动青少年的学习和生活环境。

（二）关爱身心健康成长

社工帮助流动青少年了解自身所处的青少年阶段的生理、心理和情绪的特点及发展规律，认识和接受身体发育出现的两次性征；通过帮助流动青少年学会应对青少年时期的生理和心理变化，掌握性生理和性心理知识，排除性意识和性行为的困扰，建构良好的成长心态；社工辅导流动青少年重新建构朋辈群体关系，掌握健康的人际交往方式和方法；通过营造良好的社区环境辅导流动青少年正确看待游戏娱乐，鼓励积极健康的娱乐活动，抵制消极不良的娱乐行为；社区社工联系周围社区协同构建流动青少年心理健康教育、咨询和援助的公共服务网络，及时为流动青少年心理健康提供服务；一方面，

通过强化政府政策提供有力的青少年安全和保护支撑，另一方面，家庭、社区、学校为青少年营造健康安全的成长环境，担负对青少年的保护职责，介入暴力伤害的发现、报告与干预工作；学校和社区开展生命教育和挫折教育活动，增强流动青少年珍爱生命的意识和提升自我情绪调适的能力。

（三）提升学习能力与适应力

社工通过学校了解流动青少年的学习困境，加强流动青少年与城市朋辈群体在学习经验方面的交流，以此丰富学习经验，减少学习焦虑；社工开展相关的社区活动协助流动青少年逐步适应城市中小学的学习和生活环境，充分利用有利条件提升学习水平；针对个别学习困难的流动青少年，进行个案分析帮助流动青少年明确学习动机，增强学习动力，促进规则化的社会行为和价值观的内化；社工培养流动青少年独立学习的能力，掌握高效的学习方法和技巧，增强学习的自信心和自觉性；社区社工开展和充分发挥中小学校课后服务主渠道的作用，为流动青少年提供个性化的课业辅导；依托学校、家庭、社会协同育人机制，协助家庭重视流动青少年的教育并加强监督；通过举办社区运动会，提高流动青少年参与活动的积极性，协助流动青少年养成良好的运动习惯，培育健康体格，从而为学习提供有力的体能支持。

（四）增强行为规范与抗逆力

社区工作者通过小组社会活动、社区社会等方式了解流动青少年存在的共性问题，从而协助流动青少年形成正确的世界观、人生观和价值观；帮助流动青少年学习和了解城市生活的社会行为规范和道德准则，学会自觉遵守规范准则；社工促使学校、家庭、社会共同参与流动青少年的法治教育工作，使流动青少年了解和熟知常见的法律法规，增强其法律意识，减少犯罪行为；净化流动青少年家庭、学校、社区和网络环境，营造健康积极的成长环境，避免青少年因压力过大而产生行为偏差；社工联合学校老师，为流动青少年树立正确的金钱观和价值导向，严管违规接纳流动青少年的不良互联网营业场所和娱乐场所；协助流动青少年直面城市融入过程中的陌生感、无力感和挫折感，培养正视问题、乐观向上、积极有为的生活态度，以及做出建设性抉择的行为能力；积极促进流动青少年家庭功能的健全、教育制度的改进、学校和环境的改善、社会工作的介入。

（五）提升城市融入的契合度

社区工作者通过改变城市社区居民对流动青少年的偏差认识，提升对其接纳的程度，为流动青少年融入城市新环境创造条件；改变流动青少年自我认同偏低、自信心不强等不良心态，协助其提高沟通能力与交往能力，实现人际关系的融入；协助流动青少年改变行为模式，融入全新的城市朋辈群体，重新建构各种必要的社会支持网络，实现行为适应的融入；协助流动青少年掌握城市居民群体必备的社会知识体系，了解融入地的城市历史文化与价值规范，实现价值理念的融入；从发展的角度协助流动青少年因势利导，根据自身的兴趣，依托融入地城市社会环境状况、行业特色规划自己的学业和职业发展。

三、社会工作介入流动青少年城市融入的方法设计

社会工作专业方法包括个案工作、小组工作、社区工作和社会政策等，这些方法都可以用于介入流动青少年城市融入问题。笔者在融合社会生态系统理论和增能社会工作理论的基础上，从社会工作的角度探求解决流动青少年城市融入问题的综合方法。在开展社会工作服务过程中，首先了解服务对象的情况以及需求，根据服务对象的问题，针对性地选择相应的工作程序和方法，以期达到介入效果的最大化。

（一）以影响社会政策的改变为前导，改善流动青少年城市融入的社会环境

1. 依据的基本理念

从社会生态系统理论角度看，个体与环境是联结在一起的，彼此相互影响；个体与环境之间的相互影响是动态的契合，要把个体日常生活中的物理环境、文化环境和社会环境看成一个有机的整体；个体生活的困境不仅仅反映的是个体对环境适应的不力，往往也反映了社会环境的差异等。

从增能社会工作角度看，个体无法摆脱社会层面的影响，社会环境的改善是个体成长过程中不可或缺的部分，个体在社会生活中的无力感主要源自社会层面的直接影响。因此，在对弱势群体的政治层面增能的过程中，需要社工协助服务对象实现社会身份的转变。

2. 工作思路与方法

第一，关注流动青少年城市融入中社会结构层面不平等的消除。社工要把社会工作介入服务的本身放在社会场景中去考察，基于流动弱势群体的利益诉求大力倡导社会公平。

第二，把握社会政策的最终目标，努力解决社会问题，实现社会的相对公正。社会公正是社会政策的基本理念，社工应该从实现社会公正的视角，为解决流动青少年城市融入问题的社会政策出台付出努力。

第三，与流动青少年群体建立联系，深入了解他们融入城市的社会支持需求。没有良好的信任关系就无法掌握流动青少年群体城市融入的现状，以及对相关社会政策供给的需求。

第四，通过不同生活场域了解流动青少年城市融入的困境。深入社区、学校和家庭，观察、体会和理解流动青少年所觉察到的社会事实，协助找寻其产生无力感的社会政策根源。

第五，关注社会建设的体制机制创新，充分发挥社会工作解决社会问题的制度性工具功能。通过社工积极的实践与倡导来影响社会政策的改善，回应流动青少年城市融入的需求，促进其社会关系的重建，实现其在政治层面的增能。

第六，社工通过贯彻社会政策，实现社会政策福利在流动青少年群体城市融入中的落地，不断拓展流动青少年的权利，切实为改善流动青少年的社会环境而努力。

（二）以优化家庭、学校和社区资源的融合为基础，增进流动青少年城市融入的认同度

1. 依据的基本理念

从社会生态系统理论角度看，人生活在环境系统中，会受到来自周围环境的影响。流动青少年受到来自多层次系统因素的影响，如家庭、学校、社区，以及这些系统之间的联系等，为了适应环境、得到环境支持并与环境相协调，因而在复杂多变的环境中采取不同的策略进行应对。

从增能社会工作角度看，社工与流动青少年之间的信任合作关系是一种协同关系。社工的增能服务首先是应该融入流动青少年的日常生活场景中，作为服务人群的一员通过分享自己面对生活困境的各种经验，与流动青少年建立合作关系，使他们形成独立批判意识以及增强行动力，以及树立自己有能力改变环境的信心，进而肯定其自身的城市生活群体资格，提升对该群体资格及其生活环境的积极认知评价和情感体验。

2. 工作思路与方法

第一，重视家庭作为流动青少年城市融入过程中首要的外在保护因素的功能，充分发挥家庭对流动青少年的保护作用。社工应积极深入流动青少年家庭，协助建构温暖的亲子关系，联结各类资源助力其家庭条件经济的提升，

为流动青少年提供安全、稳定的家庭氛围奠定基础。

第二，关注学校作为青少年成长重要场所对流动青少年城市融入过程中的认同建构功能。学校的教学理念和教师对个体人格的形成具有重要的作用，在流动青少年流入地城市认同建构中扮演着极其重要的角色。社工应该通过学校社会工作，协助流动青少年增强学习能力，改善与融入地朋辈交往的方式和状态，从而获得积极正面的个体感受。

第三，积极协同流动青少年面对复杂的社区生活，潜移默化地增强自我评价。社工要积极整合各种社区资源，贯彻落实国家和地方有关流动青少年的福利政策，营造充满关怀和包容的社区生活环境，为流动青少年城市融入提供必要的社区支持服务。

第四，鼓励流动青少年积极参与生活社区的活动，提升流动青少年对融入地社区的归属感。社工要协助流动青少年通过参与社区活动，获得与社区公众交往的机会，尤其是与社区朋辈的互动交流，有助于流动青少年了解社区的生活方式、价值取向和行为特点。

第五，鼓励流动青少年为所生活的社区提供力所能及的服务。社区参与和环境改善也是个体成长不可或缺的一部分。社工应该创造机会协助流动青少年参与社区志愿活动、宣传教育活动，为解决社区问题贡献力量。同时，增强流动青少年的社区服务意识和能力，促进城市融入的文化认同和社区认同，提升社区居民对流动青少年的了解程度和接纳水平。

（三）以提升自我心理调节能力为目的，增强流动青少年城市融入的自信心

1. 依据的基本理念

从社会生态系统理论角度看，个体生活在多个不同系统的网络关系中，多重环境系统对个体的行为发展具有不同影响。由里到外的是微观系统、中观系统、外在系统、宏观系统和嵌入时间维度的时序系统。个体与环境系统相互交流共存时，既能得到正面支持，提升个体成长的满足感；又会遭遇负面压力，成为个体成长的障碍。这些障碍可能是外部环境要求过高，也可能是个体应对的能力不足，也有可能是个体无法得到必要的社会资源所造成的。

从增能社会工作角度看，人生活在压力之中，成长本身充满了压力。增能既关乎个体层面的改变，也关乎成员之间以及社会层面的改变。在社会工作介入流动青少年城市融入实践中，一方面要借助不断的行动、反思和倡导来实现社会层面的增能，另一方面要协助流动青少年改变认知层面、减轻自责情绪和增强个人的行动能力，以此提升个体的抗逆力。当个体的成长遭遇压力或面临生活逆境时，个体能够理性地做出建设性的选择和应对，很大层面上有赖于个体保持良好健康的心理状态和生活适应能力。因此心理意识提升和行动反思是增能社会工作专业实践的两个重要维度。

2. 工作思路与方法

第一，与流动青少年建立联系，让他们在没有压力的情况下自由地表达自己对城市生活的感受，以协同者的身份与他们进行多次交流，了解流动青少年在陌生的城市生活和学习环境中可能产生的心理不适状态。

第二，以"人在情景中"的视角理解流动青少年城市融入过程中，在家庭、学校、社区和网络环境中的不同遭遇、不同感受、不同应对以及期盼。借此，社工应当积极优化流动青少年心理调适的外在保护环境。如协助构建有感情、不苛责、建设性的家庭氛围，使得流动青少年获得良好的外部性条件，促进个体心理健康调适。

第三，指导流动青少年正确面对无助、压抑、冷漠、焦虑和孤独的情绪体验，这些情绪体验是流动青少年城市融入的主要心理障碍。社工应该协助他们尝试与自己"当时""当地"的现实感受接触，相信自己具有改变认知、管控情绪和改变行为的能力，强化自身面对外部环境的心理调适方式，经过多次的尝试，检验和强化提升自我心理平衡能力。

第四，协助流动青少年树立正确的压力观。个人的生存与发展中面临的压力并非等同于问题，关键是要看个体如何应对压力。要给流动青少年传导一种信念——每个人都有抗逆力，这是个体与生俱来的一种潜力。当个体面临逆境和感受压力时，抗逆力往往就会被唤醒，潜能就会被激活。

第五，强化流动青少年心理调适的内在保护因素。社工应该运用个案工作、小组工作，从认知、情感和行为的层面，培养他们积极乐观的态度，增强自我价值认同，树立自我保护意识和培养独立自主的作风，增强他们应对逆境的能力，减少问题行为的发生，并帮助他们有效化解压力，促进个体的心理活动和社会适应达到平衡状态。

第六，关注流动青少年个体的差异，促进其城市融入过程中的心理认同。来自不同家庭背景、经济状况和具备不同个体条件的流动青少年，他们在城市融入过程中有着不同的心理反应。社工应该尊重不同个体的合理期盼，协商制定社会工作服务计划，采取不同的心理疏导方式协助流动青少年控制情绪、自我减压和增强自信，实现城市融入的身份认同和心理认同的统一。

（四）以改善学习行为和交往方式为依托，培育流动青少年城市融入的行动能力

1. 依据的基本理念

从社会生态系统理论角度看，流入地居民的认知与当地的文化环境有密切的关系，这影响了他们对待外来群体的态度和情感，也影响流动青少年城市融入的效果。个体与环境始终处于相互转换的过程，"个人—环境"双重转换视角强调，个体从年幼到成年之后，始终需要与周围他人保持某种关联，无论是直接互动还是非直接互动的关联，都会影响个体的行为表现。

从增能社会工作角度看，流动青少年和社工之间是合作的关系，流动青少

年是主体作用，社工是引导者。因此，社工不仅需要关注流动青少年的主观能动性，而且需要培养他们独立自主承担事情的责任感和使用自己合法权利的意识，并且通过培养他们的自主决策能力，使他们对流入地城市产生深厚的身份认同感。在个体意识提升和认同感增强的过程中，个体层面和人际层面的增能是重要的支撑。一方面，社工要协助服务对象利用当地资源不断增强适应新环境的能力，提升服务对象的自我效能感和自信心，消除或减轻新环境对个体带来的负面影响；另一方面，要帮助服务对象通过增强人际交往能力，建立和拓宽可靠的人际关系，依托互动分享拓宽解决相似问题的视野。

2.工作思路与方法

第一，指导流动青少年认识自己的成长阶段，觉知学习是自己当下的主要任务。学校教育是流动青少年城市融入的重要方式，社工应该依托学校社会工作，站在流动青少年的角度，从他们的学习生活经验出发，协助他们明确学习的必要性，纠正不良的学习行为和习惯，提升学习效率，并且通过家庭的协助，端正他们的学习态度。

第二，通过小组工作模式，由社工带领流动青少年深入了解融入地的城市风貌、历史文化、文明规范和城市特质，掌握城市居民群体必备的社会知识体系。可以通过集体查阅所在城市的相关资料激发他们对于城市融入的意愿，也可以通过组织家庭活动方式，由父母携带子女开展城市探索的漫游，增进他们对所在城市的了解，增加亲子交流的机会，使亲子间的关系更为紧密，从而大幅提升对所在城市的亲切感。

第三，引导流动青少年在人际交往中展示友好、善良和热情的品质，具有与人友善社会行为的青少年更易被朋辈群体所接纳。同时，社工通过小组工作模式开展"人际交往大讲堂"，培养他们学会与人合作、压力管理和解决冲突的技能，协助流动青少年提升朋辈交往能力。良好的人际关系有利于个体的健康成长，也有利于个体获取社会资源和得到社会支持，从而提升自身的权利和能力，这对于流动青少年城市融入尤为重要。

第四，依托家庭、学校、社区和网络等不同场域为流动青少年创造人际交往的空间，多元化、多层次地介入家庭、学校、社区和网络，为他们建构亲近社会、走进城市的联结。通过社工的介入，协助流动青少年在学习和生活的不同场景构建富有良性的人际关系网络。如，在社区的"四点半课堂"结交本地和外来的同辈伙伴，通过他们的交流和经验分享，增进社区融入；在学校获得老师和同学的肯定，能够提高流动青少年关于师生关系、同学关系的满意度，从而增强其在校园中的融入感，在其周围建立起正向的人际关系护栏。

第五，通过社区工作模式鼓励流动青少年通过自助与互助的方式去解决一些社区问题，不仅能够提升他们的参与意识和服务能力，而且可以增进身份认同下的主人翁观念。社工应当主动介入社区的自办型、联办型活动，鼓励流动青少年参与这些活动，表达对他们的良好期望。如通过参加"社区是我家，美丽靠大家"的社区清洁活动，引导他们积极参与社区公共事务，培养社区集体意识和责任感，促进他们更好地融入城市社区生活。

（五）以持续、多样的社会工作方法为手段，实现流动青少年城市融入的可喜改变

1. 依据的基本理念

从社会生态系统理论角度看，帮助流动青少年建设符合城市规范的规则化行为，每一次与外部环境交流的累积，使个体与环境得以相互改变、相互影响和相互模塑。社会工作的介入需要在流动青少年的家庭关系、师生关系和朋辈关系中进行。因此社工选择介入工作模式时会根据服务对象的情况采取个案介入、家庭介入、小组介入或社区介入，实行以微观系统和中间系统为主，外层系统和宏观系统为辅的干预方式。通过个体与政府、学校、家庭

和社区等四个层面环境的持续交流，逐步构建正面的支持力量，从而满足流动青少年城市融入的需求与提升他们的满足感。

从增能社会工作角度看，社工作为服务对象的支持者、协助者、引导者，在理解、尊重服务对象的基础上，帮助服务对象依据生产生活资源，对自己现阶段的思想、行为、认知作出改变，从而不断提升服务对象的自我效能感和适应流入地环境的能力，获得更多平等的生活待遇。这是一个长期服务的过程。社工需要和流动青少年建立彼此信任的关系，并寻找流动青少年困境产生的原因。一方面，社工通过小组活动或者社区活动，发现流动青少年的闪光点，并且通过个案分析使流动青少年认识到面对困境的正确态度是客观承认，并且鼓励青少年发挥自己的优势克服生活中的困境。另一方面，社工需要联系流动青少年的家庭、学校、社区，使其形成流动青少年的支持网络，以强化和巩固青少年的优势，从而促使流动青少年感受到强有力的安全感，生发对抗困境、适应环境的内动力。

2. 工作思路与方法

第一，从个案、小组、家庭、学校和社区五个层面全方位、多模式开展流动青少年城市融入的介入工作。社工应该推动"四点半课堂"等项目落户社区并成为常规活动，这在解决社区内多数家长需求的同时，能够持续发挥社区在流动青少年城市融入中的长效作用。

第二，依托学校、家庭和社会的协同合力育人机制，通过学校教育与家庭教育、社会教育有机结合促进流动青少年城市融入。社工要积极推动教师家访制度化、常态化，推进社区家长学校和家长委员会建设，分享家庭教育经验，为流动青少年城市融入不断挖掘有益的"保护性的因素"。

第三，不定期采取个案工作模式，加强与流动青少年家庭成员对话交流。定期对流动青少年进行必要的功课辅导。根据流动青少年城市融入状况的变化，对流动青少年的家庭成员进行动态沟通，重点关注流动青少年家庭关系的调整和个体能力的提升。

第四，立足学校和社区，定期组织流动青少年参与科技、文化、体育、艺术、劳动等实践活动，尤其是参与日常生活劳动、生产劳动和服务性劳动。针对流动青少年的同伴群体、社区志愿者以及学校的教师，采取小组工作模式，通过小组社会活动让流动青少年及其相关群体获得经验，帮助流动青少年提高城市融入的适应能力和解决城市融入过程中的不适应问题。

第五，立足动态持续发展的观点。社会工作介入流动青少年城市融入不仅要考虑到个体适应环境的问题，也要考虑到个体如何在相应的环境中获得发展。按照社会工作个性化的原则，根据流动青少年的不同个性特点和动态变化，在情绪管理、自我成长、心理咨询服务以及生活技能教育等社会支持服务系统建构中，应当注重多元化和强调针对性。

第六，做好流动青少年城市融入的社会工作介入的效果评估，以流动青少年城市融入的良好效果为导向，动态调整社会工作介入模式和场景，促进社工在具体的生活场景中协同流动青少年持续相互增能以及对其行为偏差进行矫正。

【案例分析】

案例 8.1 "遇见更好的自己"——强化流动青少年自我认同 [1]

一、小组工作背景

J 社区位于福州市晋安区鼓山镇，东与马尾区马尾镇接壤，北倚宦溪镇鼓岭地区，南隔闽江、光明港与仓山区城门镇、台江区鳌峰街道相望，西与象园街道、王庄街道、岳峰镇为邻。J 社区地处城乡接合部，位于福州市东三

---

[1] 实务案例由福州市亲邻社会工作服务中心提供。

环附近，外来人口较多，是流动人口的重要聚居区，其中流动青少年 8500 多人。社工在开展服务过程中，通过与流动青少年家庭、学校教师和社区工作人员在访谈中了解到以下情况。

第一，由于平日流动青少年的父母工作比较忙，很少有时间陪伴孩子，大多数的孩子只能单独出去玩耍。

第二，流动青少年常常把自己识别为"农村来的人"，认为与"城里人"有着身份的差别。有六成的孩子户口在老家农村，有四成的孩子户口在老家小城镇，有近三成的孩子寒暑假会回到老家。

第三，在日常的生活中，他们往往更愿意与有类似生活流动经历的背景的孩子们互动交流，尤其是有相同经历的同辈"老乡"，而且他们的朋友数量相对较少。

第四，有近八成的流动青少年的交往范围仅限于与自己有相似流动经历的同辈"老乡"之间，有近四成的流动青少年在生活中有时会有无助感和孤独感，有近三成的流动青少年感到周围人不是很友好。

第五，在家庭亲子关系调查中，有四成的流动青少年会经常和父母发生争吵，有六成的流动青少年每天与父母几乎零交流。

从以上的访谈调查来看，J 社区的流动青少年从小学阶段就开始由农村或小城镇进入城市生活，跟随父母居住在房租低廉、区位较偏的城乡结合部。他们要实现城市融入，就需要建立新的朋辈关系、亲子关系，适应城市的学习和生活环境。本社工服务通过小组的模式对流动青少年开展自我认同教育，增强人际交往意愿，丰富关系网络，并增进家庭成员间的亲密度。

二、小组基本信息

通过在小区张贴海报的形式，深入 J 社区，邀请青少年家庭参与，鼓励 J 社区初一、初二年级的流动学生，男女各 6 人。活动地点是社区活动室。

三、小组活动内容

（一）活动一：拓展我的"朋友圈"

流动青少年来到新的环境中，缺失原有的朋辈关系和社区关系，因此社工通过"拓展我的'朋友圈'"活动，与流动青少年共同确定了活动目标：第一，增进小组成员的彼此了解，营造良好融洽的活动氛围；第二，组织小组成员共同制定小组规范和公约，确立小组秩序；第三，维持良好健康的社会交往关系，加深自我认知。具体的活动过程如表 8.1 所示。

表 8.1　拓展我的"朋友圈"活动表

活动时间	小组名称	活动目标	活动内容
5 分钟	小组介绍	让社工与组员彼此认识	社工自我介绍，说明大致的活动构想，以及活动的目的
15 分钟	小组成员自我介绍	在初步了解组员的基础上，社工组织组员们进行个性化的介绍	社工鼓励组员采用个性化、白描式的自我介绍，让组员之间彼此加深印象
15 分钟	集思广益	引导组员共同制定契约，增进组员对小组的归属感和责任感，保证小组活动的顺利开展	鼓励组员畅想、畅谈小组活动契约架构与内容，充分调动组员的积极性和主动性，完成契约的订立
15 分钟	我们喜欢的同伴	了解组员们对优秀的同学、朋辈关系的认知	协助组员讨论正向、健康的同学关系、朋辈关系，让大家各抒己见，描述各种各样同学、同伴相处的状态
5 分钟	回顾总结	帮助服务对象树立正确的交友观念、掌握正确的交友方法	社工对大家的发言进行了梳理和总结

（二）活动二："南腔北调"共话友情

由于流动青少年来自不同的地区，生活方式以及表达方式之间存在一定的差异，社工基于这一特点设计活动"'南腔北调'共话友情"，并且确定活动目标：第一，进一步了解彼此家乡的风土人情和生活状态；第二，与社区青少年建立朋辈关系，提升组员的同伴交往能力；第三，尝试学习本地语言系统，适应饮食习惯。具体的活动过程如表 8.2 所示。

表 8.2 "南腔北调"共话友情活动表

活动时间	小组名称	活动目标	活动内容
5 分钟	说说他 / 她是谁	回顾上一次小组活动内容，巩固已取得的小组成果	以游戏开始本次活动，社工随意指一位组员，然后他 / 她右手边的组员要迅速报出这个人的名字。通过这个游戏，组员们进一步相互加深印象
15 分钟	说说自己的家乡	让组员更加深刻了解彼此的生活背景	邀请组员用自己家乡方言介绍自己的家乡
15 分钟	学说福州方言	让组员对本地方言产生兴趣	由社区内本地青少年和社工教组员说本地方言
5 分钟	分享闽菜美食感受	让组员品尝本地美食，了解本地饮食习惯	由社区工作者介绍和分享本地美食
10 分钟	总结与分享	加深对融入城市的方言和美食的了解	社工引导组员总结与分享活动感受

（三）活动三："我们肩并肩"团队协作

青少年个体在完成个体社会化过程中受到同伴的影响较大，但是流动青少年来到新的环境，与流入地的朋辈较难建立起亲密的朋友关系。因此社工通过"'我们肩并肩'团队协作"进行"破冰"，以期通过参与团体活动，培养流动青少年与流入地青少年的团队精神；加强组员的团队沟通、协作及协调能力；增强个人的团队归属感。具体的活动过程如表 8.3 所示。

表 8.3　"我们肩并肩"团队协作活动表

活动时间	小组名称	活动目标	活动内容
5 分钟	建构团队	学会与相对陌生的个体组建团队，开展合作	在社工的引导下，将 12 人分为两队，每队各有 3 名男生和女生，各自推选他们的队长
15 分钟	包装团队	学会平衡各方需求，确定共同目标	游戏活动开始前由他们两队各自设计本队伍的名称、口号和队徽
15 分钟	顶球竞赛	学会相互协作，为实现共同目标相互配合	每队自行组合 3 对男女球员，每对球员背靠背顶球往返 50 米跑道，先后接力，最先到达终点的获胜
15 分钟	总结与分享	活动目标达成，组员间已经具有了一定的团结合作的意识并在活动中会保护组员，团队归属感得到强化	社工引导组员总结与分享团队活动的感受

（四）活动四："彼此深爱着"亲子关系

　　流动青少年是跟随父母的工作变动来到新的生活环境中，因此在对周围环境感到陌生和惶恐的时候，需要家长给予青少年情感上的支持和帮助。同时，因为青少年所处于特殊成长阶段，两代人之间较难沟通与交流，因此社工通过"'彼此深爱着'亲子关系"活动，希望促进流动家庭亲子之间的关系：第一，搭建亲子面对面沟通渠道；第二，促进亲子间的深入沟通了解；第三，增强亲子关系亲密度。具体的活动过程如表 8.4 所示。

表 8.4　"彼此深爱着"亲子关系活动表

活动时间	小组名称	活动目标	活动内容
5 分钟	心理建设	让孩子与家长们都明白，亲人之间尤其是父母和子女之间爱意很深	社工用简短的话语向参加活动的流动青少年及其家长进行活动前的心理建设
15 分钟	"理想爸妈"	让孩子们知晓父母的艰辛，懂得感激、理解、体谅父母工作的不易与辛勤付出	通过社工和志愿者扮演流动青少年父母角色的方式，展示他们工作的辛劳
15 分钟	"理想儿女"	让父母们明白，他们是孩子在陌生环境中第一依靠，加强关系对于孩子的成长就尤为重要	通过社工和志愿者扮演流动青少年角色，展示他们在陌生环境中成长的困境与期盼

续表

活动时间	小组名称	活动目标	活动内容
15 分钟	父母子女真情告白	通过子女当众向家长"表白",家长因平时忽略了孩子的成长表示歉意,以此促进亲子间的沟通、理解	举办社区亲子户外比赛,让父母子女在配合完成任务的过程中,通过彼此诉说真心话加深对彼此的了解
15 分钟	总结与分享	父母认识到与孩子沟通、交流、陪伴很重要,再忙也要抽空关心孩子;孩子理解父母的苦衷与处境,决心好好学习,分担家务,不负父母期望	社工引导组员及其父母总结与分享活动感受

(五)活动五:"感谢一路你我相伴"社区服务

通过上述四次活动,社工和流动青少年之间建立了深厚的情谊,同时也看到了青少年的改变。为了强化和巩固青少年在活动中获得的积极体验,社工设计"'感谢一路你我相伴'社区服务"活动反思和总结,希望通过回顾前四次的活动,分享组员的成长收获;为组员提供沟通的平台,促进朋辈伙伴的交流;帮助组员链接社区资源,为他们提供参与社区活动的机会。具体活动过程如表 8.5 所示。

表 8.5 "感谢一路你我相伴"社区服务活动表

活动时间	小组名称	活动目标	活动内容
5 分钟	"青少年空间"	让流动青少年了解到越来越多的城市社区建构了"青少年空间"	社工向组员们介绍社区"青少年空间"
20 分钟	家、校、社区三合一	"青少年空间"是流动青少年学校教育、家庭教育和社会教育有机结合的空间	社工引领组员们参观"青少年空间",详细介绍其游戏娱乐、拓展训练、网络互动、成长辅导和家长援助等多方面的功能
20 分钟	现场体验	让流动青少年感受个体竞争与团队合作	社工和志愿者引导组员在"青少年空间"现场体验游戏娱乐、拓展训练、网络互动和自在空间
20 分钟	总结与分享	帮助流动青少年释放压力,增强自信,发挥潜能	在社工主持下,组员们分享体验"青少年空间"各方面活动的感受,表达愿做勇于担当、健康向上、乐于奉献的时代新人

第九章　留守青少年家庭教育问题的介入

随着 20 世纪 80 年代以来中国经济的迅猛增长，农村大量剩余劳动力涌入城市寻找新的就业创业机会。由于城市的生存压力大，加之受自身文化水平的局限，许多农民工不得不把孩子留在老家，由夫妻一方留家照顾或由孩子的爷爷奶奶进行抚养，也有的家长把孩子托付给其他长辈、亲戚朋友照顾。随着农村人口大规模的流动，传统的农村家庭结构逐渐被打破，形成一个巨大的留守青少年群体。本章中，留守青少年是指父母双方外出务工或一方外出务工，另一方无监护能力且不满 16 周岁的未成年人。2012 年 9 月，我国教育部公布义务教育阶段留守儿童 2200 万。

近年来，由于农村留守青少年的问题突出，社会各界都开始关注、重视并采取相应行动。但是大部分的关注点聚焦于农村留守青少年的义务教育、健康和保障体系方面，涉及农村留守青少年家庭教育方面的内容较少。

留守青少年可能会面临心理健康问题、学习问题、教育问题、法律常识和意识缺失问题等，其中家庭教育在其中发挥着巨大的作用，因此留守青少年在面对的所有问题中，家庭问题是不容忽视的。党的二十大强调："治国有常，利民为本。为民造福是立党为公、执政为民的本质要求。必须坚持在发展中保障和改善民生，鼓励共同奋斗创造美好生活，不断实现人民对美好生活的向往。"结合党的二十大精神，关爱和保护好留守儿童青少年，做好留守青少年的家庭教育是党的召唤，也是人民的期盼。

第一节　留守青少年家庭教育中的问题及危害

一、留守青少年家庭教育中存在的问题

由于长期缺乏父母的关爱与支持，农村留守青少年的家庭教育受到严重影响，导致出现一系列的社会问题。在参照不同学者研究及实务工作者服务的基础上，总结概括出以下问题。

（一）对家庭教育的认识和重视不够

留守青少年大部分在我国农村地区，而留守青少年大部分是隔代监护的，监护人中大多数人都不了解"家庭教育"为何物，也觉得自己主要的任务是照顾孩子的生活，只要孩子吃饱穿暖，不发生意外，其他方面的教育很少考虑，或者认为孩子的大部分时间都在学校，教育应该是学校老师的责任。有一部分监护人认为，"家庭教育"应该专注于孩子的学习，并将其作为家庭教育的核心内容。而留守儿童青少年的父母并不认识和重视家庭教育，他们中大部分人更倾向于在孩子年幼无知时，应抓紧时间努力赚钱。所以幼儿园、小学阶段的留守儿童特别多，初中阶段的青少年已经开始暴露出各种各样的问题，此时父母会想方设法将孩子带在身边。很多家长尚未意识到在孩子的婴幼儿和童年阶段，父母的陪伴、照顾和关爱会影响个体的性格、品质和行为习惯。如果在初始阶段，个人的成长没有得到相对应的关爱和支持，那么之后将导致留守青少年出现缺乏陪伴、抚慰、关心等问题，也因此导致留守青少年出现很多心理和行为方面的问题[1]。

---

[1]　蒋俊杰：《农村留守儿童家庭教育的缺失及社会工作介入研究》，华中农业大学，2012。

近年来，家庭教育也受到党和国家的高度重视。2021 年颁布了《中华人民共和国家庭教育促进法》，其中第二章家庭责任第十四条强调："父母或者其他监护人应当树立家庭是第一个课堂、家长是第一任老师的责任意识，承担对未成年人实施家庭教育的主体责任，用正确思想、方法和行为教育未成年人养成良好思想、品行和习惯。"第十五条中提到："未成年人的父母或者其他监护人及其他家庭成员应当注重家庭建设，培育积极健康的家庭文化，树立和传承优良家风，弘扬中华民族家庭美德，共同构建文明、和睦的家庭关系，为未成年人健康成长营造良好的家庭环境。"

（二）家庭教育知识和方法匮乏

留守青少年监护人的教育方法主要靠经验和本能，甚至很多监护人从来没有思考过教育的知识和方法，也没有从任何渠道获取或学习家庭教育的知识和方法。因此，即使留守儿童青少年的监护人有家庭教育的理念和意识，但没有知识和方法也是心有余而力不足。在孩子成长过程中除了学校的教育，家庭教育是不可或缺的一个场域[1]。《中华人民共和国家庭教育促进法》中第二章强调"未成年人的父母或者其他监护人应当针对不同年龄段未成年人的身心发展特点，开展家庭教育""未成年人的父母或者其他监护人实施家庭教育，应当关注未成年人的生理、心理、智力发展状况，尊重其参与相关家庭事务和发表意见的权利""未成年人的父母或者其他监护人应当树立正确的家庭教育理念，自觉学习家庭教育知识，在孕期和未成年人进入婴幼儿照护服务机构、幼儿园、中小学校等重要时段进行有针对性的学习，掌握科学的家庭教育方法，提高家庭教育的能力"。家庭教育知识和方法的匮乏也是导致留守青少年出现很多问题的重要原因，因此推动留守青少年父母或监护人学习家庭教育知识和方法是非常重要且必要的。

---

[1]　蒋俊杰：《农村留守儿童家庭教育的缺失及社会工作介入研究》，华中农业大学，2012。

（三）亲情陪伴和心理疏导缺失

西部某个劳务输出大省在某县域内的调查显示：超过七成的父母年均回家与孩子见面的次数为 3 次以下，有些父母几年之内仅回家 1 次；近三成的留守儿童青少年与父母通话、通信频率每月未达到平均 1 次。由于父母常年在外，留守青少年缺少亲情的陪伴和关怀，成长过程中存在的情感需求无法得到满足，缺少心理方面的知识以及他人的引导，长此以往，这种情况会极大影响青少年的身心健康，极易出现心理障碍。这些心理问题在学习方面主要表现为不良的学习习惯、容易拖延学习进度，情绪极易受到周围环境的影响。部分留守青少年因为心理失衡，从而出现道德失范、出现偏差行为。调查显示，19.6% 的留守青少年缺乏自信、自我效能感低，11.4% 的留守青少年感觉受到歧视，9.5% 曾有被遗弃的感觉。另一项调查显示，在青少年犯罪中留守青少年所占比例已高达 20%，这一数字令人触目惊心。[1]

（四）看护活动和安全教育缺失

农村地区，幅员辽阔，生态原始，是孩子们接触自然的最佳场所。但是留守青少年缺少相应的安全知识和防护措施，加之缺少监护人看护，所以存在一定安全隐患。暑假是留守青少年安全事故多发的时期，溺水、交通等意外事故很容易发生。但是，留守青少年的父母和监护人由于平时比较繁忙，很容易忽略对青少年安全知识的普及。有些家长或者监护人为了避免孩子出现安全危险，于是将孩子"托管"到补课班中，但是仍然出现溺水、交通事故等安全事故。[2]

---

① 蒋俊杰：《农村留守儿童家庭教育的缺失及社会工作介入研究》，华中农业大学，2012。
② 同上。

二、留守青少年家庭教育问题的危害

留守青少年家庭教育的缺失，其最大的受害者便是儿童青少年。由于家庭教育的缺失，儿童青少年可能存在各类影响其身心健康成长的问题，甚至危及生命。孩子是一个家庭中的希望，如果孩子出现问题，即使家庭生活变得更加富裕，但没有孩子的健康快乐成长，也没有家庭的和谐幸福。而家庭是社会的细胞，是社会生活的基本单位，因此没有家庭的和谐幸福，社会就没有稳定发展的基础。因此，留守青少年的家庭教育问题是特别需要引起重视的社会问题，应该放在整个社会的视角来看待和解决这个问题。

第二节　留守青少年家庭教育问题产生的原因

家庭是个人成长发展的基石，当儿童青少年的个人认知未完全形成时，家庭教育对儿童青少年的影响将伴随一生。因此，需要明确家庭教育问题产生的原因，随后青少年服务社工应根据不同的原因寻找针对性的解决方法。儿童青少年也可以在之后的成长学习中，明确自己对事物的认知角度来源，进而规避不利于个人发展的认知固着。

一、个人层面的原因

一是留守儿童青少年监护人大多文化水平比较低，他们能为孩子提供有效的支持和教育十分有限，尤其是在留守青少年面临学习、心理、社交等挑战时，更加难以提供有效的支持和帮助。二是留守青少年本身见识较少，大多数在农村学校学习到的知识也相对单一，因此他们在学习目标、学习方式方法、学习动力等方面都比较匮乏，遇到困难和问题的时候比较容易陷入困境，多是靠经验和本能反应来处理问题，而此类问题处理的方式又会不断地循环往复，形成新一轮留守青少年家庭教育的问题。①

二、人际层面的原因

一是亲子疏离状态。伴随着父母外出务工，从空间上拉远了留守青少年和父母之间的距离，物理的远离造成父母较难给予子女陪伴和支持，父母的繁忙使其难以投入时间和精力去关心子女成长，这势必对家庭教育产生重大影响。在隔代家庭教育中，父母陪伴的缺失会对子女幼小的心灵造成伤害，导致出现亲子疏离的状态，如对父母产生陌生、冷漠，甚至敌对的态度。

二是对家庭教育的忽视。受制于学历水平，很多隔代监护人用传统经验来教育孩子，简单地把家庭教育归纳为犯错后的及时惩罚，殊不知作为基石性的教育，家庭教育是任何其他教育无法取代或弥补的。通过体贴入微的家庭关爱和照顾，以及通过浓烈亲情氛围的渲染，引导孩子身心的健康发展。此外，家庭教育的内容广泛，既包含最基本的生活技能的培养，又涵盖了社会交往、价值判断的传递等诸多方面。凡是父母掌握的知识和社会生活经验都会自觉或不自觉地感染、影响着孩子。

三是对学校教育的依赖。根据实际调查情况得知，不少留守青少年家庭对学校教育较为依赖，认为教育就是学校全部的责任。此外，家校间的日常联系也较少，缺乏定期固定的沟通渠道，家校联系主要依赖于半学期一次的家长会，这就势必导致家校层面关于子女在校接受教育情况的信息脱节，无法形成良性家校联动。②

① 冯益：《增能视角下社会工作介入农村留守儿童隔代家庭教育研究》，浙江工商大学，2022。
② 同上。

三、社会层面的原因

中国经济和社会发展过程中存在的城市农村二元结构体制，导致许多农村剩余劳动力涌入城市务工，而绝大部分农民工都生活在城市的边缘，游离在城市之外。在过度饱和的城市里，高昂的生活费用、紧凑的生活空间、严格的流动人口和户籍制度，在生活、入学等方面都制约着在外的农民工将孩子接到城市一起生活。因此大量青少年留守在农村，农村留守青少年的家庭教育问题不仅受到他们本身的影响，还受到家庭、学校、政府政策等外部因素的影响。为了更好地解决这些问题，社工应该采取综合的措施，从微观层面入手再到关注宏观层面，结合社会工作专业的理念和方法，逐步推进，以期能够更好地解决农村留守青少年的家庭教育问题。[1]

第三节　社工介入留守青少年家庭教育问题的策略

儿童青少年在成长的过程中，不仅需要学校教育，而且需要家庭教育和社区教育。由于留守青少年家庭教育的缺失，导致留守青少年产生身心问题的概率增加。根据社会系统理论中个体与系统之间存在相互影响的关系，社工需要利用专业的知识和方法为留守青少年家庭教育问题提供有效的应对策略。

一、社工介入留守青少年家庭教育问题的必要性

随着经济社会发展，许多社会问题也逐渐显现，社会工作的重要性也在不断提升。留守青少年教育问题已经成为社会工作的重要服务领域之一。以职业价值观为基础，社工通过采用不同的专业技巧，介入农村留守青少年家

---

① 冯益：《增能视角下社会工作介入农村留守儿童隔代家庭教育研究》，浙江工商大学，2022。

庭教育，其主要目的是让留守青少年的父母及其监护人能够正确认识家庭教育的重要性，并传递相关家庭教育知识，进而提高政府相关部门和社会各界对留守青少年家庭教育的重视程度。农村留守青少年家庭教育是儿童自身、家庭和学校社会工作的重要组成部分。因此，从社会工作的角度来说，社会工作的介入可以有效弥补留守青少年在家庭教育过程中的缺失和问题。

二、社工介入留守青少年家庭教育问题的可行性

对于社会工作来说，其主要功能是对各项资源的配置、复原、预防和维护社会稳定。为了有效解决农村留守青少年家庭教育问题，社工需要积极利用各种可供利用的资源，同时需要充分利用复原功能来矫正农村留守青少年心理、教育等问题，帮助农村留守青少年恢复正常的社交功能，提高社交技能；在预防功能方面，社会工作可以避免留守青少年教育问题会随着时间发展而逐渐恶化。社工可以选择直接介入或干预这两个方向进行介入工作。社工要为留守青少年家长或监护人提供专业指导，可以选用直接干预或间接干预这两种不同的方式，使家长或监护人对家庭教育的重要性有更清晰的认知。

三、社工介入留守儿童青少年家庭教育问题的具体策略

根据留守儿童青少年家庭教育存在的问题和需求，社工可以综合运用个案、小组、社区三大专业手法，以项目化的形式开展具体服务。以下以福建省三明市，建宁县启航青少年事务社会工作服务中心，兴业证券福建省留守儿童青少年关爱计划——建宁县兴未来项目方案为例① 分析社工介入留守儿童青少年家庭教育问题的具体策略。

---

① 案例来自建宁县启航青少年事务社会工作服务中心。

【案例分析】

案例 9.1　兴业证券福建省留守儿童青少年关爱计划

——建宁县兴未来项目方案

一、项目基本信息

2021 年 6 月 1 日—2022 年 5 月 3 日，在中国共产主义青年团福建省委员会（简称为共青团福建省委）的指导下，福建省兴业证券慈善基金会的支持下，建宁县启航青少年事务社会工作服务中心开展留守儿童青少年关爱计划，其中直接服务留守儿童青少年 180 名；间接服务留守儿童青少年的监护人等相关人员 500 名。本项目旨在以三明市建宁县 9 个乡镇的留守（困境）儿童青少年的身心健康发展为目标，以"引导正面教育，重塑儿童信心"为宗旨；以县儿童之家为统筹指导、乡镇学校为试点、村庄为基点建立一个留守（困境）儿童青少年福利保障和关爱服务网络；切实关注不同服务对象的需求，有针对性地提供儿童青少年能力发展小组、儿童青少年财商教育课程、以爱国主义为主题的"启航小讲堂"小组课程、爱心家长结对帮扶和定向帮扶、一对一个案服务、兴未来夏令营等关爱支持活动，以实现家庭、学校、社会的有效联结，共同助力儿童青少年身心健康发展，推动儿童青少年福利保障和关爱服务更加专业化、系统化和常态化。

二、项目背景

2021 年是"十四五"规划的开局之年，是全面推进乡村振兴的第一年，也是两个一百年的交汇点。然而，伴随着国家经济社会的发展及城市化进程的加快，许多城镇、乡村的劳动力纷纷离开自己的岗位外出打拼，又因为经济、学业等问题不得不将子女留在家乡交给亲人照顾，导致大量农村留守

（困境）儿童青少年出现。在服务过程中我们发现由于家庭结构的变化及缺乏正确的家庭教育，很多留守（困境）儿童青少年出现身心健康问题，甚至是极端行为，也有遭受意外伤害或不法侵害的。这些问题严重影响儿童青少年的健康成长，急需国家、社会等多方共同努力，聚焦乡村振兴战略中的留守（困境）儿童青少年，做好乡村及乡村学校留守（困境）儿童青少年的关爱服务，参与乡村基本公共服务改善工作，持续推进脱贫攻坚地区实现乡村振兴。

2014年1月10日，共青团中央、中央综治委预防青少年违法犯罪专项组等6部门以中青联发印发的政府文书《关于加强青少年事务社会工作专业人才队伍建设的意见》，强调"必须大力加强青少年事务社会工作专业人才队伍建设，建立健全青少年事务社会工作服务体系和网络，广泛在青少年工作中引入专业社会工作，有效满足青少年的个性化社会服务需求"，成为农村留守儿童青少年关爱保护工作中的重要力量。2016年2月4日，国务院印发《国务院关于加强农村留守儿童关爱保护工作的意见》以及农村留守儿童青少年相关政策文件相继出台，将农村留守儿童青少年关爱保护工作纳入重要议事日程。

建宁县是一个典型的农业特色县，越来越多的青壮年农民外出务工，留守儿童青少年父母同时外出务工占79.85%，父亲或母亲一方外出务工占20.15%。子女大多留守在家乡接受教育，这使大多数留守儿童青少年无法同时感受到来自父母的关爱。截至2020年12月，据教育局统计数据全县共有农村留守儿童青少年1412人。

2018年8月幸福种子——儿童能力发展计划项目在共青团福建省委、兴业证券慈善基金会、共青团建宁县委的支持下得以开展。2018年8月—2020年12月项目期间，对先前服务期间积累下来的经验进行总结提炼，不断改进项目具体执行方法以提升服务品质。机构全体成员严谨务实，并不断扩大辐射范围，发掘一批新的留守儿童青少年。在遵守疫情防控要求下，根据服务对象实际情况和需求，以三明市建宁县9个乡镇的留守（困境）儿童青少年的身心健康发展为目标，以"引导正面教育，重塑儿童信心"为宗旨，通过家、校、社联动的方式，开展系列专业社工服务，弥补留守儿童青少年家庭教育的缺失，陪伴留守儿童青少年健康成长。

三、服务对象需求分析

服务对象为建宁县辖内存在心理困扰、行为偏差、学业障碍等影响正向发展行为的留守（困境）儿童青少年。家庭教育缺失和生态支持系统相对薄弱等问题，导致留守儿童青少年出现攻击、胆怯、人际交往障碍、对抗不合作、违规、学业障碍等心理或行为偏差问题。根据近年来的服务调查了解分析，建宁县留守儿童青少年中大概有 10% 存在攻击行为，70% 存在内向、对抗不合作、违规、学业障碍等行为。

这些留守儿童青少年还存在厌学、自虐、暴躁、消极、以自我为中心、缺乏自信、无法专注等问题。对于这类问题的解决，家长和老师往往无法深入、持续，很难从本质上了解儿童青少年进而改变他们的想法。事实上，这类问题的背后通常隐藏着深层次的心理需求，偏差行为的出现正是以上因素导致的心理问题的滞后。儿童青少年的心理问题，可能是某种能力缺失，或是某个错误信念导致行为出现偏差，或是内在的某个需要长期没有得到满足；也有可能是儿童青少年的自我身份认同出现偏差；还有可能是儿童青少年的精神需要没有被看到。因此，当儿童青少年的外在呈现出行为问题时，事实上他们的内在需要可能已经被忽视了相当长的时间，这些行为实际上是呼求支持、关注和爱的一种表现。但是孩子的家长和老师由于没有经过专业训练，无法解读孩子行为背后的需要，不仅孩子迷茫、无助，孩子的家长和老师也非常困惑，无法给予孩子正面的回应。为解决农村留守（困境）儿童青少年的相关问题，特别是家庭教育中的缺失问题，福建省兴业证券慈善基金会支持建宁县启航青少年事务社会工作服务中心开展"兴业证券福建省留守儿童青少年关爱计划——建宁县兴未来项目",旨在建立一个较为完善的服务网络,为留守(困境)儿童青少年及其监护人提供专业的服务,帮助他们解决实际问题,推动他们的正向发展,协助建立正向有效的支持系统。

通过与教育局、民政局、学校等单位的有效联动对留守(困境)儿童青少年数据进行分析归档和确认服务对象,但由于服务对象普遍存在隔代教养、学历偏低、教育观念落后、对社会力量信任不足等问题,因此借用学校的资源和力量,尤其是学校老师的推荐能够有效地与服务对象家长或者监护人进行沟通,同时能快速收集服务对象的《儿童自尊量表》并对其进行数据分析,筛选出具有偏差行为或偏差行为倾向的儿童青少年。之后由老师通知,通过在家长群里发公告或电话一对一邀约进行报名,与监护人签订《参与活动承诺书》《安全责任书》等方式也能确保活动参与率。接到报名后对儿童青少年监护人、儿童青少年本身、学校老师进行一对一访谈,从多维度收集儿童青少年相关信息,最终确定参与人员。

四、项目规划

(一)指导理论

1. 增强权能理论

该理论旨在赋予或充实个人或群体的权力,激发个人在认知、知识和价值系统方面的潜能与功能。通过这一过程,增强个人自尊、自信及相关能力,减少外部环境的限制,协助个人提高对生活的决策能力和行动力。本理论在项目计划中起着重要作用,正是通过各项有针对性的活动和个案服务来激发服务对象的潜能,增强其自尊、自信等真正达到身心健康的全面发展。该项目将通过社工的介入,为农村留守(困境)儿童青少年及其监护人增强权能,促使其实现突破成长。

2. 社会支持理论

社会支持理论旨在探讨如何让一个人能够更好地适应融入当前的环境，认为人与环境系统中的各要素（家庭、学校、社区、企业等）是紧密相连、相辅相成的，因此人应该重视对身边资源的整合和利用，如果个人能利用好社会资源即可改善当前的生活状况。此外，通过塑造一系列的行为模式，实施相应的干预行动，为个人的成长和潜力的发挥提供一定支持，也在一定程度上为改善个人的生活状况提供资源，提升个人适应社会的能力和水平。

社会支持是一种全面的、多层次的支持，它不仅涉及个人，还涉及政府、社会团体、社会组织等多方面的资源；家庭、朋友、邻居以及其他非官方机构的支持也是非常重要的，他们构成了非正式的支持网络。社工根据社会支持理论的指导，为那些需要帮助的弱势群体提供全面的支持，从而使他们能够获得更多的社会保障和社会福利。本项目期待通过社工的介入，在充分看见服务对象的前提下，发挥各类资源网络的功能，调动一切积极有利因素支持农村留守（困境）儿童青少年成长。

（二）项目设计

1. 项目策略

儿童青少年的心理成长具有一定的特殊性：一是儿童青少年的成长具有阶段性的特点，不同年龄段接受能力、理解能力有很大的差异性；二是儿童青少年容易带来改变的同时又容易退行到原有模式；三是儿童青少年的改变很大程度上依赖监护人创造的环境；四是儿童青少年容易通过游戏互动等体验方式来学习。

基于以上儿童青少年成长的特殊性，本项目实施的服务策略是：按照不同年龄段（分三个年龄段 6～9 岁、10～12 岁、13～16 岁）和不同的群体需求（一般留守儿童青少年、偏差行为留守儿童青少年、孤弃儿童青少年和困境儿童青少年）有针对性地开展陪伴式（兴趣）课堂、儿童青少年能力发展小组、一对一个案、爱心结对帮扶和定点帮扶等形式的支持。特别是儿童青少年能力发展系列课程，其原理为在 2～3 个月时间内，通过"2＋7＋1"的课程模式（2 次儿童青少年监护人＋7 次儿童青少年本身＋1 次亲子互动）开展进阶式团体辅导，课后训练任务等，持续性支持儿童青少年将新的行为方式培养成习惯性行为，实现长效的改变。课程中将大量心理健康治疗技术设计成游戏、体验、分享、互动等环节能够更加快速地帮助孩子感受并领悟相关知识和技巧，从而实现预防及调整的目的。同时支持网络对儿童青少年的改变极为重要，课程还通过监护人全程陪同成长帮助其掌握儿童青少年能力发展的方法，在小组结束后其监护人能够持续支持儿童青少年身心健康的发展。儿童青少年能力发展课程作为本机构自主研发的课程，不仅获得了同行业的高度认可，同时小学组教材和中学组教材《幸福种子——儿童青少年能力发展小组中学组教材 2.0 版》（国作登字 -2021-A-00014493）以及《幸福种子——儿童青少年能力发展小组小学组教材 2.0 版》（国作登字 -2021-A-00115438）都通过了国家著作权登记申请。根据项目实施的服务策略描绘出项目框架，如图 9.1 所示。

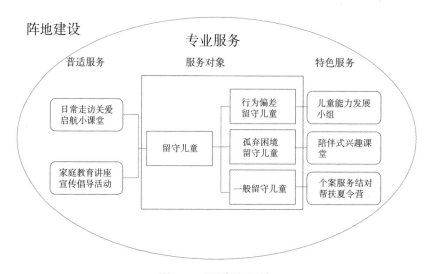

图 9.1　项目框架设计

2. 项目目标

总目标：建立一个以县儿童之家为统筹指导、乡镇学校为试点、村庄为基点的留守（困境）儿童青少年关爱服务和福利保障网络；整合公益资源开展各类面向留守（困境）儿童青少年和家庭的公益服务，以实现家庭、学校、社会的有效联结，共同助力留守（困境）儿童青少年身心健康发展，推动儿童青少年福利保障和关爱服务更加专业化、系统化、常态化。

分目标：针对服务对象中一般的留守儿童青少年开展启航小讲堂、儿童青少年财商教育系列课程，拓宽留守儿童青少年的视野，提升其社会价值感；针对服务对象中性格及行为偏差较为严重的留守（困境）儿童青少年开展儿童青少年能力发展小组活动和一对一个案支持，调整偏差行为，激发成长动力；针对服务对象中的孤弃儿童青少年、困境儿童青少年开展兴未来研学夏令营、爱心家长结对帮扶、困难家庭定向帮扶，倡导社会关爱，感受社会温暖，提升社会参与感和认同感。

3. 项目活动计划

根据项目的总目标和分目标，以及活动的时间，拟定如表 9.1 所示的项目活动计划表。

表 9.1 项目活动计划表

服务类型	服务内容	工作内容简述	预期产出/成效的评价指标	计划时间
服务示范基地	设立活动平台	设立儿童青少年之家	布置、打造服务于孤弃儿童青少年、留守（困境）儿童青少年的县级服务示范基地，对建宁县9个乡镇的留守儿童青少年开放，全年至少开放7个月	2021年6月—2021年7月
	联动乡镇学校试点	与学校建立合作试点关系，建设乡镇服务示范基地	常规咨询关爱服务；儿童青少年能力发展小组活动进入乡镇学校，在里心镇中心小学开展2组针对偏差行为留守儿童青少年的小组活动，至少服务28位儿童青少年及其家长，正向改变率为60%	2021年6月—2022年5月
普适性服务	培训活动等	儿童青少年财商教育课程1次	树立正向的金钱观念，提升留守儿童青少年的财商素养，服务50名留守儿童青少年，课程满意度达到60%	
		启航小讲堂	通过爱国教育让儿童青少年感受到国家和社会的关爱，培养留守儿童青少年爱祖国、爱家乡、爱人民的意识；同时对留守儿童青少年及监护人开展安全教育服务。预计服务100名留守儿童青少年，课程满意度60%	
专项服务	假期关爱服务	兴未来夏令营	针对24位服务对象开展为期10天的研学夏令营	2021年7月—2021年8月
	心理健康服务	个案服务	至少完成5例个案，结案率达到100%	
	亲情关爱服务	爱心家长结对帮扶孤弃儿童青少年、留守（困境）儿童青少年活动	链接20位社会爱心人士成为爱心家长，与留守（困境）儿童青少年爱心结对，主要为亲情关爱，每季度至少入户关爱一次，并由机构组织1次集中入户关爱	2021年6月—2022年5月
	困难帮扶服务	定向经济帮扶	针对5名家庭特别困难的留守儿童青少年进行定向的经济帮扶，给予其生活上的支持	
	特色支持服务	幸福种子——儿童能力发展小组	完成2个"幸福种子——儿童能力发展小组"活动，每个小组家长课2次，孩子课7次，亲子课1次；参与人数为28人，正向转变率为60%	

服务类型	服务内容	工作内容简述	预期产出/成效的评价指标	计划时间
间接服务	宣传服务	宣传报道	本项目在机构自有公众号宣传报道至少10篇，每篇报道的浏览量达100次； 在机构自有视频号发布宣传视频5个，每个视频浏览量达500次； 累计公众号和视频号对项目宣传的浏览量达3500次	2021年6月—2022年5月
	家庭教育	家庭课堂	为至少100名留守儿童青少年监护人开展家庭教育系列讲座，传授家庭教育理念、知识和方法技巧；60%的参训人员能够掌握所学内容	
	服务团队能力提升	服务团队组建或带组助教志愿者服务能力培训	开展1次服务团队组建或带组助教志愿者服务能力培训，参与人数为20人，60%的参训人员能够掌握小组助教服务技巧	
	总结	活动成效评估	形成1份服务案例	2022年2月

五、项目风险管理

（一）项目风险

首先，项目实施过程中项目团队成员不稳定，人员培训和能力提升的投入量大；其次，项目活动开展选择在周末和校外，面临服务对象以及社工和志愿者的人身安全问题；再次，项目传播过程中涉及服务对象隐私和服务对象活动照片使用时存在的风险；最后，其他不可抗力因素导致项目活动无法正常开展。

（二）应对方法

第一，有针对性地培养团队各方面的专业能力，预备多个候选人员，应对团队成员的流失，与团队成员签订劳动合同，明确机构与员工的权利和义务；第二，活动开展前与服务对象家长签订安全协议，说明安全的重要性和责任归属，特别是在汛期遇到大雨，则可选择停课等方式来规避安全隐患。针对持续几天的夏令营活动，为服务对象和社工、志愿者购买人身意外险；第三，在项目活动开展前与服务对象家长签订活动录影同意书，说明照片使用情况，在需要用到服务对象案例作为项目传播时，需经过监护人的同意并签写同意书，在传播过程中一律使用化名，服务对象监护人同意用真实姓名除外；第四，与资方沟通、申请调整项目方案或提出应急预案。

六、项目预期成效

（一）项目产出

直接受益对象：针对行为问题的留守儿童开展儿童青少年能力小组活动，预计服务 28 人，共 224 人次；针对县域内的孤弃儿童青少年、困境儿童青少年开展爱心家长结对帮扶和定向帮扶，预计服务 25 人，共服务 100 人次；针对县域内的留守儿童青少年开展启航小讲堂课程，预计服务 100 人，约 200 人次；针对县域内的留守（困境）儿童青少年开展兴未来夏令营，预计服务 24 人，共 1000 余人次；针对内向型、外向型、学业障碍等深度影响正向发展行为的留守儿童青少年，预计开展个案服务 5 例，共 20 人次。

间接受益对象：留守儿童青少年监护人，预计服务 100 人；参与小组活动带领老师、志愿者，预计服务 20 人；宣传报道至少 10 个，覆盖至少 3000 多人次；经验总结 1 篇，为后续服务开展奠定更坚实的基础。

（二）项目成效

第一，接受服务的留守儿童青少年达到正向改变和成长的目的；第二，建立起在地留守儿童青少年服务体系，提供常规化可持续的服务；第三，影响留守儿童青少年的重要关系人，重视留守儿童青少年的家庭教育及家校社联动模式；第四，影响带动全社会更多力量关注重视留守（困境）儿童青少年的健康成长。

七、项目监测

社工通过定期沟通机制，每月一次定期与资助方项目官员正式沟通，互通信息以便于双方对项目的期待保持一致；项目组提交项目总结月度、季度、年度报告，月度报告内容主要是项目的进展情况，季度总结报告提交季度财务报表，年度总结报告总结项目进展情况并向项目资助方提交年度总结报告；项目结项后通过第三方开展成效评估。

八、项目可行性及创新

本机构具备一批有爱心、专业、热忱的服务团队，团队成员涵盖专业的社工、心理咨询师、高级家庭教育指导师及各行各业的爱心志愿者。尤其是机构及项目的总负责人卢小群老师作为"榕树伙伴"第一批成员，不仅在福建社工领域具有一定影响力和号召力，还能为项目链接整合资源；而且一直致力于将社工服务辐射至乡村地区，截至目前其创办的建宁启航社工和幸福种子在建宁县当地也已经家喻户晓，5年来深耕县域社工服务也使得本项目在启航团队的带领下能够更加切实地落地乡镇农村。

本机构成立5年多来，一直专注于儿童青少年心理关爱领域。其作为县域社工机构近年来在该领域获得了同行业和省市县各级领导的高度认可和支持，成为建宁县乃至三明市儿童青少年心理关爱领域的领先机构，尤其受到当地教育部门和主管单位的大力支持，对于项目中的活动进乡镇、进学校具有独特的优势。

本机构不仅专注于社工专业服务，而且积极承担社会责任，参与社会治理，在当地县委县政府的指导下，联动当地十多个政府单位和部门，打造了三明（建宁）幸福启航社会治理平台，高效整合了社会资源，形成了有阵地、有队伍、有项目、有资金、有机制的"五有"平台，不仅能保证项目的顺利开展，而且项目结束后对服务对象仍然能够开展持续性的支持服务。

本机构在服务过程中也在对服务群体和服务经验进行研究总结，经过 3 年多的实践检验，本机构自主研发的《幸福种子——儿童青少年能力发展小组活动中学组教材 2.0 版》和《幸福种子——儿童青少年能力发展小组活动小学组教材 2.0 版》都获得了国家著作权登记证书（国作登字 -2021-A-00014493、国作登字 -2021-A-00115438），该套课程作为本项目的品牌课程也将随着本项目的开展进入乡镇试点学校。

本团队正在积极筹备乡镇社工站的项目，预计在 2021 年下半年逐步将社工站服务辐射至建宁县的 9 个乡镇。随着社工站在各乡镇的逐步建设完善，本项目的服务活动进乡村将更加顺利，将更能够发挥社工组织在乡村振兴中的力量。

第十章 青春期性教育及相关问题的介入

青少年处于儿童向成人过渡的关键时期，在此阶段不仅存在生理以及心理的快速发展，而且另一个重要特征表现在性成熟。而青少年的成长发育，特别是性与生殖健康已成为世界性的问题。根据联合国艾滋病规划署的数据显示：截至 2021 年，全球感染 HIV 的青少年（14 ~ 25 岁）的总人数为 330 万人。[1]青春期的青少年容易情绪激动，会产生叛逆的思想和行为。因此家长、社工、教师在介入的过程中，需要运用专业的知识、温和的态度与他们建立有效的沟通交流，同时社区及其他医护人员有责任加强对青少年青春期性知识的普及和宣传。

第一节 青春期性教育迫在眉睫：你不教，别人会来教

在当今世界，艾滋病病毒和艾滋病、性传播感染、非意愿怀孕、基于社会性别的暴力和社会性别不平等依然严重威胁着青少年的身体健康。根据第七次全国人口普查结果，我国 0 ~ 14 岁人口为 253383938 人，占 17.95%，15 ~ 59 岁人口为 894376020 人，占 63.35%。[2]青少年是国家的希望和未来。

---

① 仇家兴：《一年新增 10700 例！被性无知"摧毁"的年轻生命！》，https://mp.weixin.qq.com/s/d-jG8gTGUHMoayNIQSt-KQ，访问日期：2024 年 1 月 23 日。

② 国务院第七次全国人口普查领导小组办公室：《第七次全国人口普查公报（第五号）——人口年龄构成情况》，https://www.stats.gov.cn/sj/zxfb/202302/t20230203_1901085.html，访问日期：2024 年 1 月 23 日。

而目前，我国青少年在成长过程中性教育是空缺的或是不完整的。如果家庭教育和学校教育不涉及性知识普及，那么青少年没有清晰的、正确的相关知识概念，无法从鱼龙混杂的网络社会中批判式筛选内容。色情制品的真正危害不在于儿童青少年接触到了色情制品，而在于对于一些儿童青少年来说，泛滥的色情制品几乎成了他们"性教育"的唯一途径。

大量证据表明，全面性教育能够使青少年获得准确且适龄的知识、态度和技能，有助于建立积极的价值观，包括尊重人权、倡导社会性别平等和多元化，以及建立安全、健康、积极的人际关系所需要的态度和技能。全面性教育能有效帮助青少年为安全、高效和充实的生活做好准备。全面性教育是人格发展、优质教育的必要组成部分，也是社会对下一代应履行的责任。

一、什么是性教育

我国已颁布的相关法律和政策要求对学生开展性教育，但不同的政策有不同的教育重点，如青春期教育、生理卫生教育、性健康教育、性与生殖健康教育、预防性侵害教育等。 2020 年修订的《中华人民共和国未成年人保护法》第四十条明确提出：学校、幼儿园应当对未成年人开展适合其年龄的性教育，提高未成年人防范性侵害、性骚扰的自我保护意识和能力。"性教育"一词继《中华人民共和国未成年人保护法》后出现在了《未成年人学校保护规定》中，在现在的中国，性教育明确受到法律的保护。2021 年，教育部审议通过《未成年人学校保护规定》指出"学校要树立以生命关怀为核心的教育理念""有针对性地开展青春期教育、性教育，使学生了解生理健康知识，提高防范性侵害、性骚扰的自我保护意识和能力"。《中国儿童发展纲要（2021—2030 年）》明确提及"性教育"，在"儿童与健康"部分增加

"适龄儿童普遍接受性教育，儿童性健康服务可及性明显提高"这一主要目标，并提出"将性教育纳入基础教育体系和质量监测体系，增强教育效果"的策略措施。

性教育并非仅仅是让青少年认识身体，性教育比人们认知中的"青春期教育""防性侵教育"更为全面。根据2018年联合国教科文组织等联合其他联合国组织联合发布的《国际性教育技术指导纲要》(修订版)，性教育包括身体权利、性别平等、人际关系、健康、福祉、尊严等。

基于对性的全面理解，性教育可以被定义为：需要终身学习的，在生理、心理和社会等各个层面探知、了解和悦纳自我，学习尊重多元和包容差异，做出对自己和他人负责的积极选择的过程。

全面性教育（Comprehensive Sexuality Education，CSE）是一个基于课程，探讨性的认知、情感、身体和社会层面的教学过程。其目的是使青少年具备一定的知识、技能、态度和价值观，从而确保其健康、福祉和尊严。全面性教育培养相互尊重的社会关系和性关系，帮助儿童和年轻人学会思考他们的选择如何影响自身和他人的福祉，并终其一生懂得维护自身权益。联合国教科文组织和其他一些联合国组织于2018年联合发布的《国际性教育技术指导纲要（修订版）》(*International Technical Guidance on Sexuality Education*)将全面性教育的内容划分为8个核心概念，每个核心概念下又包含2～5个主题。具体内容如表10.1所示。

表 10.1　全面性教育的核心概念和主题概述

核心概念 1：关系 主题： 1.1 家庭 1.2 友谊、爱及恋爱关系 1.3 宽容、包容及尊重 1.4 长期承诺及子女养育	核心概念 2：价值观、权利、文化与性 主题： 2.1 价值观与性 2.2 人权与性 2.3 文化、社会与性	核心概念 3：理解社会性别 主题： 3.1 社会性别及其规范的社会建构 3.2 社会性别平等、刻板印象与偏见 3.3 基于社会性别的暴力
核心概念 4：暴力与安全保障 主题： 4.1 暴力 4.2 许可、隐私及身体完整性 4.3 信息与通信技术（ICTs）的安全使用	核心概念 5：健康与福祉技能 主题： 5.1 社会规范和同伴对性行为的影响 5.2 决策 5.3 沟通、拒绝与协商技巧 5.4 媒介素养与性 5.5 寻求帮助与支持	核心概念 6：人体与发育 主题： 6.1 性与生殖解剖及生理 6.2 生殖 6.3 青春发育期 6.4 身体意象
核心概念 7：性与性行为 主题： 7.1 性与性的生命周期 7.2 性行为与性反应	核心概念 8：性与生殖健康 主题： 8.1 怀孕与避孕 8.2 艾滋病毒和艾滋病的污名、关爱、治疗及支持 8.3 理解、认识与减少包括艾滋病毒在内的性传播感染风险	

二、青春期性教育

青春期是指由儿童阶段发展为成人阶段的过渡时期，是个体身心发展的重要时期。青春期可分为三个阶段，即青春早期、青春中期和青春晚期。在这个过程中，青少年会经历身体上的发育和心理上的发展及转变，包括第二性征的出现和其他性发育、体格发育、认知能力的发展、人格的发展、社会性的发展等。每个青少年进入青春期的年龄受到遗传、营养和运动等因素的影响。

养成健康的生活习惯并学会保持良好的健康状态始于青春期早期，而青春期是一生当中身体、情感和社会关系持续发展的关键时期。这一时期，缺乏全面的性教育可能导致错误的性观念形成、性行为风险增加等问题。因此，开展青春期性教育对于促进青少年的健康成长和性健康意识的培养至关重要。

随着社会的发展和移动互联网的低龄化普及，青少年生活中其实面临诸多不易察觉的性健康风险，如色情广告弹窗、性骚扰、浪漫狗血的青春剧、人流广告等。根据国家统计局发布的数据，国家卫生健康委发布的《中国卫生健康统计年鉴（2020年）》显示，2019年人工流产人数达976.2万。近5年来，我国每年人工流产的总数一直徘徊在950万例左右。而根据国家人口计生委科研所研究员吴尚纯与同事基于文献的汇总研究：人流手术中，25岁以下女性所占比例为47.5%，这些女性中，从未生育过的人所占的比例为49.7%；55.9%的女性不是第一次经历人流手术；45%的重复流产时间间隔仅为0.5～1.5年；13.5%的人经历过的流产数目超过3次。中国计生协会党组书记、常务副会长王培安提到："青少年已成为人工流产的主要人群之一。未婚青少年（女性）每年人工流产近400万人，占我国人工流产总数的40%，其中19%有多次流产经历。"[①] 其中并不包括药物流产，以及那些在私立或者非正规医疗机构进行的流产手术。

虽然数据是如此的触目惊心，但在日常生活中我们很少看到有关避孕方面的广告。为了青少年免于遭受意外怀孕、流产、性传播疾病等方面带来的身心伤害，家庭、学校、社会应共同协作，为广大儿童青少年营造健康的、全面的性教育氛围。

良好的青春期性教育可以帮助青少年认识自己的身体特征和功能，接纳个体的不同与独特，形成正确的性观念，学会尊重自己、保护自己，塑造负责的行为，并能够在遇到问题时懂得寻求支持和帮助。因此，根据青少年的

---

① 唐纳德的自留地：《震惊！青少年竟然成为人工流产的主力军，国内流产愈加低龄化》，https://www.163.com/dy/article/IA1OHFKK05564BLM.html，访问日期：2024年1月24日。

成长发展阶段和需要，对他们进行科学、全面、系统、适龄的性教育非常重要且必要。

三、青春期性教育现状及问题

第一，教育覆盖不足。尽管我国在推动性教育方面已经采取了一系列措施，但是目前青春期性教育的覆盖范围仍然不足。一些地区或学校对于性教育的重视程度不高，导致青少年缺乏全面的性知识。我国学校性教育的开展仍面临着问题与挑战（刘文利等，2023）。2020年的"全国大学生性与生殖健康调查结果"显示，学生在小学一至三年级和四至六年级接受过性教育的比例分别为3.47%和17.69%。[①]

第二，性教育内容不完善。部分学校开展的性教育课程缺乏系统性和科学性，内容过于简单，难以满足青少年的需求。同时，家庭对于性教育的重视程度也有待加强，一些父母不愿意或不知道如何与孩子讨论性教育相关话题。

第三，青少年性行为风险。调查数据显示，我国青少年的性早熟现象有所增加，未婚性行为和无保护性行为的比例也呈上升趋势。这些数据表明，青少年面临较高的性健康风险，需要加强青春期性教育的普及和改进。

综上所述，目前中国青春期性教育仍面临一系列挑战。需要政府、学校、家庭等多方合力，加强对青少年性教育的投入和重视，提供科学、全面、适宜的性教育内容与方法，以增强青少年的性健康意识和能力。

[①] 中国计划生育协会：《2019—2020年全国大学生性与生殖健康调查报告发布！》，https：//baijiahao.baidu.com/s？id＝1665944212142390930&wfr＝spider&for＝pc，访问日期：2024年1月24日。

第二节　社工介入青春期性教育理论及方法

一、青春期性教育常用理论

社工介入青春期性教育常用理论包括社会学习理论、心理社会发展理论、优势视角、认知行为理论、人际沟通理论以及镜中我理论。社工通过应用这些理论可以更好地为青少年提供青春期性教育知识和方法。

（一）社会学习理论

社会学习理论是由美国心理学家班杜拉于 1952 年提出的。班杜拉认为，人的行为，特别是人的复杂行为主要是后天习得的。人的一部分行为靠"通过反应的结果所进行的学习"即直接经验的学习，另外多数行为是通过观察别人的行为和行为的结果而习得的，依靠观察学习可以迅速掌握大量的行为模式。

获得什么样的行为以及行为的表现如何，则有赖于榜样的作用。榜样是否具有魅力、榜样是否拥有奖赏、榜样行为的复杂程度、榜样行为的结果和榜样与观察者的人际关系都将影响观察者的行为表现。同时，社会学习理论强调自我调节的作用，主张建立较高的自信心。自我调节主要是通过设立目标和自我评价，从而引发动机功能来调节行为。

应用社会学习理论设计的青春期性教育活动，青少年不仅能够从社工、志愿者身上获得合理且正确的性教育知识，还能够通过观察学习、讨论和分享等方式从其他同伴那里习得经验。在此过程中社工需要重视挖掘榜样的力量、朋辈影响力，通过鼓励青少年分享、角色扮演、启发思考等方式，促进同伴间的互动、学习和模仿，发展科学全面的性教育知识。

（二）心理社会发展理论

埃里克森在 20 世纪 50—60 年代提出和发展了心理社会发展理论（或称为人格发展阶段理论）。该理论重视社会文化因素的作用和环境对人的影响，认为一个健康个体从出生到死亡人格发展可以分为八个阶段，这八个阶段是由遗传决定的，但是能否从一个阶段向另一个阶段顺利过渡取决于环境。

每个阶段都是自我与社会生活相互作用的过程，在每个阶段人们会面临不同的需求，提出新的问题，并遇到影响我们行为和学习的人。每一阶段的冲突都可以称为"危机"，此时存在对立的两极，危机的解决标志着从前一个阶段向后一个阶段的顺利过渡。积极地面对和解决困难，会使自我力量增强，适应环境的能力得到提升，进而培养出良好的品质。某一阶段的核心任务处理得不成功或者是消极地回避，则会出现个人同一性残缺、呈现不连贯的状态，可能出现发展停滞和适应不良等情况。

因为不同人格发展阶段有不同的核心任务，青春期性教育的不同主题有针对不同年龄段（15～18 岁；18 岁以上）的要点和相关的知识、态度与技能的学习目标，在实践过程中尤其是个案工作与小组工作中还需要充分考虑案主及组员的个体发展存在的差异。

（三）优势视角

优势视角是一种关注人的内在力量和优势资源的视角，意味着应当把人们及其环境中的优势和资源作为社会工作助人过程中所关注的焦点，而非关注其存在的问题。优势视角相信个人所具备的能力及其内部资源，允许他们能够有效地应对生活中的挑战。

在青春期性教育方面，优势视角超越了传统的问题视角范式，关注点在于青少年和移动互联网时代的优势和潜能。强调要把注意力聚焦于现在的青少年如何生活、如何看待他们的世界以及从他们的经验里找出意义和新的方法、新的资源。

（四）认知行为理论

认知行为理论认为，在认知、情绪和行为三者中，认知扮演着中介与协调的作用。认知对个人的行为、语言进行解读，这种解读直接影响着个体最终采取的行动。认知的形成受到"自动化思考"机制的影响。所谓自动化思考是经过长时间的积累形成了某种相对固定的思考和行为模式，听到或得到相关指令后，行为不经过思考而依据既有的行为模式作出反应。如果想改变这种状况，就必须将这些自动化行为重新带回个人的思考范围之中，帮助个人在理性层面改变那些不想要的行为。

其主要包括问题解决、归因和认知治疗原则三个方面。问题解决是增强个体界定问题、行动目标、规划及评估不同行动策略的认知能力，达到能够在不同情况下不断调整自己的认知，能够从他人的角度看待问题和行动目标。归因是指个人对事件发生原因的解释。认知治疗原则指的是修正一些认知上的错误的假定，包括过度概括、选择性归因、过度揽责、自我认错、灾难化思考、两极化思考等。

认知行为理论强调认知在解决问题过程中的重要性，学习青春期性教育可以帮助觉察、辨识一些认知上的错误的假定，在重新归因、问题解决的过程中，内在的认知改变与外在的行为改变最终影响个人行为的改变。

（五）人际沟通理论

人际沟通一般指人与人之间的信息交流过程。其过程就是人们采用言语、书信、表情、网络等方式彼此进行的事实、思想、意见、情感等方面的交流，以达到人与人之间对信息的共同理解和认识，取得相互之间的了解、信任，形成良好的人际关系，从而实现对行为的调节。人际沟通具有心理上、社会性和决策上的功能，和我们生活的层面息息相关。心理上人们为了满足社会性需求和维持自我感觉而沟通；人们也为了发展和维持关系而沟通；在决策中，人们为了分享资讯和影响他人而沟通。

全面性教育的第一个重要版块就是"关系"。随着青少年的成长，他们的世界和情感将会扩展到家庭以外，需要识别并审视与自己的关系、与身体的关系、与家人的关系、与朋友和同伴的关系，学习处理冲突与矛盾，逐步对自己和他人承担新的责任。

（六）镜中我理论

镜中我理论是由查尔斯·库利（Charles Cooley）首先提出的，他认为人的行为很大程度上取决于对自我的认识，而这种认识主要是通过与他人的社会互动形成的。他人对自己的评价、态度等，是反映自我的一面"镜子"，个人通过这面"镜子"认识和把握自己。

因此，人的自我是通过与他人的相互作用形成的，这种联系包括三个方面：关于他人如何"认识"自己的想象；关于别人如何"评价"自己的想象；自己对他人的这些"认识"或"评价"的情感。其中，前两项只有在与别人的接触中、通过别人的态度才能获得。库利认为，"镜中我"也是"社会我"，在初级群体中的人际传播，是形成"镜中我"的主要机制。

该理论较适合应用于青春期性教育小组及个案中，同时青少年社工也常配合使用露易丝·海（Louise L. Hay）的《镜子练习》（*Mirror Work*），协助青少年审视和发展与自己的关系，采取积极的思维方式、练习正面的自我对话，协助提升自尊感。

二、开展青春期性教育的原则与方法

第一，信任关系是改变的开始。青少年社工需要与青少年建立起信任和良好的沟通关系，这对于开展青春期性教育非常重要。甚至很多时候，建立关系的过程和发展一段稳定信任的人际关系，已经对青少年产生了积极影响。当关系基础到位时，青少年才愿意和社工分享诸多事情。社工可以通过尊重接纳的态度，定期组织校内外大型活动、小组活动、个别咨询、开放社工站、信箱、明确保密原则等方式，与青少年建立联系和信任关系。

第二，提供准确的信息。青少年对于性教育知识不太了解，可能他们的性知识来源于网络、广告或其他，但这些信息常常混杂着一定的谬误、偏颇和谣言。因此社工需要通过权威渠道获得准确的性教育知识，向青少年传递正确的信息。可以利用丰富多样的教育资源，如书籍、宣传册、权威的网上资料等，帮助青少年理解身体发育特点、避孕措施、性传播疾病预防等相关知识。

第三，强调性别平等和尊重。青少年社工应该教育青少年要尊重自己和他人的身体权利，强调性别平等的重要性。通过讨论什么是性骚扰、如何应对处理性骚扰、认识性别角色、女性权益等话题，引导青少年树立正确的性观念和行为态度。

第四，发展负责任的行为。青春期是性生理、性心理成长的关键时期，许多青少年对性产生好奇心，但是缺少科学健康的性教育，导致青少年不得不选择色情制品作为了解的途径。因此全面性教育，有助于引导青少年发展负责任的行为。对此，提前学习什么是性同意、如何正确采取避孕措施、如何预防性疾病传播等，并提供相关务实的指导是非常有必要的。

第五，教授谈判和拒绝技巧。青少年社工可以利用热点新闻事件、案例故事、情景模拟等，帮助青少年学习谈判和拒绝技巧，使他们能够自信地回应性压力（学习表达真实感受，勇敢说"不"）和不良行为，教授他们如何辨别和应对性骚扰或其他不适当的行为。

第六，提供心理支持。许多青少年在这一时期面临着身体的快速成长与变化，对外貌形象、自己在群体中的位置、与同伴的关系等非常重视。青少年在性教育过程中可能会反馈各种问题和困惑，社工需要提供情感上的支持和指导。倾听青少年的问题和困惑，并尽量给予理解和专业的建议和帮助。

第七，案例分享与讨论。社工可以通过分享一些青少年在性教育方面的真实案例、新闻事件，让他们了解其他青少年在性教育过程中所面临的问题和挑战，从而更好地进行思考和讨论。

这些方法和经验可以帮助青少年社工有效地介入青春期性教育，提高青少年的性知识水平和性健康意识。但是，每个案例都有其独特性，社工需要根据不同的情况灵活运用这些方法，并持续关注青少年的需求和反馈。

三、青春期性教育常用形式

青春期性教育常用形式主要有独立课程、融合课程、单次课程或讲座、参与式活动（如小组活动或结合动漫展、校园文化节、辩论赛、主题班会等）、沙龙（绘本阅读、电影性教育等）。

根据过往经验，青少年社工与学校接洽建立稳定的合作关系后，通过单次课程或讲座对新生进行一轮普及性教育，后续再根据学生、学校等的需求进行服务内容和形式的设计。当性教育服务开始在校园产生一定教育和预防作用时，往往学校愿意进一步加强合作。对于合作比较稳定的学校建议从青少年、老师、家长等维度开展性教育，逐步搭建从前端普及性教育、风险筛查再到危机干预的金字塔式三级预防机制。

（一）学校性教育

学校性教育从幼儿园就要开始，应在儿童发展的不同阶段给予其科学、准确的性知识，培养其正确的性价值观，并获得能够保障他们的身心健康、提升福祉和维护尊严的技能。已有研究显示，对小学生开展全面性教育有助于提升其性知识水平，改善其性态度，如降低传统性别刻板印象水平，增强性别平等意识。[①] 全面性教育也能改善儿童与性相关的行为，使之更为公平公正。学校性教育可以通过独立课程和融合课程的形式进行。独立课程即单独设立的性教育科目，不与其他内容混合。融合课程是指将性教育知识嵌入其他相关科目中，如生物学、心理健康、德育等。

在学校性教育中，还存在一种常见的教育方式，即同伴教育。同伴教育是指具有相同年龄、性别、生活环境和经历、文化和社会地位或某些原因使具有共同语言的人在一起分享信息、观念或行为技能的教育形式。在高中、中专和大学的艾滋病预防教育中，同伴教育常被作为最主要的干预手段，对青少年产生积极影响。青少年社工可以发展有同伴影响力的同伴教育员，对其进行必要的培训与支持。

同伴教育可以以常规教育活动、同伴传播、一对一咨询展开。同伴传播指一次性、范围较大的传播类活动，如制作预防艾滋病宣传页并发放，举办演讲比赛、黑板报制作等。常规教育活动通常以班级小组为单位，带领者为受到培训的同伴学生，他们通过进行小组活动，如讲课、角色扮演、讲故事等带领小组成员进行互动学习。一对一咨询为具有特殊需求的学生向同伴求助，同伴在保密的前提下对其疑问进行解答。

---

① 刘敬云、刘文利：《基于性知识和性别刻板印象的小学性教育课程效果评价》，《中国学校卫生》2019年第3期。

（二）家庭性教育

2018 年 9 月 10 日习近平总书记在全国教育大会上讲道："家庭是人生的第一所学校，家长是孩子的第一任老师，要给孩子讲好'人生第一课'，帮助扣好人生第一粒扣子。"家庭性教育就是在家庭生活中，由父母或其他监护人对青少年进行的性教育，包含了有意识的教育以及长期潜移默化的影响。家庭与学校通常在青少年的教育中具有各自独特的作用，彼此之间相互配合，共同助力青少年的成长。在性教育中，对于认识身体包括生殖器官、建立性别的概念，以及解答"我从哪里来"等问题，父母通常是最直接的信息来源。即使有些家庭并未明说，青少年依然可以在成长过程中从家庭成员的言行中观察、获得一些"性教育"，家庭性教育是长期潜移默化不断进行的。

以家庭为基础的高品质的性教育可以与个体的性发育进程保持一致。青少年社工可以结合家长会普及性教育、与家长委员会合作设计活动、在社区开展家庭性教育工作坊、个案咨询、推荐课程等形式支持家长提供高品质的家庭性教育。

家庭性教育对青少年的性行为、性态度以及价值观的形成有着重要影响。有效的家庭性教育能推迟青少年初次发生性行为的时间，减少青少年的不安全性行为，甚至可以对同伴压力导致的性行为起到调节作用，还能够预防非意愿妊娠。

（三）社区性教育

社区性教育有一定地缘优势，适合链接资源服务"附近"。社区性教育的形式可以多样而灵活，通常与学校、家庭性教育搭配合作，共同服务于辖区内的青少年及其家长。

（四）社会性教育

一些公益组织、社会机构与政府部门也会通过科研、课程项目设计、资金支持等形式为大众提供性教育服务。如"你我伙伴"性教育平台，通过研发、实践与评估，向社会和其他公益组织提供性教育标准课程包，包含小学、初中 3 套课程包，可以为 6 ～ 24 岁的儿童和青少年提供标准化的优质性教育课程，推动规模化地解决社会问题。

【案例分析】

案例 10.1　青春期性教育社区工作案例：鲲鹏·漫友"性"趣 ①

一、项目基本信息

2016 年 8 月 20 日，由共青团台江区团委、东南网、福州市台江区鲲鹏青少年事务服务中心共同主办的"鲲鹏·漫友'性'趣——第 × 届福州夏日公益动漫嘉年华"活动，主要服务于青少年群体。活动地点在茶亭世茂星天地。社工人员的队伍主要由 6 名社工和 32 名志愿者构成，其中负责社工为石业源、丁青青、林伙金。

活动背景：ACG 是指动画、漫画、游戏的总称，实质上已经成为一种流行文化，以其独有的魅力吸引各个年龄段的人，尤其深受青少年的喜爱。动漫涉及面广，以青少年喜欢的方式拓展知识面、丰富课余生活；但动漫也有两面性，过度沉迷也会影响正常的学习和生活。动漫对青少年的影响有利有弊，需要更多的正向引导，才能促使青少年从动漫中受益。

过去鲲鹏中心整合资源成功筹办两届的福州夏日动漫嘉年华，受到许多青少年的欢迎。活动吸引了大量青少年志愿者积极参与为后续持续深入开展

---

① 实务案例由福州市台江区鲲鹏青少年事务服务中心提供。

服务奠定了良好基础。今年暑期，鲲鹏中心积极吸取前两届公益漫展的经验，以"青春期性教育"为主题，有机结合动漫因素，促进青少年走进性、了解性、理解性，有利于青少年形成正确科学的性教育观，促进青少年身心健康成长，为家庭和谐与社会稳定奠定坚实的基础。

活动工作计划：本次漫展旨在通过动漫吸引、整合福州市的青少年尤其是外来务工人员子女，为热爱动漫的青少年提供展示、学习和交流的平台，开展深入、创新性的青春期性教育服务，扩大积极正面的性教育价值观的社会影响力，引导青少年拥有一个良好健康的成长环境；本次漫展以"鲲鹏·漫友'性'趣"为主题，希望能够在动漫中结交朋友，在结交朋友中了解性与性别方面的兴趣；希望通过聚集动漫中的正确青春期性教育两性交往方式，引导青少年从动漫作品中汲取正能量、学习好榜样，更加热情地投入学习和生活中。

二、项目规划

（一）指导理论

1. 优势视角

优势视角是一种关注人的内在力量和优势资源的视角，意味着应当把人们及其环境中的优势和资源作为社会工作助人过程中所关注的焦点，而非关注其问题和病理。优势视角基于这样一种信念即个人所具备的能力及其内部资源允许他们能够有效地应对生活中的挑战。青少年在健康成长的过程中需要他人的肯定和认可，社工运用优势视角，通过动漫展的方式挖掘潜能及其独具的优势，让青少年更有自信面对接下来的学习及其生活。

2. 社会支持理论

社会支持理论指在社会支持网络中个人维持社会身份并且获得情绪支持、

物质援助和服务、信息与新的社会接触。柯伯（Cobb）把社会支持定义为一种信息，它包含三个层次：第一层促使个体相信他/她被关心和爱的信息；第二层促使个体相信他/她有尊严和价值的信息；第三层促使个体相信他/她属于团体成员的信息。本次活动聚集有共同动漫兴趣的青少年让服务对象感受到自身责任感，相信自己是被关爱的，是有价值和团体归属的，从而强化自身责任感，感恩生活。

（二）活动计划

根据青少年的特点以及本次活动的目的，结合已有的物质资料，制定如表 10.2 的活动实施计划。

表 10.2　活动实施计划

前期筹备				
时间	内容	地点	人员分工	物资
8 月	招募热爱动漫的青少年，设计开展动漫展筹备任务型小组，并由该组负责前期海报制作、三轮网络宣传、各校贴吧、空间、朋友圈传播，协助前期 COSER 联络、展摊招募； 鼓励青少年申请创意集市的摊位，参与活动物资购买、流程与分工 招募和通知确认青少年摊主、大学生、社团、公益机构、志愿者	中心	石业源 丁青青	—
8 月 20 日 9:00—9:30	志愿者签到，社工志愿者会议，进行人员分工		石业源	任务分工表、展区图、职责、工作人员联络表
8 月 20 日 10:00	各区位负责人集合并将物资整理、归位好，运送物资	—		活动相关物资
8 月 20 日 10:30—13:45	场地布置、展区布置（服务台、创意集市区、闯关区、公益组织区、兑奖处、经典展播区的桌子、物资的摆放、游戏规则海报的张贴）	茶亭世茂星天地	丁青青	—

续表

前期筹备				
时间	内容	地点	人员分工	物资
8月20日 14:00—15:00	志愿者、展区摊主、表演秀人员签到；游园闯关游戏结束后到兑奖处兑换奖品	展区 服务台	—	—
	招募医疗志愿者或邀请医生，备好医疗用品，以预防出现紧急情况	展区 医疗处		
	表演秀化妆、换装	展区 更衣间		
	表演人员候场	展区 候场区		
	表演秀人员休息处	展区 休息区		
	确认周围卫生间位置与路线	—		

开始阶段				
时间	内容	地点	人员分工	物资
15:00—17:00	青春大闯关 扫鲲鹏二维码，领取闯关卡 游戏一：我为青春发声 游戏二：我的身体地图 游戏三：我眼中的你 & 你眼中的我 游戏四：我的身体界限 游戏五："性"趣圈圈 游戏六：我有一个小秘密 游戏七：小动物画画 游戏八：趣味投篮 游戏九：最佳投手 游戏十：环保飞行棋 游戏十一：鲲鹏宣传 & "sex"知识问答 游戏十二：涂鸦墙	茶亭世茂 星天地	丁青青 林伙金	—
	创意集市：儿童青少年手工作品、动漫周边产品售卖或以物易物——鼓励青少年创意创业		—	—
	经典展播：动漫性教育短片展		丁青青	
	青春涂鸦墙：以"这才是青春"为主题进行手绘涂鸦		—	彩色粉笔
17:00—18:00	舞台表演区： 动漫音乐暖场；主持人介绍本次活动、节目；青少年动漫表演秀；集体合影，自由合影		石业源	音乐（由社工收集的音乐）

续表

结尾阶段				
时间	内容	地点	人员分工	物资
8月15日	漫展闯关中抽样填写评估表，青少年、社团、公益组织回馈意见收集	中心	丁青青	—
8月20日	撤展和分享： 现场社工、志愿者与留下协助的青少年参与分享、复盘、挖掘亮点、鼓励正向行为		林伙金	
8月	漫展后续网上返图，与青少年互动，收集意见	—		

三、项目小结

"教育是人和人的相遇"，开展青春期性教育服务的过程中，是好奇、探索和联结的过程，接纳、包容、理解面前的青少年，尊重和理解这一群青少年的特点。陪伴他们在青春期性教育学习的过程中，探索"我是谁？""我来自哪里？""我想去哪里？"，让青少年的主体身份在这个过程中不断彰显和清晰。

2019年3月18日，习近平总书记在学校思想政治理论课教师座谈会上强调："青少年阶段是人生的'拔节孕穗期'，这一时期心智逐渐健全，思维进入最活跃状态，最需要精心引导和栽培。"这需要家庭、学校、社会共同的努力和守护。

第十一章　身心障碍青少年身心成长问题的介入

个体在青少年发展阶段，其特点表现为多变的情绪、对接触新事物的渴望、价值观动荡期特有的反叛。当遭遇身心障碍人士置身于他们普遍需要应对的环境压力之中时，障碍青少年群体的身心健康便受到明显影响。社会中对身心障碍人士抱有刻板印象的成员不在少数，并将这种偏见延展至身心障碍青少年群体，使得该群体正常参与社会生活的途径遭遇阻碍。通常，偏见与排斥行为相关联，对身心障碍青少年群体的偏见直接导致教育、就业、交往等方面呈现多种社会排斥现象，使得整体社会环境难以形成对身心障碍青少年群体的友好氛围。

第一节　身心障碍青少年身心成长面临的问题

改变对身心障碍的刻板印象，是为该群体开展社会工作服务的前提条件之一。因此，我们有必要回溯思考：社会应如何适恰地看待、对待身心障碍者。作为具备专业伦理价值观与知识技能体系的社工，看待身心障碍者的视角、态度与对待方式之间具有内在联系，也影响着社工开展专业服务的理念和方法。

一、对身心障碍的理解及其观念

人们对身心障碍者存在的刻板印象，稳固且持续地影响着人们在现实环境中和实践过程中对身心障碍者的态度和行为。导致身心障碍的原因是什么？谁来承担对身心障碍者的责任？目前我国有关身心障碍的学术研究和政策法规呈现出从个体模式向社会模式转变的趋势。我们可以从以下四个方面对身心障碍进行思考，且每个方面选择的组合，是确定不同身心障碍处遇模式的分水岭。

第一，身心障碍的本质。身心障碍是个人的不幸还是社会性问题。

第二，造成身心障碍的原因。生理归因，是个体的生理功能差异、局限和特点造成的，还是受个体所处的环境因素及其作用影响，或是内外因兼有；身心障碍状况的责任归因，应当归咎于个人、家庭，还是社会。

第三，身心障碍的应对策略。面对身心障碍这一现象，需要澄清服务处遇的出发点和预期结果，可以从完善个人功能与改善环境两个层面出发进行考量。

第四，身心障碍者的角色定位。从社会角度与身心障碍者自身角度进行思考，在与身心障碍者相关的事宜中，如何看待身心障碍者是被动接受的客体或是核心参与主体的设定。

（一）个体模式视角

个体模式视角认为身心障碍的本质是个体的不幸。个体模式以身心障碍的个人悲剧理论为支撑得以发展，该理论认为难以预测的事件发生在个人身上，受事件结果的影响，个人在某一时期处于生理/心理功能有"缺陷"或"非正常"的状态，使得身心障碍者不得不过着不便利和悲剧式的生活。

个体模式视角将身心障碍归因于个体的局限。个体模式把身心障碍者的困境归为他们自身伤残情况所导致的直接结果，认为身心障碍是个人身体的"反常"、失调，导致个体在日常生活中不得不面对多方面、不同程度的障碍或机能局限。基于上述归因逻辑，该视角认为身心障碍者及其家庭应自主担负全部责任。

总之，个体模式视角下，强调身心障碍的个人性和生物性，同时把身心障碍视为个人及其家庭需要应对的困境。与之相对应的主要应对策略，聚焦于提供针对个体的医疗、康复和照料资源。

（二）社会模式视角

社会模式视角视身心障碍的本质为社会的普遍现象。社会模式认为身心障碍是人类生理常态化、多元化和多样性的一部分，而不是个人的缺陷或悲剧。每个人一生中都可能遭遇某种程度与形态的身心障碍，是个体与社会互动过程中产生的一种现象和结果。

社会模式视角将身心障碍归因社会的局限。社会模式承认身心障碍者本身存有生理或心理的功能局限，以及不同障碍表征给障碍个体的日常生活所带来的挑战，但认为这一现象并非源于个体自身的局限，而是个体禀赋功能局限和社会环境相互作用而产生的结果。障碍者所面临的障碍不仅仅是个体层面的差异和局限，更多是因为社会没有充分考虑他们的特点和需要。具体体现在，社会建设的话语权掌握在所谓"主流""正常"的精英手中，生活设施、文化符号、价值观等均按照社会多数人的需求和习惯构建，缺乏对被边缘化的少数群体特点和多样性的考量，导致障碍者无法发挥其应有的功能。

在社会模式下，障碍者可以以其自身为主体，让社会主动回应障碍群体的特性和需求，完善和调整既有的规则和环境，而不是以"独木之身"克服周遭困境去获取生存的养料。社会模式以身心障碍者的独特发展为目标，修正负面态度，消除各种障碍，创造平等的机会让障碍者过上独立、有尊严的生活，帮助他们以多样化的方式来实现社会生活中的表达、参与和贡献。

当前，社会模式中的主要观点可分为压迫流派、多元主义流派、社会建构流派三种。

压迫流派认为，在现实生活中，身心障碍者都有着曾经或正在经历受压迫、被剥夺多种权利的共同体验。身心障碍者常常被藏匿在室内，且被剥夺了很多上学、工作、出行、寻求更好发展的权利和机会，产生孤独、退缩、抑郁、失业、贫困等一系列问题[①]。身心障碍者因体验到社会排斥而产生自卑等诸多负面情绪，导致改变自身、改善境遇和勇于体验新事物的动机降低。

多元主义流派把身心障碍者视为社会中具有某些共同特质的人群。该流派主张，听力障碍非疾病，只是生活方式不同选择的展现，听力障碍者不一定必须借助人工耳蜗，用声音交流，也可借助手语这一传统交流途径与他人进行沟通。因此，手语便如同各地域所使用的不同方言一样，只是正常的交流符号而已。其他生理功能性障碍同理，辅助工具的使用，只是不同个体基于需求选择的生活方式而已。

社会建构流派发端于社会建构理论，认为社会现实是个人和集体行动者基于时间的积累，通过思想、信念、知识等主观过程建构出来的。该流派认为，身心障碍完全是社会强加给障碍者的，社会的组织者与建设者没有考虑障碍者的需要，导致环境制造并维持了障碍者的无能状况，包括从个体的偏见到制度性的歧视，从公共建筑的障碍到交通系统的限制，从隔离式的教育到排斥性的工作安排。该流派不否认身心障碍现象的客观存在，关键是要探索可以采用什么措施来改变消极的环境障碍和社会态度。

社会模式把对身心障碍问题的研究视野从个人责任转向依靠社会力量，并将此理念逐渐落实到社会政策的制定与执行过程中。按照社会模式的主张，生理学意义上的损伤并不是造成身心障碍青少年及其家庭所遭遇困境的唯一因素，需应对的困境主要源于社会结构性因素。与个体模式大相径庭的主张与视角，决定了社会模式着力调整与改变环境，以期基于社会力量的支持，实现对家庭应对能力的培育，从而能够挖掘和发展身心障碍青少年的适应力、问题的解决能力，以此促进其发展。

① 周林刚:《社会排斥理论与残疾人问题研究》,《青年研究》2003 年第 5 期。

（三）本书主张的身心障碍观点

身心障碍在人类进化历史中如影随形，是人类在应对历时性的发展进程，以及共时性复杂多变环境过程中不可避免的一种结果。在人类发展进程中，由于受自然与社会不可抗力影响的原因，人类的某些个体出现身心障碍现象不可避免。虽然随着社会的发展与科技的进步，人类努力尝试提升对身心障碍发生的掌控程度，但尚未能做到完全消除此类现象。

衡量一个社会文明程度的重要标志之一，在于对身心障碍者的人道主义对待程度。古今中外，人道主义均为哲学家、政治家思考人类福祉、治理国家的根本出发点之一。人道主义不仅是公认的道德规范，也是处理人际关系的基本准则。鉴于身心障碍现象具有出现在每个人身边的风险性与可能性，且此类现象无法以人类力量完全规避，因此出于人类生存的集体意识，成员之间也应当用人道主义的态度善待身心障碍者，这是维持整个人类族群发展的必要行为。从社会工作的专业使命与工作职责出发，虽然社会道德与伦理约定了人类应体现的善行，法律规定了身心障碍者应享有的平等权利，但这些权利与义务的实现会面临重重阻碍，社工有责任排除环境中的障碍，倡导平等与尊重观念，为障碍者的权利实现创造条件。

从生态系统理论的视角对障碍进行解释。该理论视角对身心障碍现象的理解与社会模式的观点一致，认同造成身心障碍者问题的主要原因不是伤残本身，而是外部障碍。身心障碍者在现实环境中之所以处于不利的地位，各项功能的发挥均存在程度不等的局限，是因为社会生态栖息地没有为身心障碍者在其生命周期的不同阶段，为其提供适宜生活与发展的充足资源。因此，我们应着力消除栖息地中阻碍该群体成员获得正常生活与发展条件的影响因素，确保身心障碍者能够无障碍地参与社会生活的各个领域，在发展人际关系、形塑个人社会角色、提升个体适应力等方面获得均等的机会，实现社会公平，享受应有权利。

　　基于"全面康复"思路，为身心障碍者增能，使他们能够在社会中找到发挥自己的空间。障碍不应该与"废""无用"等负面标签画等号，身心障碍者只是没有放在合适位置的"可用之材"，他们同样有创造财富的能力，如司马迁、张海迪、贝多芬等，他们同样为人类社会作出了巨大的贡献。事实证明，如果能够为身心障碍者提供符合其需求的支持及适当的空间条件，他们也能够实现由"社会的负担"向社会物质和精神财富创造者的角色转变。因此，从外在环境角度，要调整并竭力营造友善氛围；从内在个体角度，要充分了解并挖掘身心障碍者的潜能，发挥他们的主观能动性，鼓励并协助他们实现能够自在生活的愿望。

二、身心障碍青少年类别与问题

　　青少年成长过程中，不同的身心障碍类别引发的问题各有偏重。了解身心障碍类别与该群体青少年所面临的问题之间的交互性，有助于树立对不同类别的身心障碍青少年共性问题的全面认知。社工应运用综融性视角正确评估问题对该群体青少年产生影响的广度与深度，并制定适恰的处遇策略。

（一）身心障碍青少年的界定

　　《中华人民共和国残疾人保障法》中将残疾人定义为："在心理、生理、人体结构上，某种组织、功能丧失或者不正常，全部或者部分丧失以正常方式从事某种活动能力的人。"由定义可看出，"残疾"强调的是肢体、器官及其功能方面的缺陷，是对客观身体状况的描述；而"身心障碍"强调的是残疾人群体在参与社会活动过程中遇到的障碍，体现了残疾人在社会环境中的生存状态。生理意义上的缺陷可能会给个人的生活带来不便，并非必然成为影响个体正常发展的阻碍。例如：在有盲文和无障碍通道的环境中，视力或者肢体的丧失身障者行动并不会受阻；在能够进行手语交流的环境中，听力丧失也不会成为人际交流的阻碍。近年来，社会模式逐渐成为认知该群体成员的主流范式，"身心障碍"这一称谓正在逐渐替代"残疾人"，因为生理或心理功能的伤残不是"疾病"，同情与歧视也不是对待这一群体成员的正确态度。当前与未来一段时间，亟待集社会中的多方力量对无障碍环境的缺失加以审视与完善。

基于上述对身心障碍者的概念界定，并结合《中国残疾人实用评定标准》中对残疾的分类，分别为视力残疾、听力残疾、言语残疾、智力残疾、肢体残疾、精神残疾以及多重残疾。故而本章节讨论的身心障碍青少年指的是因这七类残疾导致在社会生活中产生不同程度障碍的青少年群体。

（二）身心障碍青少年面临的问题

与健全青少年类似，身心障碍青少年也经历着青春期生理、心理和社会适应等方面的剧烈变化，具体表现为：身高、体重的快速增长及第二性征的发育；心理机能逐渐成熟，形成相对稳定的人格特质和个性心理品质；社会功能不断发展，建立起更加符合社会规范的价值体系和行为模式。但是，身心障碍青少年具有许多特殊性：躯体结构、功能的损害常伴发多种疾病，造成生理、心理发展相对滞后；知识与技能的获取受到限制，社会化发展相对较低，在生活各方面体验到的困难更大。[①]不难看出，与健全青少年相比，身心障碍青少年的健康与发展面临更严峻的挑战。

可见，身心障碍青少年面临的问题，一类是由于社会化需求未能得到满足；另一类则是因为个体在与社会情境相互作用过程中，自身成长和发展在心理、道德、行为等方面表现出与社会主流价值观念和道德法律规范不相适

---

① 于晶利、刘世颖：《青少年社会工作理论与实践（第二版）》，上海人民出版社、格致出版社，2019，第 177—178 页。

应的情况。当前，我们主要聚焦于身心障碍青少年由于社会化需求未能得到满足而产生的问题，分为教育、心理健康、就业、家庭支持与社会融入五个方面。

1. 教育问题

第一，师资能力有待提升。教育部等七部委共同研究制定的《特殊教育提升计划（2014—2016 年）》总体目标是全面推进全纳教育，使每一个残疾孩子都能接受合适的教育。《残疾人教育条例（2017 年修订版）》作为保障身心障碍未成年人教育权的依据，提及融合教育为针对身心障碍未成年人的主要教育理念和方式。此后，全纳（完全接纳）教育和融合教育为我国特殊教育的整体发展理念。但现实情境中，存在特殊教育专业师资不足、特殊教育资金不足等因素，这导致融合学校的任课教师缺乏必要的支持技能和知识来应对随班就读的身心障碍学生，在教学过程中依赖陪读教师和资源教师对身心障碍青少年的管控与教学，既无法明确三种教师角色的责任边界，也无法实现对身心障碍青少年的差异化教学目标。

第二，教学环境相对简陋。特教学校存在硬件设施不完备、办学条件较差等问题；融合教育学校存在资源教室缺乏及使用率低，无障碍设施的建设与维护不足等问题。

第三，融合教育观念有待进一步落实。融合教育的目标是促进一般学生与身心障碍学生共同进步与成长，因此，融合教育的对象包括身心障碍学生和一般学生。但当前的融合教育，教师关心的是要让身心障碍青少年做出调整以适应班级和学校环境，此举无法让班级中的其他学生认识到身心障碍学生与自己的差别，而是应该引导一般学生与身心障碍学生一同改善班级与学校环境，并倡导学生能够在尊重差异的基础上以正确的态度与身心障碍学生友好相处。

2.心理健康问题

生理上某些机能的失能以及在社会生活中遇到的各种人为阻碍，使得身心障碍青少年更容易滋生或长期沉浸于负面情绪，对其学习生活以及人际交往产生消极影响，严重时可能形成自闭症、抑郁症等心理疾病。

第一，自卑心理。自卑心理源于自己与他人进行对比后产生的"自己不如别人"的错误信念。伴随着生理上存在的或轻或重的缺陷，身心障碍青少年容易在遭到他人的特殊"对待 / 照顾"后，产生自卑心理。这种心理容易使其在行动时无法表现得符合自己的预期或认知，周围人不适恰的反应和态度会加剧其自我否定的心理，形成恶性循环，进一步加深消极情绪的持续影响，使得自我效能感低下，难以体察自身价值。

第二，过度依赖心理。过度依赖心理的产生，源于家人对身心障碍青少年日常生活事宜的长期包办、过分宠溺和保护。其家人不正确的照顾与对待方式，不仅不利于身心障碍青少年独立自主能力的培养，也不利于其社会适应能力、社会角色扮演能力、人际交往等能力的提升。同时，这种过度依赖还会增加监护人的生活负担与心理压力，长此以往，难以维持家庭的和谐氛围。

第三，情绪化。正确表达自身诉求和保持情绪稳定，是个体在人际交往过程中必备的两项技能。身心障碍青少年若未能掌握这两项技能，只能通过较为偏激的表现吸引周围人对自己诉求的回应与关注，行为模式的固定便会在日常与他人相处的过程中表现得敏感易怒。

第四，过度叛逆心理。青少年时期，个体想要强调和获取独立的动机，彰显"自我特征"的心理状态的一种具体表现，即为通过批判的眼光看待周边事物，打破以往的固定沟通表达模式是其中一种手段，逆反心理是青春期的一大标志性表征。身心障碍青少年由于自身的缺陷，同样具有追求独立的需求但却处处受到限制，这导致他们产生了代偿心理，代偿心理会加剧其叛逆表征。

3.就业问题

拥有一份工作对身心障碍青少年来说，意味着他们可以取得一定的经济收入以保障基本生存，进而实现一定程度的自立，提升生命品质，实现自身价值。质言之，这份工作是他们与社会进行互动的桥梁：工作过程有助于锻炼他们基本的出行能力，并能够保障自身安全、照顾自己的日常起居，应付基本的人际交往、应对突发事件，从而能够在社会中立足。近年来，在相关法律和政策的保障下，我国身心障碍者的就业状况明显改善，分散按比例安置、集中就业、自主创业、灵活就业等多形式的就业格局已经形成，但就业的数量和质量仍远远不能满足身心障碍青少年及其家庭的需求，具体表现如下。

第一，相关单位之间尚未形成良好的合作机制。特殊学校隶属教育部门管理，而身心障碍人士就业服务机构则划归民政部门（残联）主管，难以实现教育与能力训练之间的无缝衔接与合作。同时，不管是特殊学校还是身心障碍人士就业服务机构，它们与用人单位的联系和合作也未能很好地搭建起帮助身心障碍青少年就业的"平台"，三者无法很好地全程覆盖针对身心障碍青少年的就业转衔服务。

第二，转衔服务不能满足个别化需求。身心障碍青少年之间存在个体差异大、就业需求不同、家庭支持程度不同等情况，特殊教育学校和身心障碍人士就业服务机构虽然在身心障碍青少年的建档材料中有制订个别教育计划，但其没有基于科学评估，内容较空泛。此外，虽有研究表明，真实环境有利于转衔成功，但目前有关的职业教育实习实训多在模拟环境中进行，用人单位尚未对就业转衔服务形成规模化的依托和支持。

第三，对身心障碍青少年自我决定能力的培养不够。若想要实现在社会中的独立行走，身心障碍青少年要具有一定的自我决定能力。但受身心功能障碍的影响，加上学校教育和家庭生活中缺乏长期有效的培养，该群体多数成员缺乏独立或相对独立处理问题、决定个人事务的意识和习惯。

第四，就业持续性低。由于工作、生活技能训练不足，以及环境友好程度不高，很多身心障碍青少年进入职场初期的工作效能感较低，再加上青春期的多变情绪和追求独立的个性等因素，导致身心障碍青少年会频繁更换工作岗位，此举不利于他们对职场环境的适应。

4. 家庭问题

第一，经济支持力量薄弱。多数身心障碍青少年在其婴幼儿、儿童时期身体素质明显低于正常同龄人，长期的治疗和康复支出增加了家庭的经济开支，使得其家庭无力保证身心障碍青少年的生活质量水平。

第二，家庭养育方式不当。照顾者的事事包办和过度保护会导致身心障碍青少年生活自理能力不足，并形成理所当然接受别人帮助的心理和习惯，不利于其独立参与社会活动；而长期的疏于沟通、缺乏关爱、忽略身心障碍青少年的家庭参与程度，会阻碍其独立思考及解决问题能力的发展，降低其价值感和自我效能感。

第三，未将身心障碍青少年视为"有潜能"的人。不论是在求学阶段还是就业阶段，多数身心障碍青少年的家人视其为"无能者"，对身心障碍青少年抱持"无要求"状态，使得身心障碍青少年面临改变的内部、外部动力均不足的情形。

5. 社会融入问题

第一，交流障碍。对于语言残疾、听力残疾、智力残疾较为严重的身心障碍青少年而言，与人沟通交流的能力有所限制，是其社会融入的一大阻碍。

第二，认知误解。随着社会的进步，人们对身心障碍者的歧视观念在逐渐淡化，但是由于对其不了解而产生的担忧和害怕，也阻碍着人们与身心障碍青少年的正常交往和沟通。

第三，无障碍设施的缺乏和设计缺陷。无障碍设施的建设与完善是身心障碍青少年融入社会的物质基础，他们融入社会的前提是能够独立进入社会。无障碍通道被占用、无障碍设施被损坏等威胁身心障碍人士出入公共场所安全的现象偶有发生。

三、关注身心障碍青少年群体的必要性

根据第二次全国残疾人抽样调查统计显示[①]，目前中国残疾人总数约 8502 万，占全国人口总数的 6.34%，其中年龄在 12 ～ 18 岁的残疾少年约 350 万人，占残疾人总数的 4.22%[②]；另外根据第七次全国人口普查数据进行比例推算，截至 2021 年 5 月，全国人口 141178 万人，大约有 8951 万残疾人，其中 12 ～ 18 岁的身心障碍青少年将近 400 万人，这组人口数据相当于一个大型城市的人口规模，身心障碍青少年群体的人数众多和增速之快的现状，已令人不可忽视。

随着身心障碍青少年群体总数的不断增长，其所带来的社会压力和问题也必将日益复杂和尖锐。同时由于无法治愈性，身心障碍青少年群体所呈现的问题已不仅关涉残障青少年个体的成长、就业、婚恋及养老现实问题，还关系身心障碍青少年家庭的正常运转，家庭成员的经济、精神压力等系列问题。

因此，从全面康复的思路出发，在微观层面激发身心障碍青少年的内在潜力，强调在为身心障碍青少年营造康复环境的同时实现其从被动到主动康复参与的转变，倡导将身心障碍青少年置于异质性群体、一般化的成长环境中促进其自身能力的提升，促进其技能习得的多级泛化；在中观层面增强身

[①]　调查范围：全国 31 个省、自治区、直辖市（未包括中国香港、中国澳门和中国台北）。

[②]　中国残疾人联合会：《2006 年第二次全国残疾人抽样调查主要数据公报（第二号）》，https://www.cdpf.org.cn/zwgk/zccx/cjrgk/93a052e1b3d342ed8a059357cabf09ca.htm，访问日期：2024 年 2 月 27 日。

心障碍青少年家庭的抗逆力，通过社会倡导的方式为身心障碍青少年及其家庭构建有效的社会支持网络；在宏观层面推动身心障碍青少年"全纳环境"的营造进程，借助社会支持力量激发身心障碍青少年的内在潜能，消减现实中对身心障碍群体的刻板印象和认知偏差，最大限度消除不利于身心障碍青少年健康成长的各种阻碍，通过多系统的有机组合营造和谐友爱的社会氛围。

第二节　身心障碍青少年社会工作

在科学认知身心障碍青少年的成长发展情境脉络基础上，为该群体开展社会工作服务还需明确服务内容与常用指导理论。本节所选取的四个常用理论，是基于"人—环境"互动双焦点模式下，侧重于通过调试环境因素、增强环境的抗逆力程度来支持身心障碍青少年的发展，对该领域社会工作应满足和达成的内容与目标做出回应。

一、身心障碍青少年社会工作界定

关于身心障碍青少年社会工作的界定，本书从专有名词定义、工作的内容与目标两方面加以说明。

（一）定义

身心障碍青少年社会工作是指，以身心障碍青少年及其家庭为服务对象，基于对身心障碍青少年特点及发展的特殊规律的了解，在国家关于身心障碍者的相关政策法规以及青少年群体福利政策的框架内，遵循社会工作价值伦理，运用适恰的专业理论、方法与技巧，为服务对象提供康复教育、训练与成长支持，促进其发展的一种专业活动。

（二）身心障碍青少年社会工作内容与目标

第一，实现教育权。接受教育是每个未成年人应享有的权利，学习是身心障碍青少年挖掘潜能、促进身心发展的重要途径。但国家出台的保障身心障碍青少年受教育权的相关法规在推行过程中，有多个瓶颈需要突破。社工在入学年龄、教育内容、考试程序等方面进行尝试，通过行动探索政策执行的可行路径；积极倡导并推动政府和社会各界努力创造条件，切实保障身心障碍青少年受教育权的实现。

第二，加大对福利保障政策与制度的宣传与倡导。国家对于身心障碍青少年权益保障出台了诸多政策，但很多照顾者出于种种顾虑，常常选择回避或被动求助，导致家庭压力无法有效纾解。社工应当向照顾者们合理解释国家相关政策，消除他们的担心与顾虑，帮助身心障碍青少年和家庭获取必要的支持与福利。

第三，"助人自助"并挖掘潜能。身心障碍青少年社会工作应当遵循"助人自助"原则，借助专业力量挖掘身心障碍青少年及其家庭的潜能，将服务对象视为具有积极能动性的主体，发挥其自主性，降低服务对象的过度依赖与无为状态。

第四，家庭支持。一方面，鉴于身心障碍青少年的康复与教育是一个具有长期性、变动性、并对服务的专业性要求较高的事业，社工应当为照顾者提供各种有益资讯并对其照顾技能进行指导。另一方面，家庭因为孩子的身心障碍而陷入困顿，家庭成员的心理压力及负面情绪需要得到舒缓，社工应当链接资源或者直接为照顾者提供必要的情绪性或工具性支持。在物质经济以及喘息服务①等方面，社工都需要在福利框架内为家庭提供支持。

---

① 喘息服务，是指政府花钱为失能老人家庭提供社会服务，或是请专业人员去家中照料，或是把老人接到养老机构照看，既让家属喘口气，也为老人康复提供更好的环境。

二、身心障碍青少年社会工作理论与视角

生态系统理论关注人与社会环境的相互影响，该理论认为人及其所处的环境是一个相互依赖、相互作用的整体。在这个整体中，人的行为对于环境的塑造有着至关重要的作用，同时环境也潜移默化地影响着人的行为选择。因此，分析环境有助于更好地理解人的行为选择。

正常化理念倡导为障碍者提供与平常人一样的生活环境，认为他们应当拥有与普通人相似的生活内容。但这并不意味着让障碍者绝对地适应社会既存的标准，毕竟他们存在一些无法弥补和康复的损伤；也不意味着取消为障碍者提供的特殊辅助、服务和设施，这些服务设施是为了帮助他们更好地独立生活，并非加深他们对外界的依赖性。正常化不要求绝对的同一性和社会融合，而是认为身心障碍者具有保持个性的权利。

家庭抗逆力理论回应"在不同的复杂环境中家庭是如何实现动态平衡"，经过不断地深入研究，已发展出可指导家庭采取行动以应对危机与逆境的具体步骤：抵抗、创造和团结。

社会支持网络重点在于拓宽社工在提供服务过程中，可链接资源的广度与灵活度，从而能够切实可行地基于支持网络的力量更好地保证该群体成员的健康发展。

（一）生态系统理论

身心障碍青少年作为特定环境中的个体，其在发展过程中遭遇的困境正是各系统之间不能有效配合、相互协调的外在显现，因此从生态系统理论视角对身心障碍青少年进行社会工作干预具有一定可行性。

微观系统层面，主要以激发身心障碍青少年的社会交往潜能为目标开展社交康复服务。既有研究结果显示，当前身心障碍青少年自理能力、社交能力提升需求最为迫切，而自理能力提升的前提必然是身心障碍青少年首先具

有较好的社会交往能力、良好的人际互动意愿，只有这样才能为其他需求的满足、能力的提升奠定基础。

中观家庭系统层面，主要针对身心障碍青少年家庭开展抗逆力提升服务。家庭环境对孩子的思想、认知、行为形成有着潜移默化的教育作用，家庭是否和谐、家庭结构是否完整、家庭经济状况等因素对于身心障碍青少年的康复与成长影响深远。社工可聚焦身心障碍青少年与其家庭成员内部互动，运用社会工作专业方法，发挥服务提供者、支持者、资源获取者的作用，为身心障碍青少年家庭成员提供心理支持，缓解经济困境，改善家庭边缘地位，以提升家庭抗逆力。

外观社区系统层面，主要目标是促进身心障碍青少年的社区无障碍融合。围绕身心障碍青少年社区关注度提升、异质性朋辈群体正向影响和社区支持度加大等需求，社工可以在前两个系统服务的基础上通过资源整合、开展专业活动，促进社区居民对于身心障碍青少年的尊重和接纳。

宏观系统层面，主要通过开展社会倡导服务构建适合身心障碍青少年成长发展的"全纳环境"。宏观系统主要以文化、亚文化和社会环境等形式对社会成员产生影响，而解决身心障碍青少年身心成长问题需要营造适合其成长发展、平等共享社会资源的环境。

（二）正常化及其理论基础

1. 正常化内涵

正常化源于对精神障碍者传统治疗与康复方式的质疑，认为对精神障碍者采取住院隔离式的治疗方式是把障碍者视为能力低、贡献少、不幸、缺乏独立能力、与普通人不同的"异常"人，没有考量与尊重障碍者的权利。

在社会工作领域中，正常化理论启示社工不能把自己看问题的眼光强加于服务对象。因为非身心障碍人士视为不正常的行为，在身心障碍群体看来是再正常不过的事情，要从身心障碍者的角度去看待事物，而不是妄加臆断和随意标定服务对象。

2. 正常化原则

尼耶提出了 8 条正常化原则（华红琴，2018），结合我国身心障碍群体成员的特性，本书将正常化原则化约为 7 条。这些原则的根本意图在于强调身心障碍者应有权利的具体表现，并倡导国家应采取怎样的行动保障该群体成员可以实际享有这些权利，这对于身心障碍社会工作实务有积极的指导意义。

第一，生命发展阶段经历的正常化。身心障碍者若要经历求学、升学、工作、结婚等生命历程，需要良好的社会环境加以支持。

第二，学习、工作与生活节奏的正常化。在普通人生活的社会环境中，个体可以在学习和工作之余，培养自己的兴趣爱好，如外出购物、娱乐、探访亲朋好友，因此，这也是正常化原则倡导的身心障碍者应有的节奏。此外，参照普通人与社会公共活动的关系状态，国家也应创造条件，以保障身心障碍者主动参与社会活动的权利。

第三，自主意愿与渴求满足的正常化。社工理解正常化原则的具体表现，还包括能够满足知觉障碍者的选择意愿及渴求，并成为其意愿与渴求达成的保障力量。实务经验证实，大部分身心障碍者有情感和认知能力，也有自主意识来决定可彰显自己个性的生活细节，因此障碍者的个人喜好及选择应当得到适当的尊重。在这种情况下，社工应帮助身心障碍者找到自主意愿与维持意愿实现之间的平衡点。

第四，与异性交往机会的正常化。两性关系是人类社会中的重要的人际关系，障碍者在生活中，有着与普通人无异的生理需求。然而，障碍者在过往经历中较少与除家人外的异性交往，无法熟练且正确地满足自己的这一需求。因此，在实务工作中，社工应当帮助身心障碍者习得与异性交往的技巧以及在交往过程中保护自己的注意事项。

第五，工作场域对待与要求的正常化。表现为要有工作与假日的区分，且工作中建议拉长拉大对障碍者的容错时间与范围，但不建议无故降低对他们的要求；同时，也应倾听并尊重身心障碍者的意愿，经正确评估其自主能力，能够让他们自由支配假期而不是全部听从相关机构或家庭的安排。

第六，经济水平与能力的正常化。身心障碍者的经济水平高低决定着他们能否过上正常的生活。此项原则与工作场域的正常化对待原则相结合，在工作中肯定身心障碍者的劳动贡献，以确保障碍者有足够的经济条件，来支撑他们的各种日常开支以及社交费用。

第七，障碍人士享有与普通人相同的公共服务标准。社会中的大多数公共服务及设施虽是依照普通人的情况而设置，但也应当考量不同类型障碍者的功能状况，设置相应适合障碍者的设施，让障碍者也能享受社会公共服务。

（三）家庭抗逆力理论与模型

1. 家庭抗逆力的内涵

最初，社会科学领域的学者对抗逆力概念进行科学系统性研究的动机，源于对在现实生活中初始处境同样不利的情况下，有些人能够将逆境转为机遇，实现自身发展，有些人却在困境中一蹶不振这一现象的反思。这一概念是积极心理学中的重要内容，其核心在于关注个体面对问题时，如何运用各种方式激发服务对象的内在潜力去解决问题。随着个体抗逆力研究的不断发展，学者们逐渐将这一概念的内涵加以延展，衍生出家庭抗逆力和社区抗逆力。

在西方早期对家庭抗逆力的研究中，霍利（Hawley）认为，家庭抗逆力是指家庭身陷困境时，家庭成员在这一过程中不断转变和适应的过程。每个家庭都有其家庭特殊性，面对危机时，根据自身家庭整合风险与保护因素，成员之间相互磨合与适应，最终在发展途径上达成共识。麦卡宾

（McCubbin）则认为，家庭抗逆力是指处于不利地位的个人或家庭的积极行为和能力，这是一种确保家庭成员能够回到正常家庭的弹性。

随着家庭抗逆力理论的发展和深入地研究，不同的理论模式也逐渐产生。希尔提出的 ABC-X 模式认为，当家庭陷入困境时，会给所有家庭成员带来负担。其中 A 是指引发家庭陷入困境的事件，B 是指家庭所具备的资源、能力，C 是对逆境的认知或界定，X 是指风险。在这一理论下，家庭弹性理论被概念化，它证明了当家庭受到威胁和压力时，为了维持原有的平衡，家庭会合理利用资源，并根据对困难的认识帮助家庭做出类似的改变。随后麦卡宾和帕特森（Patterson）在 ABC-X 模式的基础上考虑到了压力的叠加效应和家庭弹性，认为家庭在面对多种压力事件情况下，当主要压力来源没有解决时，多重压力的积累会使家庭关系逐渐失衡。

2. 一般家庭抗逆力过程模型

罗兰和沃尔什（Rolland and Walsh，2006）认为，家庭抗逆力的生成是个人、家庭与外在环境互动，进行变化和调整的过程。他对抗逆力的解释是，通过自我复原，家庭可以变得更强大，更善于改变和纠正。这也是家庭适应、调整应对危机，并获得正向成长的过程。沃尔什认为，家庭抗逆力主要有三个构成要素：家庭信念系统、家庭组织模式以及家庭沟通过程。当家庭面对压力时，三个因素在相互作用过程中生成家庭抗逆力，从而使家庭功能得以恢复平衡状态。

（1）家庭信念系统

"信念系统是所有家庭功能的核心，包括价值观、态度、偏见与假设等，主要可分为三个范畴：为逆境创造意义、正面展望逆境、具备超越性与灵性。"[1] 这些信念会重塑对家庭的基本假定，影响家庭成员的情绪反应，促成具

---

[1] 纪文晓：《从西方引介到本土发展：家庭抗逆力研究述评》，《华东理工大学学报（社会科学版）》2015 年第 3 期。

备积极性的家庭决定，最终引发行动。

第一，为逆境创造意义。质言之，应引导家庭成员从正向的角度理解危机处境。如果家庭将危机视作共同挑战，他们会加深对彼此的依赖，体谅彼此在特殊情况下的反应与苦衷，关注生命和家庭的优势与资源等积极的方面，并进行调整，从而基于共同信念去克服危机。

第二，逆境的正面展望。正面展望的核心要素有四组，分别为希望与乐观、关注优势与潜力、主动与毅力、积极地掌控与接受。其一，引导家庭在经历困境的过程中保持希望并习得乐观的态度，并在家庭中形成对乐观与信心的共享氛围。其二，家庭在应对危机或压力时，要能够看到成员的优势与潜力、家庭外部的资源与支持，在肯定与欣赏、相互支持的家庭氛围中，帮助彼此克服无助、失败的感觉。其三，进行面临困境的心理建设，让家庭成员以积极主动的态度保持正向的看法，且明确只有在"蛰伏期"仍旧坚持不懈地努力才能掌握自己的命运，避免被动地等待困境的变化。其四，为了培养抗逆力，我们需要全面检视家庭的处境，积极梳理并掌控所处环境中面临的各种挑战、限制和资源情形，接受现状并集中精力对资源加以利用。

第三，超越性与灵性。超越性和灵性有助于寻找生命中更高层次的意义，可以帮助我们更好地接纳一些无法改变的事情。仪式和典礼都有助于家庭适应重大的转变，并与更大的社群和共同传承建立连接。

（2）家庭组织模式

在组织模式方面，家庭抗逆力的形成有赖于富有弹性且稳定的结构、强大的凝聚力和社会经济资源。有两股力量支撑着家庭组织的运转模式，一是内部和外部的各种规范，二是文化与家庭信念系统的影响。

第一，家庭弹性。保持弹性的家庭结构，表现为对变化的调整与适应，但不仅仅是"复原"，更是建构一种新的"常态"观，发展出更有弹性的结构以应对新的挑战。稳定的生活是家庭成员良性发展的基石，但当家庭遭遇多重危机或压力时，家庭结构经常会趋于瓦解，例行的日常生活会被搁置在一边，既定的模式也会变得杂乱无章。这时，培养家庭抗逆力不仅有助于重新获得稳定感，还可重建角色定位、互动模式以及达成共识性规则。此外，需要有家庭成员扮演富有韧性的领导角色，在面临压力时能够引导家庭成员及时进行调适，做出相应的决策并带领家庭成员一起行动，确保家庭在逆境中保持稳定。

第二，家庭凝聚力。此为成员之间情感与家庭整体结构产生的联结。良性的家庭运作状态，体现在为彼此付出与包容距离和差异之间的平衡。家庭成员彼此的支持、容纳成员之间的差异、合作和承诺，有助于强化家庭凝聚力，让家庭渡过难关，维持家庭的健康发展。

第三，社会资源与经济资源。家族与社会网络作为一种社会资源，在危急时刻能够为家庭提供现实和心理上的支持。经济稳定使家庭面临某些重大危机（诸如重病、失业或天灾）时能够得以维持。制定完善的政策与落实支持项目，也是维持家庭抗逆力不可或缺的重要举措。

（3）家庭沟通过程

良好的沟通在现代家庭应对复杂结构、满足生活需求上显得尤为重要，但也更有难度。因此，介入处于逆境或存在危机的家庭目标，在于促进家庭成员开诚布公地针对逆境或危机状况进行沟通，坦率地回应成员的顾虑，以及通过协商与改变系统来满足新的需求。

第一，清晰的沟通。清晰的沟通包括传达指向直接且信息内容清楚一致，追求事实（说真话），以及明确了解逆境与可能的选择。首先，家人之间的信息传达应直接给自己想要关心的人，并且语言与行为是清楚的、一致的。但考虑到文化差异，介入时应注意华人文化脉络下家庭成员在情感表达上的含蓄风格。其次，追求事实（说真话）即指家人无须隐瞒一些紧急的或痛苦的事实，家庭成员能够感受到重大事件引发的特殊氛围，知情的家人应该提供事情的相关信息，并承认家庭可能要面临一些不确定性因素，讲真话是应对危机、转化创伤性经历的一个至关重要的过程。基于了解到的实际困境情况，以及家庭成员对事实达成的有效共识，才可能再一起分析目前可能的选择，并采取适当的应对措施。

第二，坦诚的感情分享。具体的典型表现可以分为两种：一种是营造具有包容、安全感的环境，家人之间可以在其中自在地分享自己不同面向的情绪或想法，且不必担心会被误解；另一种是能够尊重成员间不一致的观点与情绪，在彼此情绪稳定的氛围中沟通差异并相互支持，避免出现无端指责或推卸责任的情况，冲突无助于问题的解决。

第三，合作解决问题。以合作的方式来处理冲突与解决问题是家庭抗逆力的主要表现之一，而合作解决问题目标的达成，需基于家庭成员间对不同意见的包容，以及前期在常态或非常态时期家庭所形成的解决问题的技巧。解决问题的步骤可分为：首先，识别问题，梳理最近发生的或在整个家庭系统中持续存在并反应的压力源，这期间应保证家庭成员间能够进行清晰的沟通，明确地表达自己的观点。其次，家庭成员之间不论是在提出各自观点阶段，还是协商问题的解决策略阶段，都要注意相互尊重彼此的意见，并基于对彼此感受的体谅与妥协找到最合适的解决问题方法，最终达成互惠的结果。社工在协同家庭解决问题的过程中，应帮助家庭成员澄清并聚焦于达成可能性较高的目标，采取具体可实施的步骤，正确看待应对危机的成功经验与失败教训，并且做到防患于未然，降低危机再次发生的可能性。

（四）身心障碍青少年的社会支持网络

1. 支持网络包含的对象

从支持网络中包含的对象来看，分别有家庭成员、亲朋好友、学校老师、社会组织、专业人员、民政残联。

家庭成员是身心障碍青少年的强关系。一方面，身心障碍青少年几乎全部的情感支持与物质支持都来自父母等共同生活的家庭成员；另一方面，身心障碍青少年的父母需要从家庭其他成员处获得情感性或工具性支持，并将支持力量回馈到对身心障碍青少年的照顾中。整个家庭系统需要团结一致、互相扶持。

亲朋好友与身心障碍青少年家庭之间具有弱关系特征。其往往能够给身心障碍青少年及其家庭提供广泛的资讯并能够向外联络到更多的资源，从而提供各种与强关系不同性质的帮助。此外，亲朋好友是为照顾者提供喘息空间的重要力量。

学校以及老师的指导支持与帮助有助于解决身心障碍青少年在学习中遇到的困难，并在良性教学秩序的影响下塑造其健康的心理状态与行为模式。

近年来，为身心障碍青少年及其家庭提供服务的各类社会组织发展迅速。照顾者应当消除顾虑，积极向外拓展资源，切忌自我封闭，通过与外界增强联系，获取指导、支持与帮助，并获得自我提升与成长。但当前，政府购买的社会组织服务在服务输送过程中存在服务提供方与接收方信息、需求、接受度不对等的情况。因此，需要政府介入以疏通障碍。

通过专业工作团队网络中的医生、康复师、特教老师、心理咨询师与社工等专业人员的支持，有助于及时解决照顾者们遇到的各类问题，并为家庭提供可借鉴的养育身心障碍青少年的科学经验。

在我国，对于身心障碍者的福利与服务的提供主要是通过民政系统以及残联来达成的，与家庭互动最频繁的部门是居委会与街道残联，社区中的助残员可以向照顾者宣传相关政策，照顾者也可以从中了解国家福利政策，选择相应的服务，实现应有的权利。

2. 介入策略

从介入策略来看，可分为个人网络策略、自愿连接策略、相互援助网络策略、邻里辅助网络策略、社区授权网络策略（范明林，2007）。

个人网络策略强调服务对象的现存人际关系或其所处环境内有发展潜力的关系。服务对象的个人网络通常包括家人、朋友、邻居，社工应采取措施帮助服务对象与其个人网络中可以提供帮助的主要成员建立或强化彼此之间的关系。

自愿连接策略即需要获得帮助的身心障碍青少年及其家庭与可提供针对性支持的志愿者之间发展出一对一的关系，社工的贡献体现在将需求与可提供的帮助进行配对。

相互援助网络策略是指集合具有相同问题或需求的人，搭建平台让他们自由交往并建构起关系网络，例如，社工可汇整同质性较强的身心障碍青少年及其家庭，推动或协助组建障碍青少年的照顾者自助团体，诸如自闭症少儿照顾者自助团体、唐氏少儿照顾者自助团体，强化他们之间实在或潜在的关系。

在邻里辅助网络策略下，服务机构在以地域空间为界定标准的社区内，由社工梳理出该区的非正式化辅助网络，把梳现存的自然辅助人手，如社区团体志愿者、热心居民，他们可在提供多方面的援助上扮演关键角色。

社区授权网络策略是要识别并联系在一个地域社区内的关键人物、地区领袖及主要代表，目的是要发展一个由社区领袖及社区各类代表构成的社区组织，能够在更大范围内为身心障碍青少年的利益与权益进行倡导，并拓宽更有效益的反映渠道。

社工通过帮助分析身心障碍青少年及其家庭在遭遇具体困难时的社会支持网络，了解其正式与非正式社会支持的优劣，帮助服务对象充分运用其社会支持网络中的资源，在微观层面帮助服务对象系统获得解决问题的经验，提升解决问题的能力；在中观与宏观层面改善服务对象的社会环境，挖掘有效的社会资源，发挥社工的"充电器"功能。

第十二章　青少年偏差及犯罪行为问题的介入

第一节　青少年偏差及犯罪行为

偏差行为指在特定社会中社会成员不同程度地偏离或违反了既有的社会规范的行为，也被称为越轨行为、离轨行为或差异行为等。现在有很多文献材料会把价值观和道德观放入偏差行为的概念中，但是在实务的过程中，很多价值观念会随着政策、环境等方面的因素而调整。在实务过程中青少年存在差异化的发展，因此要尊重其中的"差异"，如先天性疾病是无法逆转的，这类青少年在发展过程中行为的差异属于病理性正常行为。所以本书偏差行为的概念更多地强调社会规范的行为，不包括价值观和道德观。

我们只有深刻了解社会规范才能更加准确判断偏差行为。社会规范，是指调整人与人之间社会关系的行为规范。以一定的社会关系为内容，目的是维护一定的社会秩序，包括风俗习惯、宗教规范、道德规范、社团章程、法律规范等。社会规范的产生和发展，都源于人们共同生产生活的需要，同时也是人们共同生产生活活动的规律性表现。不同种类的社会规范，反映了人们共同生产生活的不同方面，对调整社会关系所起的作用各不相同。社会规范可分为成文的和不成文的两类：法令、条例、规章和大部分法律、重要的教规是成文的社会规范；风俗习惯、部分道德规范及宗教规范是不成文的社会规范。风俗、道德、法律、宗教等是社会规范的各种具体形式。根据约束力的强弱角度不同，社会规范可分为常规、原则、惯例和律令。由此可见，青少年的偏差行为按照社会规范分为偏差行为和犯罪行为，其行为导致的结果也不同。

当前我国青少年违法犯罪案件数量不断上升，青少年犯罪数量已达全国犯罪总数的十分之七，并呈现出"三高加一低"的趋势，即暴力犯罪、盗窃，抢劫犯罪、农村违法犯罪比例高以及违法犯罪年龄偏低。青少年的成长受到家庭、社会、学校等诸多环境的影响，这些青少年生活学习的系统环境与青少年偏差行为的出现有密不可分的关系。从家庭角度而言，可能是亲子矛盾激烈或家庭教育的缺失；从社会环境而言，可能是不良的社会交往方式、被社会成员标定的特殊身份；从学校角度而言，个体心理发展受到群体亚文化的侵蚀。在整个发展过程中，任何社会环境的不良影响都会促使叛逆而敏感的青少年形成偏差的人生观、价值观和世界观。青少年作为人口的重要组成部分，在社会互动交往过程中，他们表现出了流动性强、人际交往内卷化等特点，缺乏有效的监管以及相应的预防措施等致使其中一些人走上了犯罪道路。

一、青少年的偏差及犯罪行为特点

青少年生理和心理快速发展，正处于社会化的重要时期。他们通过对社会群体行为和道德规范的模仿、学习、应用，逐渐融入社会。因此，作为社会系统的家庭、学校、社会等青少年生活和学习的环境，影响青少年的思想意识和行为习惯。

（一）家庭层面

家庭环境因素是造成青少年产生行为偏差的主要原因，青少年期又是青少年人生观、价值观和世界观形成的重要时期，家庭环境深深地影响着青少年的成长。首先，家长是孩子的第一任老师，家长的言谈举止每时每刻都在潜移默化地影响着青少年三观的形成，良好的家庭教育更容易帮助青少年塑造正确的三观。其次，家庭结构的变化也会影响到青少年的身心发展，比如单亲家庭或重组家庭中的青少年可能会因为缺少家庭的关怀而没有足够的安全感或者产生自卑心理，导致青少年从其他地方寻找归属感和认同感，进而产生偏差行为。父母关系的不和谐不仅会影响到青少年身心的健康发展，会为青少年树立一个负面的学习榜样，使得青少年去学习错误处理问题的方法，还会造成糟糕的亲子关系，降低青少年对家庭的依附感，导致青少年产生偏差行为。最后，父母错误的家庭教育方式也会使青少年出现行为偏差，专制型教育方式可能会使青少年产生逆反心理，跟社会中的主流文化形成对抗，增加青少年发生偏差行为的可能性；溺爱型的家庭教育方式会让孩子形成任性、跋扈或偏激的性格，很容易受到他人的利用而产生偏差行为，所以家庭环境是青少年偏差行为产生的一个重要因素。

（二）学校层面

学校教育是青少年接受的主要教育之一，学校通过有目的地教育向青少年传输知识、社会规范和传统道德等。学校的教育方式、校园环境和对思想素质教育的忽视都对青少年偏差行为的形成有着重要的影响。青少年之间存在巨大的差异，如家庭背景、性格特点、学习习惯等，导致普适性的教育方式无法针对青少年的问题。这种局限性使得青少年在处理学习、心理或情绪困扰时缺乏有效的支持，进而演化成偏差行为。在学校教育中，教师是学生的引导者，学生是学习的主体。但是青少年认知能力以及经验能力的不足，以及一直以来儒家文化中的尊师重道，使教师在学生之间具有权威性，部分老师对青少年持有的刻板印象导致他们产生的不当言行，使得学生的认知产生矛盾，影响学生的自我认同感。另外，教师是学生学习的榜样，教师应该关爱学生，深入了解学生发展过程中的特点，客观对待学生的差异，运用专业的教师职业技能，解决学生遇到的问题。如果教师一味地对学生采取惩罚措施，不仅影响当事学生的自尊心，也会使得其他学生进行模仿学习，间接导致学生被霸凌，最终产生不良后果。

（三）社会层面

青少年时期正是从家庭、学校逐步步入社会的重要阶段，社会风气、文化环境或地域环境都会给青少年的成长带来潜移默化的影响。而青少年的心智尚未完全成熟，还没有形成完整正确的三观，如果青少年没有受到正确的引导，容易被不良的亚文化影响。现如今，整个社会正处于转型期，社会中的主流思潮、价值体系和思想信念的变化使得青少年的三观、思维方式和行为习惯也发生了巨大的改变。青少年一方面受到新鲜事物的诱惑，另一方面又被传统的社会道德规范所约束，青少年无法正确处理传统与后现代主义之间的矛盾。再加上青少年时期特有的心理与生理特质，青少年往往会产生困惑，发生冲突对抗，处于进退两难的境况之中，最终导致青少年出现偏差行为。

二、在实务的过程中遵循的原则

在帮助偏差和犯罪行为问题青少年的实务操作过程中，面临多元需求及其多样问题，而遵循服务原则的基本前提是科学、规范且最大限度地帮扶和保障"问题"青少年权益。一般而言，我们需要坚持以下服务原则：首先，尊重每个青少年的价值与尊严；其次，接纳与关爱青少年；再次，注重青少年的个别需求；最后，协助青少年具备社会变化、不断成长的能力。

三、青少年偏差及犯罪行为问题介入理论运用

青少年偏差行为问题的介入不仅仅针对问题的本身，同时也要把"问题"放入情境中考虑，放入个人心理成长环节中综合分析与考虑，在探寻问题的本身更需注重解决问题的方式和方法。通过理论引导实践，协助青少年实现真正的"自助"。

（一）生态系统理论

生态系统理论侧重于个人与环境的相互作用以及各个系统之间的相互联系。青少年虽然是独立的个体但是与他人是相互依存的关系。青少年偏差行为的产生原因需要通过青少年所在的家庭、学校、朋辈等关系中分析。在此基础上，针对青少年偏差行为产生的原因，通过微观系统（个体、家庭、学校等）、中观系统（家校合作关系）、宏观系统等寻找针对性的解决办法，纾解内心深处的困惑，为青少年设计个案介入方案、小组活动，从而改善偏差行为对青少年的影响。

（二）认知行为理论

由认知理论和行为理论整合而来的认知行为理论认为，在个体的认知、情绪和行为三个要素中，人们通过认知对语言、行为等的解读，进而产生面对事件的不同情绪和行为。青少年的人生阅历尚浅，因此面对无法解决的困难的时候，往往会使用"童年经验"，久而久之无法形成"成人经验"。因此，尽管青少年会借助"童年经验"来应对生活中的挑战，但无法解决所有的问题。他们的知识与能力的欠缺，导致他们对于他人的行为没有正确的判断力，

加之对同伴的依赖和融入社会的渴求，造成青少年产生偏差行为。因此社工在面对青少年的偏差行为时，需要改变他们原有的认知方式，帮助引导他们建立正确的、成熟的、完善的认知系统。

（三）优势视角理论和增能赋权理论

优势视角强调在充分挖掘矫正对象自身的优点与各种资源的基础上，发展出其面对逆境的勇气和抗逆力。优势视角要求社工在考虑服务对象问题的过程中充分发掘案主及其相关社会环境系统里的优势资源，通过发掘优势资源进而帮助服务对象解决困难。青少年一旦出现偏差行为，容易被其他社会群体进行"角色"标定，其他社会群体的偏差认知是导致青少年遭受社会排斥的重要原因。犯罪青少年在社会资源获取方面始终处于边缘化，由此产生的"失权感""挫败感"、社会成员的指责和贬低，使其陷入"无法再恢复到犯罪前的状态"的恶性循环。犯罪青少年长期在错误意识的指引下，采取极端行为来获取社会的关注和认同，在此条件下，犯罪青少年的再次犯罪状况就会发生，社工的介入是让犯罪青少年重新获得以往的权利，通过激发和鼓励犯罪青少年认识和挖掘自身的优势资源，协调社会、社区、家庭与个人之间的关系，促使犯罪青少年与社会环境良性互动，避免社会群体对犯罪青少年的"标签"角色负面认定，由解决问题转移到提升犯罪青少年的个人能力上来。

（四）社会支持理论

社会支持理论是指将各种社会资源和各个层面的社会支持转化为社会支持网络。通过转化、链接的方式整合起来，促进其支持作用发生催化和反应，建立联系和支持。社会支持网络对偏差行为问题青少年的回归和发展有重要的作用，特别是家庭内部，如亲子关系和朋辈关系的支持对青少年具有重要及深远影响。同时通过同辈的正向影响，帮助其在帮扶矫正期顺利获取更多支持。

【案例分析】

案例 12.1　心如花木，向阳而生

——附条件不起诉涉案青少年帮扶案例

一、案例介绍

本案例是作者在实践过程中的真实案例，由检察院转介至作者，进而作者针对一名附条件不起诉的涉案青少年小兵（化名）开展的社工观护帮教服务的真实案例。

根据《中华人民共和国刑事诉讼法》中的规定，对于未成年人涉嫌侵犯公民人身权利、民主权利罪、侵犯财产罪、妨害社会管理秩序罪规定的犯罪，可能判处一年有期徒刑以下刑罚，符合起诉条件，但有悔罪表现的，人民检察院可以作出附条件不起诉的决定。被附条件不起诉的未成年犯罪嫌疑人，在考验期内应当遵守相关的规定，如其在考验期内积极履行相关社会义务，并完成与被害人及人民检察院约定的相关义务，足以证实其悔罪表现的，人民检察院将依法作出不起诉决定。

案例中，小兵初中辍学后与不良朋辈群体混迹社会，因法律意识淡薄，在朋辈间的相互影响下发生违法犯罪行为。鉴于小兵是未成年人，且犯罪情节较轻、悔罪态度良好，故检察机关对其作出附条件不起诉决定，并对接社工开展观护帮教服务。社工在接触小兵及类似的涉案青少年帮教案例中，发现他们具备一定的同质性特征，如家庭教育监管不足，受不良朋辈群体影响，大都在初中阶段辍学或初中后未继续接受教育，因找不到正规的工作，而游

走在社会一些边缘的岗位，在缺乏职业技能、经济收入较低而又消费需求巨大的情况下，很容易受不良因素影响而走入歧途。因此，做好这类青少年的服务，不仅需要社工的专业介入，同时还需要社会多方力量的共同参与，引导迷途青少年重新回归正常的学习及生活。

（一）案例概述

小兵，户籍××市，父母来榕务工20余年，除父母外，小兵还有一个姐姐。家庭教育方面，父亲承担对小兵的主要教育责任，母亲则较少与小兵有沟通。2019年，小兵家庭发生变故，父亲因患癌症去世，一时间所有的家庭重担集中在母亲身上，家庭责任和经济压力倍增。母亲忙于家庭生计而疏于对小兵的教育监管，加上受不良朋辈影响，导致小兵走上违法犯罪之路。鉴于小兵犯罪情节较轻、悔罪态度良好，考虑到小兵今后的成长及家庭因素，2020年，检察机关对小兵作出附条件不起诉决定，对小兵进行为期一年的观护帮教。

（二）服务对象的基本情况

家庭情况：现为单亲家庭结构，家庭教育模式属于放任型。父亲健在时，父母双方常因小兵的教育问题产生分歧发生争吵。同时也造成之后母亲对其学习、生活情况了解较少。直至父亲去世后，母亲对小兵的教育和监管更加放任，小兵终日无所事事与不良朋辈混迹社会，母亲对于小兵现有的学习生活状态感到无力。

个人情况：小兵因学习成绩差，导致缺乏学习兴趣，周而复始，初二下学期就辍学在家，再无返回学校的意愿。辍学后小兵母亲曾对小兵进行劝说，鼓励其继续就学或学习技术，但小兵并不采纳母亲的建议，母亲在多次劝说无效后最终选择了放弃，同时也未及时对小兵进行管束和教育。小兵辍学后长期处于未就学、未就业的闲散状态，时常与朋辈群体聚集于汉堡店、台球厅、溜冰场等地，存在抽烟、飙车、夜不归宿等不良行为问题。

二、分析预估

（一）服务对象的问题分析和需求预估

1. 问题分析

第一，缺乏有效的家庭监管。父母放任且存在教育分歧，缺乏科学的教育方法，监管力度不足，在一定程度上对小兵放任自流，未对其不良行为进行有效的正向引导。

第二，法律意识淡薄。小兵法律认知水平低，对自己行为的法律后果缺乏了解，加之缺乏正向的价值引导，故未能做到明辨是非，导致偏差行为的发生。

第三，自我认同感偏低，缺乏目标规划意识。小兵在校成绩差，是老师、同学们眼中公认的"差生"。父母和老师对小兵的学业持"放弃"态度，只要小兵不惹是生非即可。故小兵缺乏对集体的归属感和认同感，认为"读书一无所用"，缺乏目标和规划。

第四，存在不良朋辈，生活状态闲散。小兵辍学后生活状态散漫，朋辈群体混杂，好结交"讲义气的朋友"，盲目崇拜"有钱人"，故常与朋辈群体一起飙车、喝酒、泡吧，易与不良朋辈群体相互影响，在缺乏法律知识的情况下出现偏差行为。

2. 需求预估

第一，改善亲子关系。小兵母亲文化程度低，对小兵的教育方式除了责骂就是说教，小兵希望母亲的沟通教育方式能够有所改善，进而促进亲子关系的改善。

第二，增强法律意识。案后，小兵对于自己的偏差行为带来的严重法律后果感到畏惧，迫切希望能够增加法律知识储备，增强法律意识，杜绝违法犯罪行为的发生。

第三，去除负向标签。小兵自我效能感较低，担心因为自己涉案，身边的人会用有色眼镜看待自己，哪怕自己努力改变，也挽回不了自己犯错误的事实，难以被他人接纳。因此，小兵有去除负向标签，融入集体的需求。

第四，寻找稳定就业。小兵荒废学业已久，对学习丧失了兴趣和动力，加之母亲生活负担重，故希望能够找到一份稳定的工作，过稳定的生活。

（二）服务资源分析

根据上文对小兵所处背景的了解，存在问题的分析以及本次服务需求的评估，需要整合和分析可利用的服务资源，为小兵提供政策帮助和外部支持，从而帮助小兵增强自我效能感、激发自我提升的意识。

首先，检察院发布《督促监护令》，并对小兵做附条件不起诉的决定。同时，检察院链接法律援助机构为小兵及其家庭提供相应的法律咨询，并联动学校帮助小兵重回学校就学。

其次，学校需要为小兵提供重返校园的机会，并为其提供教育监管和学业辅导，帮助小兵完成九年义务教育。

再次，社工对接帮教小兵，了解情况并制订帮教介入计划，为小兵及家庭提供专业服务。

最后，小兵母亲愿意学习并改善家庭教育方式，为小兵提供有效的家庭监管和情感支持。

三、服务计划

（一）理论基础和服务模式

1. 社会支持理论

社会支持是由社区、社会网络和亲密伙伴所提供的感知的和实际的工具性或表达性支持。社会支持网络指个人为维持社会身份并且获得情绪支持、物质援助和服务、信息与新的社会接触。依据社会支持理论的观点，一个人所拥有的社会支持网络越强大，就能够越好地应对各种来自环境的挑战。其中，工具性支持包括引导协助、有形支持与解决问题的行动等，表达性支持包括心理支持、情绪支持、自尊支持、情感支持、认可等。而从社会支持来源角度来看，社会支持可分为家庭支持、朋友支持、其他支持。

本案例中，社工评估小兵社会支持网络较为薄弱，在家庭、学校、朋辈等方面均得不到较有效的支持。因此，社工在服务中从小兵家庭、学校、朋辈、个人等方面出发，帮助小兵增强与家庭的互动与联结、削弱老师对小兵的刻板印象、协助小兵建立正向朋辈群体、修正小兵的部分歪曲认知，辅以人际交往的相关技巧培训，以逐渐恢复和扩大小兵支持网络，使小兵从中获得情感支持，提升归属感。

2. 优势视角理论

优势视角是一种关注人的内在力量和优势资源的视角，意味着应当把人们及其环境中的优势和资源作为社会工作助人过程中所关注的焦点，而非关注其问题和病理。优势视角基于这样一种信念，即个人所具备的能力及其内部资源允许他们能够有效地应对生活中的挑战。

本案例中，小兵为自己贴上了负向标签，自我效能感低，缺乏发展的目标和方向。社工以挖掘小兵自身资源为切入点，增强小兵的抗逆力和自我效能感，进而促进小兵自觉并主动运用资源，逐渐形成良性的自我发展循环，达成对小兵的帮教目的。

（二）服务目标

总目标：联合多方力量，协助小兵回归正常的学习生活。

分目标：跟进小兵家庭，加强家庭亲职教育，改善小兵母亲家庭教育方式，促进亲子良性互动；提升小兵自我认识，寻找犯罪的原因，同时加强法律知识的学习，促进小兵法律意识和明辨是非能力的提高；通过制订阶段性学习计划任务，提升小兵在校表现，一定程度上提高其成绩，顺利完成九年义务教育；提升小兵规划意识，进行正向价值引导，帮助其去除负向标签，促使小兵回归有序的生活状态，稳定就学或就业。

（三）服务策略

第一，社会支持系统"搭建"服务。链接政策、物资等资源，针对小兵缺失或不完善的社会支持系统，如亲子关系、就学就业等方面开展服务，搭建起满足小兵发展所需要的支持系统。

第二，社会支持系统"替代"服务。针对小兵已形成且较难改变的认知观念、行为习惯及社会交往的互动模式等，通过用正向、积极的群体或服务，替代其原有的负向观念或互动模式，改善小兵的支持系统。

第三，提升自信心和自我认同。带领小兵参与夏令营、团体辅导等，通过团体短时间、密集的接触，与小兵深入交流，发掘小兵的闪光点并加以强化，进一步促进其归属感的形成和自信心的增强。

第四，创造获取经验的实践机会。通过社会实践和志愿服务等活动，促进小兵对实际问题处理及社会责任感的直接经验获取，形成良好的规范意识，促进其回归有序的生活状态。

（四）服务程序

第一步，接案。在此阶段需要了解小兵个人情况及所处社会环境情况，收集信息，建立专业关系，完成社会调查；第二步，进一步收集信息，分析问题并进行需求预估；第三步，与小兵、家庭、学校、司法机关等多方访谈，与小兵共同制订服务计划，签订服务协议；第四步，服务介入。

在服务介入阶段，从外界和案主个人两方面的渠道进行。首先，帮助小兵母亲加大家庭监管力度，持续跟进，定期家访，实施家庭任务等，改善亲子沟通和教育方式；其次，与学校评估实际情况，共同为小兵返校提供支持。通过每日在校课堂表现反馈表，学习情况汇报等，在一定程度上改善小兵在校表现和成绩，让其顺利完成初中学业。

从小兵个人的角度进行服务介入，第一，需要改善小兵的认知行为。通过个案访谈、工作坊等形式，开展亲职教育服务，进一步优化小兵家庭教育方式。开展法治教育、青春期性教育、认知行为矫正等相关服务，改善小兵认知行为。第二，了解小兵的生涯发展规划，通过走访了解情况，开展生涯规划辅导，联合家庭力量，协助小兵探索未来方向，进行生涯规划教育。第三，邀请小兵参与暑期夏令营等服务，挖掘小兵个人优势，提升小兵正向自我认识，塑造正向自我形象，同时营造青少年正向朋辈氛围，促进其良好行为习惯的养成，树立积极正向的价值观。第四，邀请小兵参加"把握异性交往，度过花季雨季"异性交往小组，提高小兵的人际交往能力。第五，增能赋权，邀请小兵加入彩虹志愿服务队，提升小兵的志愿服务技能，通过参与志愿服务活动，提升小兵的社会责任意识。第六，持续跟进小兵的心理、认知等方面的情况，对小兵进行持续的认知行为修正心理访谈，促成小兵积极转变。同时跟进小兵母亲和家庭，持续加大家庭监管力度。

（五）结案

邀请小兵、家庭、学校、检察院等多方参与评估，并结案。

四、服务实施过程

（一）描述服务如何开展

1. 社会支持系统"搭建"服务

开展社会调查，了解小兵基本情况。服务初期，社工了解到小兵的社会支持网络比较薄弱。家庭支持方面，小兵父亲因癌症于 2019 年去世，在父亲患病期间，家庭无暇监管小兵，小兵在无人监管并受到朋辈不良影响的情况下，导致小兵在父亲患病期间出现违法行为。由于之前小兵的教育由其父亲主要参与负责，在小兵父亲去世后，小兵母亲需要承担更多的经济负担，导致对小兵的监管有所缺失。学校支持方面，小兵在校期间学习成绩和行为表现较差，存在早恋现象，经常受到老师批评，时常因旷课、拖欠作业被请家长，从初二开始便频繁旷课，最后干脆辍学。朋辈支持方面，小兵在学校是老师和同学们眼中的"问题学生"，对班集体和学校没有归属感，多与社会上的朋辈群体交往。该群体中存在不良甚至违法行为，通过朋辈相互介绍扩大朋友圈，易受不良朋辈氛围影响。案后，在检察院的帮助下，小兵获得附条件不起诉的机会，对接社工进行观护帮教，并对其家庭送达《督促监护令》。

家庭支持方面，社工在介入初期，通过家访、面谈、服务跟进反馈等，了解小兵家庭需求，为母亲提供情感上的支持，并对其进行家庭教育方面的引导和建议，协调与小兵的亲子关系，加强小兵母亲在家庭教育和监管方面的力度。社工定期与小兵母亲联系，了解小兵在家的情况，鼓励家长更多地培养小兵的独立意识和责任意识，如承担一定家庭事务和家庭责任，让小兵在参与行动和承担责任的过程中提升能力，获得成长。

学校支持方面，由检察院帮助链接资源，小兵得以回到学校继续就学。但小兵长时间没去上学且受案件的影响，导致小兵的学习动机和出勤情况均不太乐观，返校后仍时常出现请假的情况。在检察院的帮助下，社工与小兵校方取得联系，着重消除老师对于小兵的刻板印象，与学校形成合力关注并协调小兵在校表现情况，并与小兵制定在校表现的约定。在返校初期，小兵还会因某些原因出现请假不去上课的情况，社工通过多方了解在校学习、人际交往等方面的情况，对其进行疏导，为小兵提供支持。在一系列的帮扶措施下，小兵在校表现明显提升，并未出现其他违反校规校纪的行为，最终如期参与中考并顺利毕业。

2. 社会支持系统"替代"服务

第一，强化家庭支持，促进小兵获得正向亲子关系体验。经过帮教的前期跟进，小兵母亲家庭教育和监管力度有所改善和提升，但小兵正处于青春期，生理、心理发展均未完全成熟，特别在人际交往（包括同性、异性交往）、青春期性行为、法治道德规范等方面，其认知行为仍需要家长的积极监督和引导，助力小兵正向发展。因此，社工着重为改善小兵亲子关系提供服务，对小兵家庭整体法律意识、青春期性教育知识及朋辈交往等方面进行引导提升。人际交往方面，社工及其母亲也进一步关注小兵的交友状态，引导小兵发展正向朋辈关系，教导小兵遇事谨言慎行，要为自己的决定和行为负责，也时时监督和警醒小兵。

第二，朋辈系统介入，用正向、积极的群体和服务替代和改善原有的支持系统。在小兵顺利初中毕业后，社工为小兵收集了就学和职业培训的信息，为其提供升学的机会，但了解到小兵并不打算继续升学，想与朋辈一同在电动车店做学徒修电动车。社工通过走访了解店内情况，接触小兵朋辈，并与小兵就就业观、金钱观等问题进行深入讨论，引导小兵拥有更加正确的就业观。

与此同时，社工联合检察院等多方力量，通过定期心理访谈及培训，针对小兵的犯罪性质，社工对小兵及其他青少年开展了"谈'性'说'爱'"青春期性教育工作坊、法治小讲堂、"青春就业加油站"职业导向培训活动等，对小兵及其朋辈进行青春期性教育、法治教育和生涯规划教育。这一阶段的介入既增加了小兵交往人群的维度、协助小兵获得更多的学习成长机会，又能对小兵及其朋辈群体产生积极影响，达到了较好的"替代"服务效果。

3. 提升自信心和自我认同

第一，强化"替代"服务，构建正向朋辈氛围及支持系统。为进一步提升小兵的朋辈支持，社工邀请小兵及其朋辈群体同其他涉案青少年、在校大学生、志愿者等一同参加了"彩虹少年，从'心'启航"青少年成长夏令营、"把握异性交往，度过花季雨季"异性交往小组等形式多样的活动，为小兵提供多元的学习交流平台，进一步对其进行认知疏导和行为矫正，同时提升小兵的法律意识及正向人际交往等方面的能力，对其进行正向价值引导，营造积极、稳定的正向朋辈氛围。

第二，用优势视角发掘闪光点，提升小兵自我效能感，增强能力和自信心。这一阶段，小兵的负向标签已逐渐弱化，但其仍对自己表现出迷茫和不自信。夏令营活动前期，小兵表现较为拘谨内向，在团体互动中不敢表达自己观点的同时也较为敏感。密切接触过后发现小兵思维活跃、动手能力强、唱歌好听等闪光点不断被发掘，受到了团队小伙伴的一致认可。渐渐地小兵进步明显，自信心、法律意识及正向人际交往等方面的能力得到较大提升。在人际交往方面，小兵在团队互动中会更愿意分享自己的感受，与人配合协作更加融洽，团队意识和归属感也不断增强。在法律意识方面，小兵主动远离违法犯罪及有可能违法犯罪的人和事，具体表现为小兵对自己的失范行为有明显的悔过意识及强烈的畏惧心理，主动规避风险行为。

4.创造获取经验的实践机会

第一，参与志愿服务，促进小兵形成良好的社会道德规范意识和社会责任感。帮教过程中，无论是个案辅导还是团体辅导，小兵多以"受助者"的角色参与，所处情景也多为模拟的、可控的。帮教后期，为了提升小兵运用资源解决问题的能力，使其从"受助者"转变成"助人者"，帮助小兵彻底去除负向标签，社工带领小兵参与志愿服务，进一步增强小兵自我效能感及社会责任感。期间，小兵参与了"弘扬好家风，传承好家训"家庭教育志愿服务活动等，在志愿服务过程中，表现出积极主动、踏实肯做品质，能够用心完成服务任务，并在活动中有所感触，有所收获。

第二，鼓励择业就业，引导小兵从直接经验中获得成长。在完全没有工作经验的情况下，小兵对于职业的认识基本来源于其他伙伴的道听途说，对于就业择业容易眼高手低。对此，社工通过进一步开展生涯规划咨询辅导等，鼓励小兵多与大学生及志愿者们沟通交流，并联合家庭力量，协助小兵探索未来方向，进行生涯规划教育。小兵在母亲和社工的支持下，积极择业就业，通过发掘自身优势，找到了一份自己喜欢并能从中获取成就感、认同感的工作，工作生活趋于稳定。有了稳定的工作后，小兵不仅能够合理使用工资，不向母亲索取生活费，还会每月给予母亲1200元生活费，认知和行为上获得明显提升。

经过帮教，小兵的社会支持明显增强，各方面能力与意识都有着明显提升，亲子关系及其认知行为也得到改善。小兵在帮教期间没有不良行为，顺利完成九年义务教育，工作生活状态稳定。

（二）服务实施中的困难及其应对

多方联动为小兵提供较全面服务的同时，也给沟通的时效性带来一定的影响。服务前期学校对于社会组织介入帮扶小兵不够重视，导致沟通不及时的情况出现。后通过与检察院等多方反馈协调，召开协调会议、签订合作协议，这一问题得到改善。

小兵初中毕业后未满 16 周岁，其不愿继续升学却也未达法定就业年龄，故又将出现未就学也未能就业的闲散状态。其间，社工为小兵链接就业技能培训资源、带领其参与夏令营、小组活动等，使其在这一空档期中提升能力，为小兵年满 16 周岁后更好的就业和生活奠定基础。

小兵母亲忙于工作而少有时间参与帮教服务。社工主动走访小兵家庭，并采取"线下＋线上"服务相结合的形式，为小兵家庭提供支持和帮助。

五、评估和结案

（一）评估的方法

1. 叙述性测量

通过前期的社会调查和访谈、服务过程中的案例记录以及后期社工观察、相关方反馈等，小兵在认知行为上均有所转变，法律意识、青春期性知识、人际交往能力和个人生涯规划方面都获得明显提升。同时，小兵也逐渐脱离不良朋辈群体，家庭教育方式和沟通关系得到改善，工作生活状态稳定。

2. 标准化测量工具

基线测量，结合《症状自评量表 SCL90》《自我认同感量表（SIS）》等标准化测量工具，在帮教前期的社会调查中，小兵自我认同感较低，人际关系敏感（《症状自评量表 SCL90》人际关系 T 分 2.33;《自我认同感量表（SIS）》得分 47）；帮教后的测试显示小兵的心理健康状况、自我认同感均有明显提升（《症状自评量表 SCL90》人际关系 T 分 1.89;《自我认同感量表（SIS）》得分 58）。

3.介入影响的测量

通过服务满意度调查，小兵及其家长、检察院、学校均对社工服务及小兵帮教后的生活状态表示满意。

（二）服务成效

1.服务目标达成情况

服务目标基本达成。服务期间，小兵顺利完成九年义务教育。社工通过跟进小兵家庭、提供家庭亲职教育，小兵母亲对小兵的家庭教育方式得到改善，监管和支持力度也得以提升，亲子关系明显增强。同时，社工帮助小兵进行生涯发展规划的培训，提升小兵规划意识，并帮助他树立自信，协助小兵在年满16周岁后顺利就业。在改善其生活状态的同时，社工通过法治教育和青春期性教育和知行为矫正等服务，进一步改善了小兵认知行为，培养了小兵多方面的能力，小兵脱离了不良朋辈群体，遵守各项要求和规定，顺利度过了附条件不起诉的考验期。

2.服务对象改变的情况

小兵返校就读期间，能够遵守学校规章制度，顺利参与中考，完成九年义务教育。在朋辈交往方面，小兵正向朋辈交往意识和法律意识得到提高，逐渐与不良朋辈群体断绝来往，服务期间未再出现违法犯罪行为。在小兵心理素质发展方面，小兵自我认同感、人际交往能力得到提升，逐渐探索自己的兴趣，明确目标和规划，并成功实现了稳定就业。家庭关系方面也有一定的改善，小兵与母亲关系越来越融洽，不再出现夜不归宿等情况，会主动关心家人，减轻家庭负担。除此之外，小兵主动参与"彩虹青少年志愿服务队"，工作之余积极参与志愿服务，积极回归家庭与社会。

3.服务的社会效应

通过帮教服务，小兵顺利通过"附条件不起诉"考察期，完成九年义务教育并稳定就业，同时，小兵及其部分朋辈群体成为社会组织的志愿者，回归家庭、服务社会，在一定程度上降低了涉案青少年再犯风险。小兵的成功案例为推广实施《督促监护令》和创新涉罪未成年人相关制度措施提供了宝贵的经验。

六、总结和专业反思

（一）经验、创新和不足

鲲鹏青少年事务服务中心是福建省首家青少年社工机构，有着十余年的青少年服务经验，并且与检察院有着长时间的有效合作，在涉罪涉案重点青少年方面有深入的探索。对于小兵的案例，社工以社会支持理论为指导，运用现有机构平台，如彩虹志愿者服务队等，整合团委、检察院、学校等多方力量，对小兵及其家庭、朋辈网络进行重构，帮助小兵及家庭实现自助。过程中社工从优势视角出发，始终以尊重、平等、接纳等原则看待服务对象所经历的问题，以"助人自助"，再到助己助人思路，不仅成功去除服务对象的"负向标签"问题，同时挖掘小兵及家庭的潜力，实现自助、助人的蜕变，帮助小兵重新回归正常的生活轨道。福州市检察院在全国率先推行《督促监护令》。社工积极发挥专业优势，结合《督促监护令》颁布实施，强化涉案青少年亲职教育，通过"线上＋线下"服务，在涉案青少年家庭教育方面有所创新和突破，也在一定程度上为推广实施《督促监护令》和创新涉罪未成年人相关制度措施提供了经验。在此次活动过程中，依然存在一些不足，如家庭教育系统性、服务形式多样性有待进一步提升，社工在专业理论和实务工作的结合上存在一定不足。

（二）专业反思

社会支持理论为开展涉案未成年人观护帮教提供了重要的视角。未成年人自身的社会支持程度影响着他的个人选择与发展，若其拥有的社会支持网络越强大，就能够越好地应对各种来自环境的挑战。本案例中，案主的社会支持包括家庭、老师、同学、朋辈等非正式的社会支持，与社会组织、司法机关及其颁布实施的《督促监护令》等正式的社会支持。总体上，案主的支持系统得到了完善和提升，但仍需进一步丰富支持资源，如家庭支持上忽略了案主姐姐对案主及其家庭的支持。同时，案主在初中毕业后有就业意向但未达法律年龄，在缺乏直接工作经验的情况下，若有爱心企业形成"观护基地"，为青少年提供直接的职业体验和技能培训，将会对案主适应社会规范、获取直接经验起到更大的促进作用，也为案主更好地就业择业、回归社会奠定基础。

社会支持也需要多方的联动合作。案例实务中，主要通过联动社工、检察院、学校、家庭的力量对案主提供支持。在联动机制方面，则以社工作为桥梁提供服务并链接资源，过程中社工承担多重角色。在个案服务前期，社工也会出现多重角色冲突，以及在监察机关、服务对象等多重主体期待下形成角色压力等情况，导致沟通不畅、信息断层。对此，在多方联动的过程中，社工需明确角色定位，提升角色认同，厘清与检察机关、学校、家庭等方的协助关系与职责分工，各方对帮教目标和内容达成一致共识，形成合力为案主提供支持和帮助。同时，在服务过程中，社工也应注重增强自身专业理论知识能力，通过结合理论知识和实际情况为青少年提供富有温度并更加专业有效的服务。

第二节 行为问题介入的问题及建议

在理论指导实践的同时，青少年社工根据多年的服务经验进行总结和梳理，发现在处理青少年偏差问题介入过程中存在较多的难点，这些难点与困难处理直接关系青少年帮扶的成效可持续性，所以在处理相关案例的同时需要综合考虑出现的难点及问题。

一、青少年偏差及犯罪行为问题介入中存在难点与问题

家庭方面，在处理类似服务案件中，大多存在家庭结构或者家庭关系方面的问题，如青少年父母离异，导致为了家庭生计，无法兼顾孩子教育问题，或者父母溺爱导致监管教育过于放松，家庭呈"倒三角"形态，面临"缺爱"和"溺爱"辩证问题。这时候社工介入服务对象家庭，进行调整家庭关系过程中，面对父母所表现的无力感，需要对其进行不断鼓励和支持，这个阶段时间一般跨度比较长，一旦父母失去耐心，则面临工作的"重新开始"。

当青少年受到不良行为青少年群体朋辈影响时，父母对其教育很容易受到外界干扰，青少年很容易在意识层面对自我的改变意愿产生动摇，往往青少年社工在接触一个问题青少年的同时面临着"一群"同类群体，专业服务中的信任关系处理难度非常大，边缘青少年还同时面临地域流动性大、时间随机性等特点，给服务的青少年社工带来很大专业挑战。

在实务过程中，较多的问题青少年存在着学业障碍——学习成绩比较差。青少年寻求自我改变是一个循序渐进的过程，当这个过程中学习获得感与青少年及其家庭的期望值有较大的落差，青少年的自我改变动机很容易放弃，就会回归"原点"。

在社工实务过程中发现很多偏差或犯罪问题青少年在社会文化选择方面缺乏必要的筛选能力。心智尚未成熟的青少年在充满诱惑的环境中，在多元文化及信息选择的影响下，很容易受到不良影响，走入迷途。

自我层面，偏差或犯罪问题青少年在其各个阶段都有成长需求，很多问题只是表象，透过现象看本质，不难发现在成长过程中他们在心理塑造和行为养成方面都存在很多问题，并且这些问题不是一蹴而就的。改变是一个循序渐进的过程，这个过程很考验青少年的自我耐心和抗挫能力，在尝试改变的过程中，一旦走出自我"舒适区"，意志不坚定，就很容易退缩，导致问题反复出现，很难改变。

二、建议及对策

第一，加强青少年青春期的生理、心理知识教育。从个人角度来看，服务对象个人需要了解一些青春期的生理和心理知识，了解青春期这一阶段的特点，了解自己行为的生理原因后就更容易对自己的行为进行有意识地控制，减少不良行为发生的可能性及频率；了解影响自己行为的心理因素后可以通过与朋辈群体、家人或老师的沟通及时发现问题，解决问题。青少年需要进行自我认识与探索，认识真实的自己，发掘自己潜在的优点，建立自信心，强化自我表达，从而使青少年做到自我接纳、自我完整乃至自我实现。

第二，提升家庭教育方式和技巧。随着青少年步入青春期，青少年心理波动比较大，父母双方都要通过学习一些新的沟通的方式和技巧来改变家庭中的氛围，保证与正值青春期的子女进行良性沟通。良性沟通既有利于家庭的和谐相处，又是以身教代替言传来向子女传递与人沟通交往的正面能量，对偏差问题青少年起着至关重要的作用。因此青少年社工在改变一个孩子的同时，也要调整家庭教育模式，让其实现"双腿"健康往前走。

第三，重视朋辈群体的积极正向影响。朋辈群体对个人的影响有时甚至可以超过父母对个人的影响，一方面可以加强正向朋辈群体的榜样与支持作用，另一方面有相同兴趣爱好的朋友在一起行动，有利于增强个人对爱好的注意力，减弱其他不良行为的发生。因此作为青少年社工可以从朋辈关系着手，帮助其建立良性互动朋辈圈，通过正向同辈影响，提升榜样学习效果、塑造正向行为方式。

第四，联动多方资源共同实施帮扶矫正工作。在青少年偏差和犯罪问题中，青少年涉及的生活及学习场景很多，这就需要家庭、社区、学校、部门、社会力量多元参与，在不同场景不同地域联合开展服务，把专业融入多元力量中，才能帮扶和引导青少年回归到正常学习生活中。若脱离场景从问题视角出发往往会有很多变动性、不稳定性，如在机构的帮扶中偏差和犯罪问题青少年确实认识到了自我问题的存在性，也产生了很强的改变动机，可是当服务青少年回到家庭中，家长的不良教育沟通方式很快就会让自我改变动机减弱，不利于帮扶矫正工作。同时还要发挥联动网络优势建立实时联系机制，及时交换信息，了解青少年在不同阶段、不同环境中的表现，然后完善对应的工作机制，确保各项活动有序衔接，给予青少年更加科学的引导，如驻校青少年社工在开展日常性的心理疑问辅导中让青少年通过倾诉的方式来表达和宣泄自己的烦恼也是有效解决问题的方式之一。通过发动多方力量，营造良好的育人环境，发挥不同主体的优势，切实提升青少年偏差行为矫正工作的质量，让他们得以健全发展。

总而言之，社工要灵活运用个人的专业知识和技巧，对出现偏差或犯罪问题青少年进行针对性指导，给予他们更多关怀与帮助，通过合理干预和疏导使之充分意识到个人的问题，并能够积极配合社工的工作，从而转变个人思想和行为，促进其回归正常的学习生活。

参考文献

中文文献：

［1］邓小平，徐晨，程懋伟，等.青少年偏差行为的同伴选择和影响效应：基于纵向社会网络的元分析［J］.心理科学进展，2017，25（11）：1898-1909.

［2］古学斌.为何做社会工作实践研究？［J］.浙江工商大学学报，2015，4（133）：92-97.

［3］范明林.社会工作理论与实务［M］.上海：上海大学出版社，2007.

［4］冯益.增能视角下社会工作介入农村留守儿童隔代家庭教育研究［D］.杭州：浙江工商大学，2022.

［5］华红琴.障碍儿童社会工作：理论与实务［M］.北京：社会科学文献出版社，2018.

［6］蒋俊杰.农村留守儿童家庭教育的缺失及社会工作介入研究［D］.武汉：华中农业大学，2012.

［7］杰拉尔德·科里.心理咨询与治疗经典案例［M］.谭晨，译.北京：中国轻工业出版社，2016.

［8］刘文利，李佳洋，李依洋.中国学校性教育状况分析报告［M］//中国儿童中心，苑立新.中国儿童发展报告（2023）.北京:社会科学文献出版社，2023：36-65.

［9］全国社会工作者职业水平考试教材编写组.社会工作实务［M］.北京：中国商务出版社，2021.

［10］石彤.学校社会工作实务教程［M］.北京：中国人民大学出版社，2010.

［11］隋玉杰.个案工作（第二版）［M］.北京：中国人民大学出版社，2019.

［12］童敏.社会工作理论：历史环境下社会服务实践者的声音［M］.北京：社会科学文献出版社，2019.

［13］童敏.社会工作理论：历史环境下社会服务实践者的声音和智慧［M］.北京：社会科学文献出版社，2019.

［14］王惠萍，孙宏伟.儿童发展心理学［M］.北京：科学出版社，2010.

［15］约翰·W.桑特罗克.西方博雅典库：心理学导论［M］.赵敏，译.上海：上海社会科学出版社，2011.

［16］约瑟夫·沃尔什.社会工作直接实践理论（第三版）［M］.章军，译.北京：中国人民大学出版社，2022.

［17］张枫明，潭子文.负向标签、偏差行为经验与青少年偏差行为之关系：追踪调查资料之研究［J］.中央警察大学犯罪防范学报，2012（16）：55-83.

英文文献：

［1］ADAMS K B，LECROY C W，MATTO C. Limitations of Evidence-Based Practice for Social Work Education：Unpacking the Complexity［J］. *Journal of Social Work Education*，2009，45（2）：165–186.

[2] CRAWFOLD M. Ecological Systems Theory: Exploring the Development of the Theoretical Framework as Conceived by Bronfenbrenner [J]. *Journal of Public Health Issues and Practices*, 2020, 4 (2): 170.

[3] HOWE D. *An Introduction to Social work Theory: Making Sensing in Practice* [M]. Burlington: Ashgate Publishing limited, 1987.

[4] JOHNSON S M. Introduction to Attachment: A therapist's Guide to Primary Relationships and Their Renewal [C] //JOHNSON S M, WHIFFEN V E. *Attachment Processes in Couple and Family Therapy*. London: The Guilford Press, 2003: 3–17.

[5] LAKEY B, COHEN S. Social Support Theory and Measurement [C] //COHEN S, UNDERWOODLG, GOTTLIEB B II, *Social Support Measurement and Intervention: A Guide for Health and Social Scientists*. Oxford: Oxford University Press, 2000: 29–52.

[6] MASTEN A S. Resilience Theory and Research on Children and Families: Past, Present, and Promise [J]. *Journal of Family Theory & Review*, 2018, 10 (1): 12–31.

[7] MEISEL S N, FOSCO W D, HAWK L W, et al. Mind the gap: A Review and Recommendations for Statistically Evaluating Dual Systems Models of Adolescent Risk Behavior[J]. *Developmental Cognitive Neuroscience*,2019(39): 100681.

[8] ÖZDEMIR A, UTKUALP N, PALLOŞ A. Physical and Psychosocial Effects of the Changes in Adolescence Period [J]. *International Journal of Caring Sciences*, 2016, 9 (2): 717–723.

[9] PRATI G. A Social Cognitive Leaming Theory of Homophobic Aggression among Adolescents [J]. *School Psychology Review*, 2012, 41 (4):

413–428.

［10］ROLLAND J S，WALSH F. Facilitating Family Resilience with Childhood Illness and Disability［J］. *Current Opinion In Pediatrics*, 2006, 18(5): 527–38.

［11］SIMPSON J A，RHOLES W S，ELLER J，et al. Major Principles of Attachment Theory Overview，Hypotheses，and Research Ideas［C］// HIGGINS E T，KRUGLANSKI A W. *Social Psychology*：*Handbook of Basic Principle*. London：The Guilford Press，2022：222–239.

［12］STEINBERG L. A Social Neuroscience Perspective on Adolescent Risk-taking［J］. *Developmental Review*，2008，28（1）：78–106.

［13］WILLIAMS J P. Subcultures and deviance［C］//DELLWING M, KOTARBA J，PINO N. *The Death and Resurrection of Deviance*：*Current Ideas and Research*. London：Palgrave Macmillan，2014：108–123.

［14］YATES T，TYRELL F，MASTERN A S. Resilience Theory and the Practice of Positive Psychology from Individuals to Societies［C］//*Positive Psychology in Practice*. Hoboken：Wiley，2014：773–788.

附　录

附录1　部分互动游戏说明表

游戏名称	规则	所需物资
"我为青春发声"	规则一：用水彩笔在彩色 A4 纸上写下自己对"青春期的自己和小伙伴"想说的话； 规则二：与自己的"青春对话"合影一张并录一段小视频（用最酷炫的造型说出自己所写的），即通关成功	1 张游戏规则海报、2 盒水彩笔、一打彩色 A4 纸、一台 DV
"我的身体地图"	规则一：进入青春期后身体发生了许多有趣的变化，现在请你帮助 KT 板上的动漫人物完成身体内部器官的归位； 规则二：贴对所有器官即通关成功	2 卷不粘的胶粘带、男女动漫人物 KT 板各 1 块、对应比例的男女人体器官图各 1 张
"我眼中的你以及你眼中的我"	规则一：请在男女 KT 板上分别写下你认为的男生或者女生应该是什么样？若是与他人的想法一样，可以在他人所写画一笔"正字"的笔画； 规则二：之后请看反转 KT 板上不一样的男女形象，可写下你"另外"的看法； 规则三：完成以上要求即通关成功	2 块男生 KT 轮廓板、2 块女生 KT 轮廓板（板上写下：我觉得男生应该怎么样……我觉得女生应该怎么样？反转的两个牌的例子、图片应该事先弄好）、4 本即时贴、1 盒黑色签字笔
"我的身体界限"	规则一：人形 KT 板的圈圈代表不同的身体界限，闯关者可领取标有父母、兄弟姐妹、伴侣、朋友、陌生人的 5 个飞镖站在距 1.5m 处进行打靶，每个飞镖落在靶子上的位置代表着你能接受这个群体触碰你的身体界限的范围； 规则二：游戏结束后分享自己的感受（如：投射的结果是否是你真实的反映？你为什么会有这样的区分？）； 规则三：游戏结果没有好坏之分，只要参与并且分享游戏中的感想即可通关闯关	1 块动漫人物 KT 版（不切割）、5 支飞镖

续表

游戏名称	规则	所需物资
"'性'趣圈"	规则一：闯关者每人持 5 个圈，站在 1 米处进行投掷，套中 3 个圈并且含有至少 1 个小物品即算闯关成功； 规则二：若满足条件 1 并且套中食品类的物品则可以拿走	长效避孕药、紧急避孕药（72 小时）、黄色小说、色情片（利与弊，简要说明用处）、卫生巾、卫生棉条、月经杯、红糖、生姜、口红、眼线、面纸、剃须刀、性器官模型
"我有一个小秘密"	规则一：我的性教育知识从哪来？（在对应的选项下方画"正"的笔画） 选项：同学、朋友、老师、父母、亲戚、网络、小说、其他…… 规则二：性教育知识我想知道……（每个人领一张即时贴，写下你的问题并粘贴在板上） 规则三：完成以上两个小任务即通关成功	2 块白板（写上标题）、2 版即时、1 盒黑色签字笔、性教育知识内容参考
"趣味投篮"	规则一：两人一组，一人拿筐，一人投球，持筐者和投球者分别站在指定位置，持筐者接球时双手可自由移动，但是双脚不能随意挪动； 规则二：1 分钟内成功投进 5 个球则闯关成功	5 个塑胶球、1 个塑料筐、1 卷警戒线、1 卷胶带、印泥、印章、1 个计时器
"最佳投手（打保龄球）"	闯关者站在指定位置（距瓶子 1.5 m 处）进行投掷，若投掷 3 次成功击倒 6 个瓶子则闯关成功	15 瓶装满水的矿泉水瓶、1 卷警戒线、1 卷胶带、印章、印泥

附录2 青春期性教育参考学习资源表

资料名称	作者	出版/出品方	出版/出品时间	备注
《国际性教育技术指导纲要：全面性教育，基于循证方法》	—	联合国教科文组织、联合国人口基金世界卫生组织等	2018年	性教育技术指导纲要
中国大学MOOC《全面性教育》《儿童性发展与性教育》	刘文利	北京师范大学	2019年	视频类学习资料
《全性补习班》	—	西安市光源助学公益慈善中心	2019年	视频类学习资料
《开得了口——家长性教育课程》	—	西安市光源助学公益慈善中心	2019年	视频类学习资料
《广东省健康教育教师参考丛书》	郑子谦主编	广东科技出版社	2021年	性教育教学资源
《中学性教育教案库》	方刚主编	中国人民大学出版社	2014年	性教育教学资源
你我伙伴中小学性教育课程及配套的教学体系《你我伙伴性教育课程教师指南》	—	西安市光源助学公益慈善中心、广东省绿芽乡村妇女发展基金会	2021年	性教育教学资源
《让欺凌归"零"：终止校园欺凌工具包》	方刚	中国社会科学出版社	2018年	性教育教学资源
《珍爱生命——小学生性健康教育读本》	刘文利	北京师范大学出版社	2011年	儿童青少年性教育学习资源
你我伙伴系列读本之《丁丁豆豆小学生性教育读本》	—	广东省绿芽乡村妇女发展基金会	2020年	儿童青少年性教育学习资源
你我伙伴系列读本之《爱之年华中学生性教育读本》	—	西安市光源助学公益慈善中心	2020年	儿童青少年性教育学习资源
《青春期那些事儿：青春期性教育读本》	方刚	中国劳动社会保障出版社	2019年	儿童青少年性教育学习资源
《重要的"性"，影响孩子一生》	胡佳威	中信出版社	2020年	书籍类学习资源

注：本附录仅供参考，如有兴趣或疑惑，可以进一步探索与学习。